imaginist

想象另一种可能

理
想
国
imaginist

重新解读日本历史

作者—[日]网野善彦　译者—柳一菲

日本の歴史
をよみなおす

民主与建设出版社

·北京·

图书在版编目（CIP）数据

重新解读日本历史 /（日）网野善彦著；柳一菲译.
-- 北京：民主与建设出版社，2023.2
ISBN 978-7-5139-4065-8

Ⅰ.①重… Ⅱ.①网… ②柳… Ⅲ.①古代史—研究
—日本 Ⅳ.① K313.207

中国版本图书馆 CIP 数据核字 (2022) 第 240924 号

NIHON NO REKISHI WO YOMINAOSU by Yoshihiko Amino
Copyright © Machiko Amino 2005
All rights reserved.
Original Japanese edition published by Chikumashobo Ltd.

This Simplified Chinese language edition published by arrangement with
Chikumashobo Ltd., Tokyo in care of Tuttle-Mori Agency, Inc., Tokyo

北京市版权局著作权合同登记号 图字：01-2022-7023

审图号：GS（2022）5360 号

重新解读日本历史
CHONGXIN JIEDU RIBENLISHI

著　　者	［日］网野善彦	
译　　者	柳一菲	
责任编辑	王　颂	
特约编辑	黄旭东	
封面设计	尚燕平	
出版发行	民主与建设出版社有限责任公司	
电　　话	（010）59417747　59419778	
社　　址	北京市海淀区西三环中路 10 号望海楼 F 座 7 层	
邮　　编	100142	
印　　刷	山东韵杰文化科技有限公司	
版　　次	2023 年 2 月第 1 版	
印　　次	2023 年 2 月第 1 次印刷	
开　　本	880 毫米 × 1230 毫米　　1/32	
印　　张	9.75	
字　　数	227 千字	
书　　号	ISBN 978-7-5139-4065-8	
定　　价	65.00 元	

注：如有印、装质量问题，请与出版社联系。

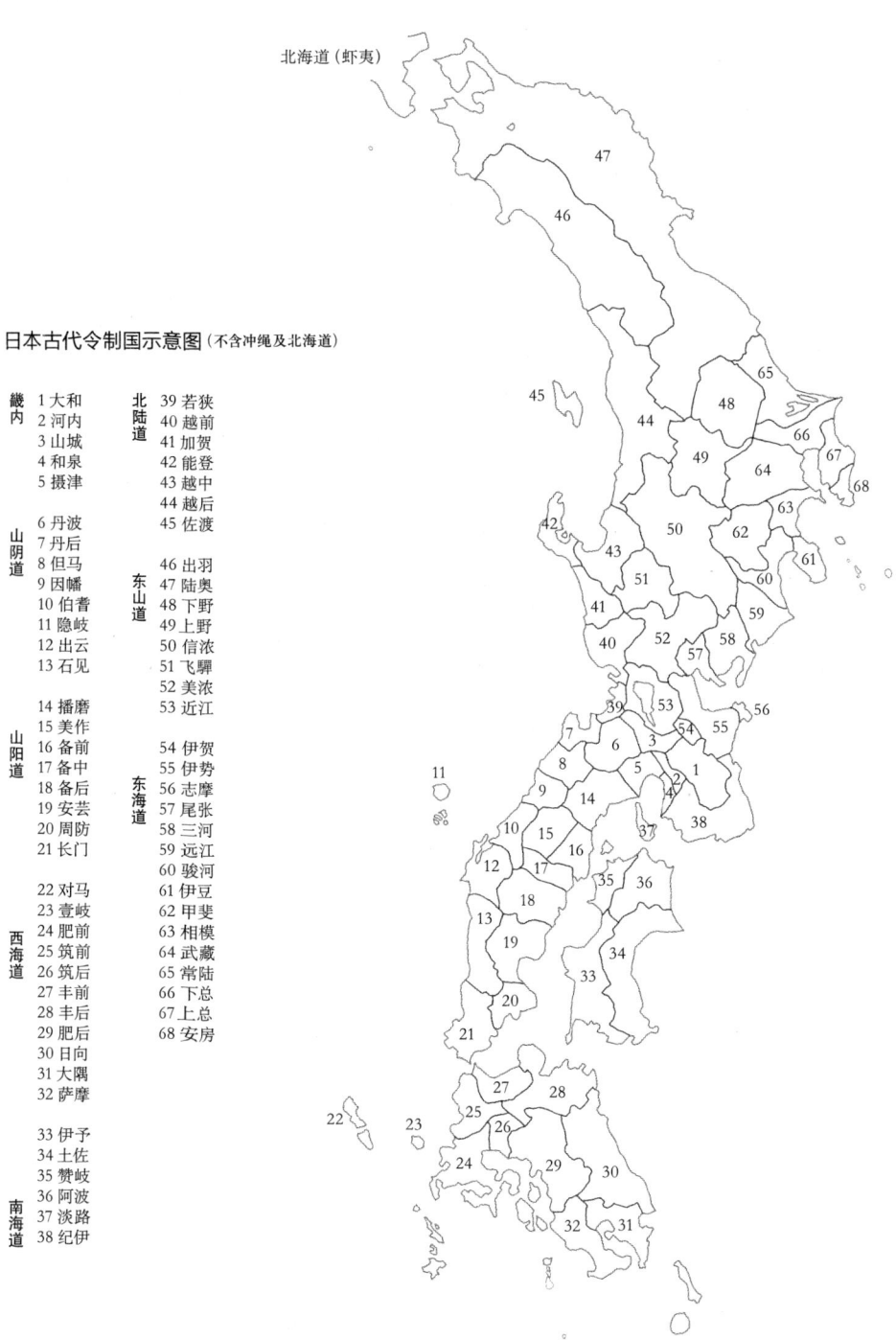

日本古代令制国示意图（不含冲绳及北海道）

北海道（虾夷）

畿内	1 大和	北陆道	39 若狭
	2 河内		40 越前
	3 山城		41 加贺
	4 和泉		42 能登
	5 摄津		43 越中
			44 越后
山阴道	6 丹波		45 佐渡
	7 丹后		
	8 但马	东山道	46 出羽
	9 因幡		47 陆奥
	10 伯耆		48 下野
	11 隐岐		49 上野
	12 出云		50 信浓
	13 石见		51 飞驒
			52 美浓
山阳道	14 播磨		53 近江
	15 美作		
	16 备前	东海道	54 伊贺
	17 备中		55 伊势
	18 备后		56 志摩
	19 安芸		57 尾张
	20 周防		58 三河
	21 长门		59 远江
			60 骏河
	22 对马		61 伊豆
	23 壹岐		62 甲斐
西海道	24 肥前		63 相模
	25 筑前		64 武藏
	26 筑后		65 常陆
	27 丰前		66 下总
	28 丰后		67 上总
	29 肥后		68 安房
	30 日向		
	31 大隅		
	32 萨摩		
	33 伊予		
	34 土佐		
	35 赞岐		
	36 阿波		
南海道	37 淡路		
	38 纪伊		

目录

第一部分　重新解读日本历史

第二部分　续·重新解读日本历史

第一部分

重新解读日本历史

前 言

我曾在短期大学任教近十年，这期间经历过许多令我感到惊讶的事。我的学生与我年龄差不多相差 40 岁。但我常常感到，他们与我的基本生活方式竟然完全不同。例如，我在这两三年间经常用宫本常一的《被遗忘的日本人》（岩波文库）来进行课堂讨论。但在阅读这本书的过程中，我与学生对基本事物的理解常常会出现差异。与其说这是因为我这代人与现在 20 岁左右的人之间所掌握的知识有所不同，倒不如说是因为我们的生活本身就是不同的。

这里举一个具体的例子。例如，书中出现了"秧田"这个词。我原以为大家都知道这个词的意思，但实际上竟没有一个人知道。

此外，学生们既不知道"五德"的意思，也完全没有看过牛马工作的样子。学生们充其量也就偶尔见过产奶的荷尔斯泰因牛，马也只见过包括赛马在内的乘用马。

宫本常一的书中还常常出现"疠病"这个词，有时甚至直接写成"麻风病"，但学生们对这种疾病也一无所知。即使换成"癞病"，学生们还是茫然不解。如果换成艾滋病的话，那大家自然都很清楚。

但他们对于"癞病"这个词，或者说对于麻风病这种疾病却没有任何了解。这种疾病存在于世界各地，而日本至今还有这种疾病，也还有因这种疾病而饱受歧视之苦的人。但学生们对这些一无所知。正因为有了这些经历，我才深切地体会到，如今，日本社会与自然之间的关系正在经历着多种意义上的巨大变化。

一般来说，现在人们拥有的技术与此前相比已具有本质的不同。人类甚至从自然中开发出了足以毁灭自己的力量。这具有重大意义。这个问题属于人类史的范畴。但除此之外，它对于日本社会也意义重大：如今的我们正在经历巨大的变化。从江户时代到明治、大正时代，再到我这代人的青年时代（即战后时代），一些再普通不过的常识，在现代已经几乎无法使用。

以厕所为例。现在的年轻人几乎接触不到臭气熏天的厕所。在我这代人小时候，大家都觉得去厕所是很恐怖的事情。但如今的家中已经几乎没有黑暗的地方。因此，我们这代人曾经对黑暗抱有的恐惧，对于如今的年轻人来说也变得陌生。但与此同时，恐惧感也以另外的形式出现。这个时代的人对于像刚刚提到的艾滋病等事物抱有强烈恐惧。我觉得，我们有必要认真思考这种变化的意义。

此前的历史学一般将历史分为原始、古代、中世、近世、近代这几个时代，并在这一框架下把握历史的变化。但这种时代划分却无法解释清楚上文提到的人与自然之间关系的巨大变化。如果忽略这一变化，那么我们将无法把握历史的全貌。

我认为，当我们在研究日本社会的历史时，我们需要使用不同于"原始—古代—中世—近世—近代"的时代划分。此前也有学者提出过不同于社会结构史角度的时代划分，例如从民族史的角度进行时代划分，或者从文明史的角度进行时代划分。暂且不论这些说法是否恰当，如上所述，我们的确有必要根据人类社会与自然间关系的大转换来为日本社会的历史做出另外的时代划分。

现在的我们正处于转换期，而过去的那个社会正在被我们遗忘。我们在孩童时期曾生活于其中的那个社会正在离我们而去。那么，这个正在消失的社会可以追溯到什么时代呢？此前的研究普遍认为，这个社会大约可以追溯到室町时代前后。也就是说，经历过14世纪南北朝动乱后的社会与13世纪前的社会之间有着巨大差异。从某种程度上说，我们这代人多少可以凭借自己的常识来理解15世纪以后的社会状况。但对于13世纪以前的问题，我们的常识无能为力。那是一个十分不同的世界。

也就是说，14世纪的南北朝动乱期经历了与现在的转换期同样巨大的社会变动。如果我们对照现在的转换期，重新思考14世纪转换期的意义的话，那么这对于我们思考人类将来的前进方向，以及日本文化与社会的相关问题都会有所裨益。我将在下文具体阐述14世纪转换期的表现形式。

第一章

文字

村与町的形成——从遗迹的发掘谈起

首先，我想先谈谈我们日常生活的基本场所——村与町[1]。

柳田国男曾指出，日本约有四分之三的村出现于室町时代。虽然这个数字未必精确，但最近的考古发掘表明，在 14、15 世纪之后形成的聚落形态与在此之前形成的聚落形态的确有很大不同。

广濑和夫在最近发表的一篇论文中提到，我们如今看到的一般的"集村"[2]这种聚落形态（即许多房屋聚集在一起组成一个聚落）似乎并未出现在考古发掘出的 12 世纪或 13 世纪初的遗迹中。

是否可以将当时的聚落称为"村"，这也是一个问题。如果一定要说的话，那么当时的村落也应该是"散村"，它跟现在的聚落形

---

1 "町"是日本的行政区划的名称，规模介于市和村之间，相当于中国的乡或镇。（本书脚注均为译者所加）
2 密集村落，是村落的类型之一，与下文提到的"散村"，即人家分散的村落相对。

态有很大不同。即使从文献的角度看也是如此。虽然自古以来就有
"村"这个词，但古代至中世早期的"村"通常指的是尚未受到制度
规定的、新开垦的田地或旱地。这与江户时代的"村"大不相同。

　　此外，文书中记载的聚落，有时指在小山谷中居住的两三户人
家，有时指房屋分散的聚落。与近世的村类似的、被称为"惣村"
的集村要到 14 世纪下半叶至 15 世纪才会出现。

　　町的情况也是如此。最近，在栃木县东北线 [1] 沿线的自治医科大
学附近，下古馆遗迹的发掘工作正在进行。据说此地在江户时代曾
是一个杂草丛生的"入会 [2] 地"。而这个遗迹竟出现在入会地里，我
觉得这本身十分有趣。人们在挖开遗迹后发现，一条宽阔的道路位
于正中间，而道路两边的广阔土地被深深的壕沟围住。遗迹呈现出
一种聚落的形态。

　　此地没有建造土墙。每个看到这个遗迹的人都认为，它与武士
的宅邸等建筑有明显不同。而且，虽然出土物不多，但考古学者却
发现了从镰仓流入的青瓷和白瓷，以及在九州长崎县彼杵郡一带制
造出来后被运到关东的石锅。这些物品并非随处可见，却出现在了
此处。此外，人们还发现了曲物 [3]，以及濑户和常滑产的陶瓷器。遗
迹中还排列着许多"方形竖穴"一样的小型竖坑，整个竖坑群借助
其中的道路做出区域划分。

1　是指位于日本关东及东北地方的铁路干线，由东日本旅客铁道（简称 JR 东日本）经营。
2　"入会"指的是一定地域的居民按照习惯上的权利，为了采集薪材、绿肥或鱼贝类资
　　源而共同使用特定的山林、原野、渔场等。
3　通过弯折木质薄板的工艺制作的木制容器的总称，多用于制作盆、桶、柜等日用容器。

　　遗迹的西南部有一个被浅壕沟包围的掘立式建筑¹，这应该是佛堂，而附近则明显是墓地。由于遗迹中出土的板碑²上记录的年份为弘安八年（1285），可以判定这是镰仓时代中后期的遗迹。出土的文物也与这个时期大致吻合。因此可以认为，该遗迹直至13世纪下半叶到13世纪末为止都还在使用。

　　关于如何看待该遗迹的问题，考古学者倾向于认为整个遗迹都是墓地。关于这个问题还有许多争议。但我认为，应当将它看作一个带有某种城市性质的场所。虽然无法判断它是一个旅店还是一个发达的市场，但不管怎样，我认为该遗迹带有某种城市性质。

　　然而，进入近世以后，这个遗迹的原有功能消失，变成了入会地。从外面也完全看不出它曾经的样子。或许人们出于某些原因弃用了这个地方。如果顺着这个思路，我们或许可以推断，中世前期的市场或旅店实际上还处于一种很不稳定的状态。

　　让我们再来看看跟上述遗迹很像的另一个遗迹。在爱知县春日井市，有一座在中世被称作"篠木庄"的著名庄园。在这座庄园的所在地附近，有一个名为"下市场"的地方。此处发掘出了一个原有功能不明的遗迹。

　　这个遗迹一般被认为是一个河滩遗迹。但其中有一个直径两米多的相当大的圆形区域，里面铺着许多石砖，其中还有火烧过的痕迹。可以确定旁边曾经矗立过几栋掘立式小屋。人们在那里发现了

1　不用柱础，直接把柱子的根部埋入地下建造的房屋。
2　供养死者的石塔碑，盛行于日本中世，多见于东北、关东地区。上刻被供养者姓名、供养年月等。

九州长崎县彼杵郡制造的石锅，这些石锅此前从未在东海地区被发现过。此外也发现了中国产的青瓷。像这样，在一般的农村地区很少看到的各种物品被纷纷挖掘了出来。

而且有趣的是，虽然这个地方离濑户很近，但完全没有发现濑户的陶瓷器，也并未发现美浓制造的东西。相反，这里却发现了一些来自很远的知多或是常滑一带的陶瓷器。我们无法明确判断这个遗迹的原有功能，但它或许也是带有某种城市性质的场所，或者是曾经的市场。不过，它的这些功能在江户时代就已经完全不为人所知了。

鉴于上述事例，我们可以认为，13世纪的村与町和15世纪以后的村与町有着本质的不同。就町的状况而言，在日本社会，一般来说，码头和港口是发展得最快的地方。市场也设立在河滩或河中小岛这些地方。商人、工匠与艺能民聚集于此，许多町就是这样形成的。码头和港口原本就是四处游走的工匠和商人的常住地，自然也会发展成町。到了14、15世纪以后，这一趋势更加明显。

由于文献不多，我们对东日本的情况知之甚少。不过可以认为，在日本列岛的主要地区，可以被明确称作村与町的聚落大约到了15世纪以后才稳步出现。这与前文提到的柳田国男的直觉性的观点十分吻合。形成于这一时期的村与町在江户时代继续发展，并维持其自治功能。这构成了江户时代社会的基本单位。最近，胜俣镇夫用"村町制"来描述这一现象。可以认为，"村町制"大约出现于15、16世纪。而这一时期形成的村与町，正是一直延续到最近的村的大字[1]和城市的原型。

---

1 町或村内的区划名称之一，包括数个小字。

那么，为何村与町形成于这一时期？到目前为止一般的看法是，这是持续进行的社会分工以及生产力得到一定程度提高的结果。这一观点确实有一定道理。但我认为，不能将其简单归因于生产力的提高，还应该考虑到多方面的因素。我认为，最好把村与町的形成看作由多方面的巨大变化所带来的综合性结果。此外，也有必要单独探究每一个变化的意义。只有这样，我们才会明白所谓的生产力发展实际上究竟意味着什么。

日本人的识字率

我想在接下来的部分讨论几个这样的问题。我们首先从文字问题谈起。我们将考察文字在日本社会中所起的作用，并从中思考 14 世纪这一转换期的意义。

在日常生活中，我们通常使用汉字、平假名和片假名这三种类型的文字。这三种文字可以组合出七种类型的文字表达形式。拥有七种类型的文字表达形式，并且还能让它们表达出多种多样的思想，这在全世界应该并不多见。我觉得，这是由于这三种类型的文字曾经有着各自不同的历史和功能。但片假名、平假名和汉字各自在日本的文学和历史中起到什么样的作用，有着怎样的意义，这些问题都还没有被深入探究过。

此外，在日本，文字的普及程度比我们所想象的要高得多。即使住现址，如果去拜访农村或渔村里的旧家 1，那么我们基本上都会

1　指自古保留下来的有历史渊源的家。

找到古文书，而且这些旧家里也藏有各种各样的书籍。这些书籍包括《农业全书》与儒学书籍等。出乎意料的是，也有很多被用来教育女性的书籍。女性的识字率虽然低于男性，但也保持了一定的比例，不应被低估。

著名的旅行家菅江真澄[1]在各地旅行时，会在借住的各家举行和歌会。而房主的妻子也会前来参加这些宴会，并一起吟咏和歌。包括女性在内的村里主要的家、名主[2]、庄屋[3]或组头[4]都能读会写。有人认为江户后期的识字率高达 50%—60%。不过平均来说，当时的识字率应当为 40% 左右。

城市（町）的识字率尤其高。梅契尼科夫（Léon Metchnikoff）在他的《回忆明治维新》（『回想の明治维新』，岩波书店）一书中对此有所记录。梅契尼科夫是俄国人，曾于明治七年、八年前后旅居日本。他非常惊讶地观察到，在横滨，不论是人力车夫、马夫，还是茶馆女佣，只要一有空闲，大家都会从口袋里掏出小册子开始阅读。他认为，日本人的识字率远远高于罗曼语族的各个国家和自己的祖国俄国。这点值得注意，这是我们在思考日本前近代社会，或是思考近代以来的社会问题时不能忽略的重要事实。

再谈谈我自己的经历。因为工作需要，我经常阅读江户时代全国各地的古文书，还会边读边抄。而最近，我突然产生了一个疑问，为什么我能够阅读九州的文书呢？

---

1 菅江真澄（1754—1829），江户时代后期的旅行家、博物学者。
2 江户时代的村长，是村政的核心人物。
3 即名主，是关西地区的用语。
4 江户时代辅佐名主负责村中事务的人。

　　就在四五年前，当我在鹿儿岛的时候，一次，我在公共汽车站等了大约 5 分钟，我身旁的两位老人一边谈论着各种事情，一边开心地笑。我对他们的聊天内容产生了兴趣，不知不觉把耳朵侧了过去，想要听听他们说的话。但我却完全听不懂他们在说什么。字词是能听懂的，但我完全不能理解他们的语境，不明白他们为何聊得如此开心。

　　在阅读文书时，我突然想起了这件事。于是就产生了疑问：我为何能够阅读全国各地的文书呢？真是不可思议。

　　最近，作为神奈川大学日本常民文化研究所工作的一部分，我会在每年的夏秋两季，对位于能登的时国家[1]进行为期两周左右的调查。我在时国家偶然发现了一些战国时代的文书，而其中出现了各式各样的地名。因此，我想向老人询问这些地名与现在的地名之间的关系。于是，我被引荐给一位七八十岁的老人。但对于他所说的话，我也只能一知半解。

　　当我去青森县的十三凑时，情况也是如此。在我抵达民宿的时候，民宿老板已经喝得酩酊大醉。他欢迎我远道而来，开始高兴地与我谈话，但我却完全听不懂他说的话。如果听不懂这类老人和醉汉所说的话，那么就无法成为民俗学者。对于一位民俗学者来说，听懂鹿儿岛方言和东北方言，听懂关西方言和关东方言，理解人们内心深处的所思所想，进而捕捉到日本社会的本质，是他的本职工作。我深感这些工作的困难。也正因如此，像我这样的人终

1　"时国家"是以被流放到能登的平时忠（1127—1189）之子平时国为祖的旧家。位于现石川县轮岛市。

究无法成为民俗学者。

而就历史学而言，虽然理解文字内容也是一个重要问题，但不论是哪个地方的古文书，尽管它们各具特色，至少都能被我读懂。在此之前，我对这个事实从未产生过任何怀疑。而在有了上述经历后，我才开始注意到这个问题：为什么各个地方的古文书都能被我读懂呢？

这意味着，在日本社会，文字和文书的世界是很均一的。而没有文字的口语世界则远比我们想象的要更加多样。因此，如果剥开均质的文字社会这一表皮，我们就会发现一个丰富多彩的民俗社会。如今的日本社会也绝不是均质的。我觉得，这种文字社会与无文字社会之间的关系问题，以及书面世界和口语世界之间的关系问题，是全世界各民族所共有的，但在日本的社会中，它们有其独特之处。

日本文字社会与无文字社会之间的关系问题，也会演变成历史学与民俗学之间的关系问题。所以，在考虑这个问题之前，有必要先认真思考日本的文字本身所具备的功能。因此，我想首先考察一下，平假名与片假名是如何在历史上被区别使用的。

片假名的世界

在现存古文书中，混合使用汉字与假名的文书最早出现于 10 世纪左右。而约莫从 13 世纪下半叶开始，汉字假名混写的文书开始占据文书总量的 20%。南北朝时期的情况没有什么变化。而到了 15 世纪的室町时代，这一比例突然上升，大约有 50% 甚至 60%—70% 的文书是汉字假名混写。

　　这些是根据流传至今的文书做出的统计，而此类文书都是被有意保存和流传下来的。此外，也存在所谓的"纸背文书"，也就是本应被销毁，但由于文书的背面刚好有其他用途而碰巧被保留下来的文书。如果考虑到这种情况，那么汉字假名混写的文书比例要比上文给出的数字高得多。因此我认为，可以说，到了13世纪下半叶以后，假名得到了广泛使用。

　　然而，这种汉字假名混写文书的数量之所以增加，主要是因为混用平假名文书的数量增加了，而混用片假名的文书大约只占现存文书的1%—2%。到了室町时代以后，这种倾向更为明显。而在江户时代的地方文书中，例如在多达2万份的时国家所藏文书中，找不到一份混用片假名的文书。虽然一般的文书会将片假名"ニ""ハ"等作为助词使用，但在中世文书中偶尔会见到的只使用汉字与片假名，或是只使用片假名的现象，到此时也完全看不见了。这清楚地表明，文字的普及基本上是通过普及平假名的方式来进行的。

　　那么，作为少数派的片假名一般会在什么情况下出现在文书之中呢？可以说，它们大多被用来记录口头表达。而且在中世前期，需要将口头表达转换为书面文字的情况大多与神佛有关。

　　例如，在书写对神起誓的"起请文"和"告文"、对神请愿的"愿文"，或是反过来记录神谕的"托宣记"和记录刚刚所做梦境内容的"梦记"等时候，基本都会使用片假名。这些文书都与神佛相关，而且记录的都是口头表达的内容。

　　此外，在记录审判中被告和原告的陈述时，也多使用汉字—片假名混写的文体，这种文体被称作"宣命书"。而记录被告供词的"白状记"也常常使用这种混合了片假名的宣命书文体。另外，很明显的一点是,"落书"或"落书起请"基本上都只用片假名书写。

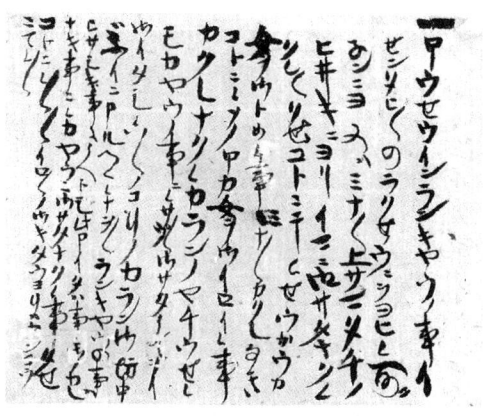

用片假名书写的东寺寺内落书（京都府立综合资料馆藏）

所谓"落书",字面意思就是"落下的文书"。而根据胜俣镇夫的说法,在经过"落下"的动作之后离开人手的东西就不再属于人,而成了神佛之物。因此,落下的文书,即落书,传达出的是超越人力的神佛之声。

"落书起请"的情况也是如此。比如说,一群人中有人偷了东西,但没有人愿意承认。这时,他们就需要向神明发誓自己没有说谎,并写下落书,并采用无记名投票的方式指出犯人。落书本身代表了神佛的声音,这样的行为经过制度化之后就成为落书起请。落书起请始见于镰仓中期前后,延续至室町时代。基本都是用片假名书写的。

这么看来,在文书的世界里,片假名基本上是用来记录口头所说内容的。而且,因为在中世前期,需要将口头表达转换为书面文字的情况大多与神佛有关,所以和神佛相关的文书里经常可以看到片假名。

当然,不仅是与神佛相关的文书,很多时候,在边听边记像是小字之类的地名,或是工具设备的名称时,用的也不是平假名而是片假名。在听写人名时,常用的也是片假名。

　　此外，在申诉时所写的"申状"中，有时也会使用片假名。例如，因提到了地头[1]的"割耳削鼻"暴行而出名的纪伊国《阿弖河庄上村百姓言上状》基本都是以片假名写就。这是建治元年（1275）的文书，它因以片假名写就而出名，所以甚至也会被称为片假名言上状。当我在高中讲授这份文书的时候，我曾将其解释为，这是一份受地头的暴行和压迫之苦的百姓，用拙劣且生涩的片假名写就的申诉文书，光从这点就可以体会到百姓的感受。

　　实际上，许多学者也是这么认为的。但仔细思考后就会发现，只因为文书用的是片假名，就觉得它很生涩，这个逻辑很奇怪。片假名的确难读。即使是有教养的僧侣所写的片假名，也还是很难读。之所以会认为百姓因为不懂平假名才写片假名，我觉得这实际上是受到了二战期间成长起来的一代人的观念影响。他们在小学里最开始学习的是片假名。我认为我们必须彻底抛弃这一先入为主的观念。

　　因为这份文书被称为"言上状"，所以它原本应该是可以被宣读出来的。地头口头所说的话被原原本本地用文字记录在了文书里。例如，其中有"如果你们不种小麦，那我就要（抓走你们的妻儿），割耳削鼻，将头发剃成尼姑，用绳子绑起来施以拳脚"[2]这样的语句。这里可以清楚地看到片假名所具有的功能。用片假名书写这份言上状的一个原因就在于此。

　　另一个值得注意的地方是，当时有很多"日记"，这是一种当场

1　镰仓幕府与室町幕府为了管理庄园或公领而设置的职位。在庄园内拥有土地管理权、征税权等。

2　原文为"ヲレラカコノムギマカヌモノナラバ、ミミヲキリ、ハナヲソギ、カミヲキリテ、アマニナシテ、ナワホタシヲウチテ、サエナマント候ウテ"。

或随后记录当天发生之事，并且多用汉字—片假名混写的方式写就的文书。前述《阿弖河庄上村百姓言上状》多半也不是通过正规的流程提交的。这么说是因为，镰仓时代正式的百姓申状大多用汉字书写，所以这个案例非常特别。我们可以推测，这份言上状或许就像"日记"一样，是一份在事发后记录了必须记录之事的文书。

在文书的世界里，片假名具备上述功能，而在文学的世界里，片假名则经常被用在与寺院相关的书籍中。片假名最初就是僧侣读解经文时所做的训点标记（即送假名），这也呼应了上述事实。筑岛裕曾说过"和尚喜爱片假名"。原本应该用平假名写的和歌，到了僧侣手上，就变成了片假名。

还比如说，《三宝绘词》原是一本以通俗易懂的方式向女性阐述佛教教理的书，所以自然应当使用平假名。但寺院中流传下来的版本却使用了汉字—片假名混写的形式。《平家物语》的情况也是如此，寺院流传的延庆本《平家物语》也采取了汉字—片假名混写的形式。

到了室町时代以后，出现了誊写禅僧古籍讲义的书本——"抄物"。其中包括《史记抄》或《论语抄》等。这些书中也混用了"……スルゾ""……ジャホドニ……"这样的片假名。

禅僧以及与之相关的儒学者到了江户时代以后，仍然经常使用片假名。不过，对于江户时代的庶民来说，如果不是在特殊场合，他们一般不会使用片假名。

女性与平假名

让我们再来看看平假名的情况。在假名的世界里，平假名显然被使用得更多。它首先被用于女性的世界中。这种情况一直持续到后来。平假名先是被称为"女文字",而到了后来,则出现了一种被称为"女文"的独特文体。女性在写信时一般使用平假名。而男性在给女性写信时,也经常使用平假名。因此,平假名是一种女性的文字,这是它的独特之处。

琉球国王在给日本国王(即室町将军家)写私人书信时,使用的也是平假名。为何琉球王国使用的是平假名而不是片假名?这本身也是一个问题。这或许是因为琉球的女性参与了这一过程。但不管怎样,在室町将军接收这份平假名的书信时,收信者是位女官,而发给琉球国王的回信也是由女官用平假名书写的御内书[1]。从这个事例也可以看出,平假名与女性之间的确存在着密切关系。

因此,当我们思考日本文化的相关问题时,很重要的一点是要认识到女性从很早的时候起就拥有了自己的文字。当然,正是因为存在这一前提,女性文学才能从《枕草子》与《源氏物语》起,一直发展到 13 世纪下半叶的《不问自语》[2] 和 14 世纪的《竹向之记》[3]。但是,在近代以前,世界其他民族中也有这么多优秀的女性文学吗?我认为大概是没有的。那么,为何日本女性就能够做到这一点呢?我认为其中的意义还没有得到深入研究。

而和最开始的问题相关的另一个问题是,这些女性文学都出现

---

1 室町时代以后,由将军家发出的文书。形式上为私人文书,但具有公文效力。

2 《とはずがたり》,镰仓时代的日记文学,后深草院二条著。该书以自传的形式记录了作者自 14 岁至 49 岁的经历。

3 《竹むきが記》,南北朝时代的日记,日野名子著。记录了南北朝动乱期的宫廷生活、与西园寺公宗的恋爱与婚姻等内容。

在 14 世纪以前。室町时代尚有女性日记。而到了江户时代，大概就没有能被称作女性文学的作品了。这与我在开篇提到的 14 世纪是社会的转型期这一点密切相关。

总之，平假名最初是女性使用的文字，而后才被男性使用，并由此得到普及。男性在公务领域主要使用汉字。不仅平安时代和镰仓时代如此，室町时代甚至江户时代也是如此。

公家的情况自不必说。即使是在武家，武家一开始与公家多少有点不同，可以容许用汉字—平假名混写的方式书写公务文书，但公文基本上还是要用汉字写就。

因此，例如镰仓幕府的"关东下知状"之类的判决书也都是用汉字写的。当它们要引用混写平假名的书信或"让状"（我们还会在下文提到让状）等文书作为证据时，平假名文书会被大费周章地改成万叶假名[1]和汉字。可以说，镰仓幕府的官员有意识地不让平假名出现在判决书中。在男性世界和公务领域的文书中使用汉字的做法就这样一直延续了下去。

因此，男性使用平假名的做法自然是从私人书信开始的。自平安时代末期起，平假名已被广泛地使用于让状之中。

让状是一种中世特有的、在转让财产时制作的文书。进入江户时代后，让状基本就消失了。虽然不是完全消失，但已经基本看不见了。我们现在还不清楚为何江户时期的人们不再写让状，这个问题需要仔细思考。在中世时期写就的大量让状中，平假名十分常见。

1　为表记日语语音而用作表音文字的汉字。通过汉字的音和训来标注与汉字本来含义不同的日语语音。

为何要用平假名写让状，其中的缘由还不得而知。不过我们可以推断，其中一个原因是，让状需要由本人亲笔书写。而这也与文书的普及度有关。到了镰仓时代，经常书写让状的武士阶层的确已经能够书写平假名了，所以也自然会使用平假名书写让状。

当时之所以需要让状，是因为在转让财产时，既不能仅凭当事人来完成转让，也不能像今天这样通过在官方机构进行登记来获得认证。转让行为需要得到当事人周边的某个范围的社会的认可。所以，如果这个范围里的人无法读懂让状，让状就失去了意义。

用平假名书写让状的理由或许就在于此。但不管怎样，让状里经常使用平假名，这是不争的事实。平假名最开始就是在这样的私人文书里得到使用的。

再者，中世的公务文书是朝着接近书信样式的方向发展的。古代以来的公务文书虽然不会用写信的方式写收件人，但会跟写书信时一样写上日期与写信者，并在文书的最后写上接收者的名字。这种"书札样文书"逐渐得到了广泛使用。

例如，"奉书"就是一种很常见的文书。这是高位者将自己的意向传达给家臣后，让家臣将内容传达给接收者身边的人时所写的文书。天皇的"纶旨"、上皇的"院宣"，以及三位[1]以上官员的"御教书"，都属于这一类文书。

如此一来，公务文书里自然也容易混用平假名。这一现象并非首先出现在京都或镰仓这样的政治中心，而是先从地方开始的。从身份阶层的角度看，半假名最先被使用在与地方关系密切的地头或

1　日本官阶品秩。

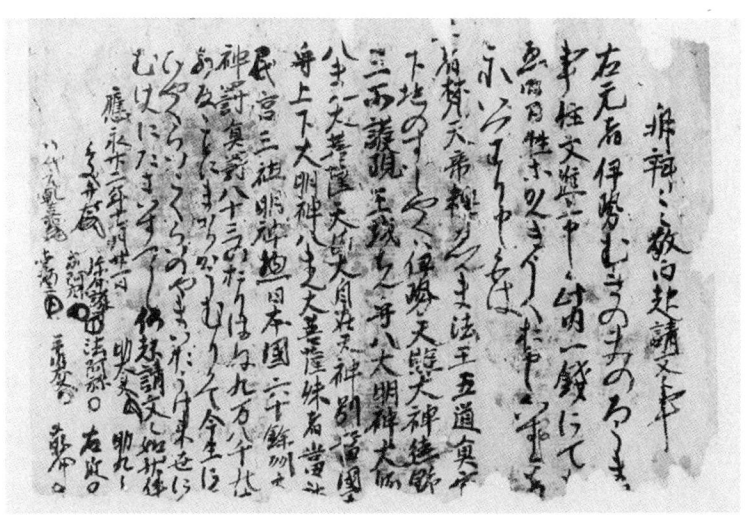

混用平假名与汉字的东寺领庄园的百姓文书（京都府立综合资料馆藏）

预所 [1] 的公文书中。

　　相反，平假名较早出现在庄园的代官 [2] 向京都和镰仓送去的报告书、注进状，以及百姓申诉各类问题时的申状中。这类文书大量增加，使得混写平假名的文书也随之增加。

　　进入室町时代后，这类文书的数量急剧增加。这一现象在 13 世纪下半叶开始出现征兆，而在经过 14 世纪，进入 15 世纪后，混写平假名的文书开始占据多数。从留存到现在的文书中也可以看到这一点。例如，在与"备中国新见庄"相关的文书中，70%—80% 的文书都是混合平假名书写的。

1　"预所"指的是在庄园代替领主，对庄地、庄官、年贡等进行管理的职务。
2　中世以后，代行主君或领主官职之人的总称，如守护代、地头代等。

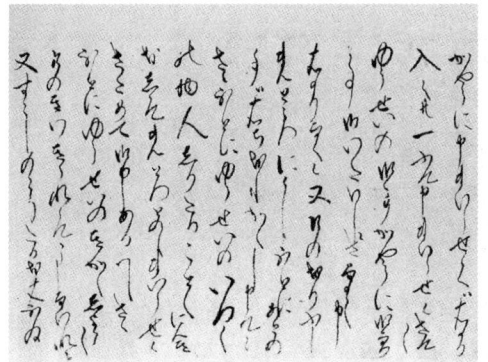

由"たまがき（tamagaki）"所写的被送至东寺的书信
（京都府立综合资料馆藏）

文书的数量在这一时期急剧增加，而其中混用平假名的文书也在大量增加。如此想来，从文字普及的角度看，14、15 世纪确实是日本社会的一个重要分水岭。

大约从镰仓时代后期到室町时代，下层武士阶级也已经能够书写混用平假名的文书了。进入室町时代后，作为村庄大名主[1]的百姓也大都能够书写文字。

女性的情况也是如此。例如，御家人[2]与非御家人这些武士阶层的妻子或他们的女儿一般都用平假名写信。此外，在畿内附近，也可以找到上层百姓女子书写文字的例子。在室町时代，一位名为"たまがき(tamagaki)"的备中国新见庄女子曾写了一封出色的书信。这是个很有名的例子。

这位女子在担任庄园代官的僧侣身边做事。她的地位并不高，也有可能是位"游女"[3]。在这位僧侣被杀害后，她用优美的平假名将

自己的各种想法写了下来并将其寄送到东寺[1]。可以认为，文字在女性中的普及与在男性中的普及同时进行。

　　江户时代的国家体制正是以庶民间的文字普及程度为基础建立起来的。可以认为，江户幕府的体制从建立伊始，就以町和村里有人能够使用文字这一点为前提。从世界范围来看，日本在这点上应该算是比较特别的。江户幕府的体制特点也正呼应了文字在百姓中得到了广泛普及这一事实。

　　在文字普及的过程中，有一个很重要的问题，即镰仓时代以前的文书都让人读起来觉得非常舒服。如果借用笠松宏至的话来说，那就是很"文雅"。这不仅体现在贵族所写的文书中，也体现在武士和百姓所写的文书中。

　　而在经过南北朝，进入室町时代后，虽然文书的数量急剧增多，但相比于镰仓时代以前，此时的文字质量却下降了，而且变得很难读了。关于这点，最好的例子莫过于广岛县福山市的草户千轩町遗迹大量出土的木简。该遗迹是一个沉没在河底的著名中世町遗迹。

　　出土的木简并不像最近出土的长屋王宅邸遗迹木简那样精美，而是在削薄的木片上写着潦草的字迹。过去的鱼店会将鱼的价格写在薄木片上，而出土的木简差不多就是这个样子。木简上的许多文字应该都是在做生意时随即写下的，所以很难读懂。这些文字确实是很难读的。与镰仓时代相比，这一时期的社会对于文字的理解发生了很大变化。

1　位于现京都市南区九条町，为东寺真言宗的总本山。新见庄在当时是东寺领。

镰仓时代及其之前的人们对于文字抱有一种敬
畏之心，这也使得文字本身变得优美。而到了后来，
虽然这种意识尚存，但对于使用文字的人来说，文
字已经成为具备高度实用性的东西。文字因此发生
了上述变化。而村与町的形成也与文字的普及和实
用化密切相关。

石井进认为，草户千轩町遗迹出土的木简是账
簿的原型。我赞同这一观点。迟至战国时代初期，
村与町开始制作自己的账簿。村与町的人们会区分
使用交给支配者（即领主）的账簿，和属于村与町
内部的账簿。在战国时代，与支配者的"表账簿"
不同，村与町的人会制作"里账簿"。因为领主征
收的年贡是由村自行分配给村里百姓承担的，所以
账簿也由村来制作，而领主也不会随意干涉。

江户时代的情况也是如此。村通过自治的方式
承揽年贡，这被称作"村请制"。如果百姓无法使
用文字和数字，那么这种制度就无法成立。如此
看来，村的建立与文字的普及之间有着密切关系。
町的情况也是如此。町里能够熟练掌握数字和文
字的人多于村里，而正是这一点确保了町的自治。

草户千轩町遗
迹的木简

文字的普及与国家

关于文字的普及，还有一个必须说的是，在这一普及过程中发

挥主要作用的并非片假名，而是平假名。在思考日本社会的文字时，这点十分重要。

与口语世界密切相关的片假名无法成为"书面文字"。而平假名则从一开始就是被用来阅读与书写的。作为读写文字的平假名逐渐普及，而与口语世界联系密切的片假名就成了少数派。这是一个与日本文字的普及方式有关的重要问题。

这与文字进入日本社会的方式有很大关系。汉字从中国和朝鲜半岛传入日本列岛。而后，汉字被用作万叶假名。日本的文字正是通过这一方式逐渐发展起来的。在使用和普及文字的过程中，律令国家[1]的建立起到了很大作用。

律令国家的建立对于日本列岛社会的各个方面都产生了极大影响。例如，像兵卫、左卫门、右卫门、右马丞这些江户时代百姓的常用名都是从律令官职名衍生而来的。律令国家所产生的影响涉及许多方面，甚至深入到了如此地步。就文字的情况而言，律令国家采用的"文书中心主义"也具有决定性意义。

也就是说，包括此前用口头执行的事项在内，律令国家的一切行政事务都要通过文书来执行。律令国家极其严格地贯彻这种文书主义。因此，若想成为国家官员，或多或少参与国家事务，就必须学习文字。通过这种方式，国家并非自上而下地单方面强制人们学习文字，而是唤起了下层人民自下而上学习文字的主动性。

对于地方上的人们来说，新国家的成立是件大事。从某种程度

1　以律令为统治的基本法典的国家。日本的律令制实行于 7 世纪后期，并延续到 10 世纪左右。701 年制定的《大宝律令》是其完成的标志。

上说，这个国家在一个被称为"都城"的遥远的地方建立了起来。那是一个"神圣的世界"，是一个充满光辉的文明之窗，而连接那个世界与自己的世界之间的桥梁正是文字。我们也可以从木简上留下的为了出仕考试而练习的汉字笔迹中看出这点。

东野治之在《木简讲述的古代日本》（『木簡の語る日本の古代』，岩波書店）一书中提到了这个有趣的事例。这些木简出土于平城宫遗迹。木简上将两个字、三个字的相同文字重复写了很多遍。东野治之甚至通过这些两字、三字的文字推断出这些文字的内容应当出自最常作为考题的中国典籍《文选》。这些木简上的文字正是应考者为了备考而做出的勤奋练习。

此外，出羽的秋田城也发现了这种木简。如果说在都城附近出土这样的木简是理所应当，那么在律令国家的北部边界据点秋田城出土这样的木简就值得引起注意了。被纳入律令国家支配体系的地区都需要制作户籍，而书写其中文字的应当是郡司或是里长（乡长）。如此一来，在受到国家统治的范围内，都存在能够使用文字的人。

而且，写在户籍上的字也十分美观。正仓院所藏户籍上的字迹甚至可以被当作美术品来鉴赏。当时就是郡司一类人写下了这样的文字，这不禁令人感到惊讶。

上文提到过人们对于文字的态度的变化。通过这个例子，我们可以毫无疑问地确定，这个时代的人是以非常真挚的态度对待文字的。他们极具珍爱文字。最澄[1]的优美文字正是以这样的文字为基

---

1 最澄（767—822），平安时代僧人、日本天台宗的开创者，也是著名书法家。

大宝二年御野国味蜂间郡春部里户籍（正仓院藏）

础。他以非常真挚的态度写下它们。日本列岛社会对于文字的态度正以此为出发点。

自此以后，王朝国家、镰仓幕府、室町幕府都继续贯彻文书主义，而江户幕府更是彻底实施文书主义。当幕府与大名下令制作某种样式的文书时，村与町就会依照指示制作并提交文书。日本社会制作出了前文提到的大量文书，这也与国家层面的文书主义一脉相承。

当然，文字的普及不能仅仅依靠国家的力量，还需要依靠社会本身的主动性，以及创造出平假名和片假名的社会的自发力量。

文字的普及与平安末期和镰仓时代新宗教的布道之间也存在一定关系，这点十分重要。像法然、亲鸾、日莲、一遍和后来的莲如这样的宗教活动家都曾写过很多平假名书信。他们有时也会写下主要使用片假名的书信。

诞生于镰仓时代并在南北朝和室町时代拥有广泛影响力的宗教大多致力于在庶民中布道。因此它们既使用平假名，也使用与口语联系紧密的片假名。像"和赞"[1]一类用口头唱诵的赞歌多通过片假名记录下来。甚至还出现了由本福寺（是一座位于近江坚田的一向宗寺院）僧侣使用汉字—片假名混写方式书写的、记录了方言的文章。

这一趋势甚至影响到了切支丹[2]文学，也对中世后期至近世初期的日本社会产生了重大影响。不过，到了 17 世纪初，所有这类宗教活动都遭到了世俗权力的镇压。自此以后，在日本社会，像伊斯兰教或基督教这样独立的宗教便不再拥有独立活动的力量。

这也与天皇的存续问题关系密切，这点暂且不论。就日本文字社会的特点而言，上述事实也不可避免地加强了由国家文书主义带来的强制规范。

我本人接触古文书已有多年，差不多只要看一眼就能区分出中世文书和近世文书。而对于近世（江户时代）的文书，就算遮起它们的年号，我也能区分出哪些是江户初期的文书，哪些是中期和后期的文书。真正的专家甚至还能在不看年号的情况下做出更细致的分类：区分出庆长／元和、宽永、宽文／延宝、元禄／享保、明和／天明、天保、幕末这些时期。虽然我无法达到这种程度，但至少

1　佛教声乐的曲种之一，用日语韵文歌词赞美佛德的歌。在平安时代以后盛行。
2　指室町后期传入日本的天主教，亦指其信徒。"切支丹"一词源于葡萄牙语 cristão。

能对包括九州和东北在内的全国各地的文书做出大致分类。想想这点就觉得很不可思议。

关于这一点，我的好友塚本学曾经做过一个报告。他在准备国立历史民俗博物馆的展览时，曾出于尝试，将同一年代里领主下达给村庄的"年贡割付状"[1]与百姓之间交换的买卖证书以某一年代为下限排列在一起。他发现，字体的变化显然最先发生在领主一方所写的文书里的。

但这一变化在很短的时间内快速传入了百姓的世界中。当领主一方的字体发生变化时，百姓的字体——至少是在写给领主的文书中的字体——似乎也会发生变化。这些字体在明治时期急剧变化。此前所用的"御家流"[2]字体到了明治四年（1871）废藩置县后发生了很大变化。

因此，可以读懂江户时代文书的人未必能看懂明治时期的文书。例如，对我来说，像伊藤博文的书信这样的文书是非常难读的。全国各地各村的户长和区长都开始使用这种字体，而这种变化显然是自上而下的。

上文提到的近江的坚田虽然在江户时代被视作村，但它实际上是一个自治的町。几位"年寄"[3]轮流书写町的日记。这些日记从江户时代流传下来。到了明治三年（1870）左右，日记里混合了受到上

---

1 江户时代的一种文书。由江户幕府或诸藩的代官等领主向其所属的村下达的分摊年贡的征税文书。
2 以尊圆法亲王（1298—1356）为鼻祖的书法流派，具有流丽、平明、稳健的风格。江户时代被用于朝廷和幕府的公用文书中。
3 江户时代，村中辅佐名主、庄屋的村吏。

层影响的新字体和遵照旧有习惯的御家流字体。而到了明治四年、五年的时候，字体则完全统一成了明治时期的新字体。

这种变化源于上文提到的国家文书主义和国家本身所产生的影响。不过，如此一来，日本的庶民就成了只盯着上面看的人了。虽然这确实反映了部分事实，但上述的字体变化只限于公文书领域。书信与更加私密的日记的字体则完全没有发生这种变化。因此，我们可以认为，江户时代也存在与"表面世界"完全不同的"内里世界"。

本书开头部分谈到了文书世界的均一性。这种均一性一方面与自上而下的国家权力有关，另一方面也与试图回应这种权力的下层力量有关。而且下层的力量自古以来就深深扎根于日本社会之中。

此外，将"表面世界"与"内里世界"清楚分开，并在"表面世界"试图回应均一性的倾向在室町时代以后变得更加明显。而且，我们还应该注意，这一现象最初出现在律令国家时期。

日本文字社会的状况在将来又会发生怎样的变化？我们又该如何应对？实际上，这些问题都还没有被充分考虑过。

例如，片假名的使用率在刚进入明治时期的时候急速提高。与法律和军队相关的词语尽是片假名，而初等教育里最先教授的也是片假名。但在普通民众的日常生活中，使用得最多的还是平假名。虽然也不是完全没有汉字—片假名混写的文学作品，但确实相当少见。反倒是属于汉学流派的学者会用汉字—片假名混写的方式写作论文，但不久之后，这一情况也基本消失，取而代之的是汉字—平假名混写的方式。

江户时代以后就是如此。文学作品中使用汉字—平假名混写的文体，而儒学者则使用片假名写作。那么在这一背景下，为何军队和法律使用的是片假名呢？这个问题也还没有明确的答案。但我觉得这大概与明治国家的性质有关。此外，二战结束后，平假名成为初等教育中最先被教授的文字，但这种改革在多大程度上考虑了文字本身的历史呢？关于这个疑问，我还想多多请教教育史方面的学者。

最近的文字世界在许多方面都发生了巨大变化。因此我认为，只有在上述问题得到充分讨论后，我们才能更好地思考日本社会中文字的未来。

第二章

货币与商业、金融活动

宋钱的流入

上一章中我们谈到，约以 14 世纪为分水岭，文字与社会的关系发生了很大变化。与此密切关联的是，13 世纪下半叶至 14 世纪，金属货币开始在日本社会正式流通。日本最初的金属货币铸造于 8 世纪初，当时铸造了被称为"和同开珎"的铜币与银币。自那以后直至 10 世纪中叶，日本铸造了被统称为"皇朝十二钱"[1] 的货币。

我们必须从多个角度来思考皇朝十二钱的性质。它们在很大程度上是日本吸收中国制度的结果之一。虽然货币会作为调或庸缴纳给朝廷，但实际上，它们几乎仅在畿内流通，并未流通于全国。

此外，和同开珎作为一种货币，不仅具备支付手段和流通手段

1　日本古代由律令政府发行的 12 种铜钱的总称。指的是和同开珎、万年通宝、神功开宝、隆平永宝、富寿神宝、承和昌宝、长年大宝、饶益神宝、贞观永宝、宽平大宝、延喜通宝、乾元大宝这 12 种铜钱。

的职能，还有着带有巫术色彩的用途。例如，在建造寺院时，和同开珎一定会被放在基坛里。此外，从美浓不破关[1]的发掘结果可知，一些和同开珎也会被放在建筑物的角落里。和同开珎具备这种巫术用途。

到了 10 世纪以后，由于社会对货币的需求度不够高，政府的权力也日益减弱，日本便不再铸造货币。但即便如此，这样一个不够成熟的社会曾经对金属货币有过认识的事实，对于货币与社会后来的关系也产生了巨大影响。

自这一时期以来，社会中流通的货币（交换手段）是绢、米等物品。在调查了当时的人们在买卖土地时使用的支付手段后，学者发现，到 12 世纪中期为止，人们使用的支付手段一直都是米和绢。但到了 12 世纪下半叶至 13 世纪，来自中国宋朝的铜钱开始正式进入日本。尤其是随着平清盛大力发展日宋贸易，宋钱源源不断流入日本。

不过在一开始，也就是在 12 世纪下半叶的平清盛时代，每当瘟疫流行之时，依旧会出现将瘟疫视为"钱币之病"的流言，也就是说，当时的人们认为这些疾病是由于人们使用了钱币而引起的。虽然钱币已经在当时大量流通，但将金属货币视作一种拥有法力的物品的观念依旧根深蒂固。钱币作为流通手段尚未充分渗透进社会之中，这种状态还将持续一段时间。

---

1 不破关是日本律令体制下设置的诸关口中最受重视的律令三关之一，位于现岐阜县不破郡关原町松尾地区。不破关在昭和四十九年（1974）2 月至昭和五十二年（1977）9 月期间进行了 5 次发掘调查。

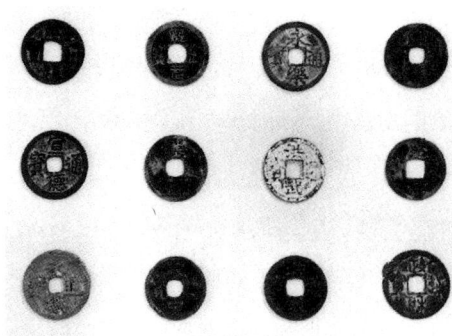

中世时期流通的中国铜钱

不过，松延康隆的研究[1]表明，铜钱在13世纪上半叶已经基本取代了绢，成为支付手段。而到了13世纪下半叶至14世纪，买卖土地时的支付手段也由米转变为铜钱。

也是在同一时期，铜钱开始大量流入日本。

最近，名为"新安冲沉船"的沉船在朝鲜半岛的西南海域被打捞上来。船中的货物也基本上被原封不动地捞出，这是非常少见的事。此外，船中还发现了大量木简。从这些木简可以推断，这艘船的乘客包含了不少像为重建东福寺而筹款的劝进圣[2]这样有着日本名字的人。

船内载有大量青瓷和白瓷。为了让船体保持稳定和平衡，船底也装载许多铜钱。铜钱总重约28吨。虽然我们不清楚，这些铜钱是否原本都要被运到日本列岛，但估计其中的相当一部分是要被运到日本的。虽然不清楚28吨重的铜钱具体有多少枚，但总之，我们可以了解到有相当多的铜钱被装载在了船底。

此外，借助木简的记录，我们可以将这艘船的沉没年份确定在

1　松延康隆：《钱与货币的观念》（『銭と貨幣の観念』），《列岛的文化史》6，日本编辑学校出版部。

2　指为了修建佛教设施而游历诸国、四处奔走的僧侣。"劝进"指的是为建造、修复寺社或佛像等集纳赠款的行为。

14世纪上半叶的1323年。实际上，文献记录也能证明，在13世纪下半叶至14世纪期间，由于日本与中国之间存在非常活跃的船只往来，数量惊人的铜钱流入了日本。

上述铜钱流入的事实反映出，由于日本社会本身发生了变化，人们对铜钱产生了强烈的需求。与此同时，这些铜钱也开始在社会中流通，并逐渐在各种各样的交易中发挥作用。虽然我们难以在现存文书中找到与动产买卖相关的记录，但在这一时期，包括土地买卖在内，所有商品都开始将铜钱作为价值尺度。铜钱也开始在金融领域占据主导地位。但正如下文将要提到的，我们也必须注意，米依旧没有丧失其作为交换媒介、支付手段和价值尺度的功能。

财富的象征

我们还可以通过松延的研究了解到一个非常有趣的事实：一般来说，按照常识，如果有大量货币流入日本，那么应该会发生通货膨胀和物价上涨。然而，虽然动产、米和绢等物品的价格的确在13世纪下半叶上涨了一段时间，但到了14世纪，土地等物品的价格反倒呈现出下降的趋势。

因为现存史料不多，所以无法对此给出一个明确的解释。但松延认为，这一现象是由于铜钱的价值提升，人们对于铜钱本身的需要增加，从而导致铜钱价格上涨所引发的。例如，关于出土的"埋藏钱"，其数量也在13世纪下半叶至14世纪期间出现了一个高峰。而下一个埋藏高峰期则出现在战国时期至江户时代初期之间。

关于这些埋藏钱，以往的解释是，因为时逢战乱，所以人们要

把钱币埋起来。第二个埋藏高峰期的确可以这么理解，但关于 13
世纪下半叶至 14 世纪的埋藏钱，松延认为这或许只是一种储蓄财
产的手段，可以反映出铜钱日益提升的价值。

　　我基本赞同这个说法。不过，按照当时的观念，埋藏物基本上
都会变成无主之物。也就是说，会变成不属于任何人的东西，或者
变成属于神佛的东西。在思考埋藏钱的问题时必须考虑到这一点。
此外，还应当考虑到，货币本身在这一时期依旧带有巫术色彩。而
且，这一时期的埋藏钱与战国时期以后的储蓄钱之间也存在略微不
同。但总之，认为钱币是一种储蓄财富的手段基本上是没错的。

　　与米和绢不同，不具备使用价值的铜钱（金属货币）开始成为
财富的象征。这反映出人们对于财富的看法也发生了很大转变。这
也很好地反映出在这一时期，社会对于钱币的态度正经历着巨大变化。

　　在《徒然草》中，被称为大福长者的有钱人说："视钱当如侍君
奉神，敬而畏之，绝不任性滥用。"[1] 也就是说，不应把钱当作奴隶
随意使用，而应该像对待君主与神明那样，万分恭敬地使用钱币。
应当抑制各种欲望，一心一意储蓄钱币。只有储蓄钱币才是有"德"
的。这里开始明确出现了"有德"的观念。大约在这一时期，富有
的人开始被称为有德之人。

　　这很好地反映出社会对于钱币态度的变化。中村直胜将其称为
"拜金主义"。这一现象出现于 13 世纪下半叶至 14 世纪。而到了 15
世纪，钱币作为一种支付手段和交换手段，开始广泛地流通并发挥
作用。

1　此处《徒然草》引文的翻译参照王新禧译《徒然草·方丈记》（长江文艺出版社，2011 年）。

钱币作为货币开始正式发挥作用这一事实具有多方面意义。上一章中我们提到，文字的普及推进了社会的均一化。而圆形方孔铜钱在除北海道和冲绳以外的日本列岛中流通，无疑也对日本社会的均一化产生了一定影响。在冲绳和北海道以外的日本列岛社会中，这样的变化对于"民族"的形成具有划时代的意义。

物品何以成为商品

话虽如此，但还是有各种各样关于钱币的问题尚未得到解决。其中最重要的一个是，上述流通钱币基本都来自中国（包括宋钱、元钱和明钱），但当时的日本社会也大规模开采和生产铜。大量产出的铜甚至成了大宗出口货之一。而且就铸造技术而言，"铸物师"[1]自古以来就很活跃。日本社会理应具有铸造钱币的能力。

然而，平安后期以来的统治者却并未想过铸造钱币。除了后醍醐天皇这位特别的天皇曾经试图铸造钱币、发行纸币（虽然并未成功实现）之外，王朝与幕府都未曾有过这样的想法。这是为什么呢？在思考中国与日本的社会时，这是一个重要的问题。这个问题尚未得到解决，不过多半与日本的社会状况有关。日本社会一度在尚未成熟的情况下铸造了货币（钱币）。

松延康隆认为，14世纪的社会是一个"过早经历货币化的社会"。我认为上述问题也与此相关。这点先暂放一边。如上所述，钱币开始作为货币在社会中正式流通，这对于当时的交易和金融活

---

1 掌握铸造技术的职人。

动，乃至对于从事交易和金融行业之人的社会地位都产生了巨大
影响。

最近的研究从不同角度讨论了商业与交易行为。直到某个时期
为止，在社会中把物品当作商品进行交换的行为，都是一种难以在
一般状态下完成的行为。物物交换，以及人与人之间的物品交换，
实际上是一种"赠予互酬"。我们将物品赠予对方，并从对方那里
获得回报，这样的行为会使人与人之间的关系变得更加紧密。但
如此一来，就不是商品交换了。那么，怎样才能让物品作为商品被
交换呢？

关于这个问题，胜俣镇夫给出了一个很有意思的解释。他认为，
物物交换是需要发生在具备特定条件的场所里的，而这个场所就
是市场。一旦把物品放在市场上，物品与物品之间的"赠予互酬"
关系就被切断，交易行为由此发生。从这个角度看，市场自古以
来就是一个切断与日常世界之间联系（用我的话来说就是"无缘"）
的场所。

例如，人们自古以来就有在出现彩虹的地方旁设立市场的习惯。
平安时代的贵族对此有所记录，而室町时代也依旧能够看到这一习
惯的残留。藤原道长的宅邸中也曾因出现了彩虹而设立市场并展开
交易。所谓彩虹出现过的地方本应是很难确定的，但总之就是有这
样的习惯。

胜俣镇夫指出，不只有日本会在出现彩虹的地方设立市场，其
他民族也有这种习惯。因为人们认为，彩虹是连接此世与彼世、神
界与俗界的桥梁，所以人们需要在这样的地方进行交易以取悦神明。
因此，市场设立之处，也正是神明世界与人类世界、神圣世界与世

《一遍圣绘》中所画的市场（欢喜光寺藏）

俗世界的分界。

　　我完全赞同这个看法。实际上，日本的市场一般都设立在河滩、河中沙洲，或是连接大海与陆地的海滨，以及连接高山与平地的坡道上。因为市场的设立地点具有特殊意义，所以市场也绝非日常的世界，而是一个与神圣世界或神明世界相通的场所。

　　一旦进入市场，一切与世俗相关的物和人的关系都会被切断，也就是相当于进入了"无缘"的状态。只有在这种情况下，物与物才能单纯作为物品得到交换。换言之，在市场中，物与人都成了属于神的世界的东西。或者说，成了不属于任何人的东西。物物交换才由此得以实现。

　　不管在哪个社会中，市场的基本原理应该是共通的。市场切断了世俗世界中人与人之间的关系，成为"歌垣"[1]一样的场所。众所周知，祭祀神明的场所也可以切断夫妻间的世俗关系，让二者成为单纯的女子和男子，自由地展开交往。而市场也是这样的场所。物与人只有切断了存在于日常世界和世俗世界中的关系，才得以实现商品交换。

在市场与交易中，世俗世界中的联系被切断了。这也是近代商品交换与市场原理的出发点，由此可以延伸出十分重要的问题。到中世的某个时期为止，交易就是以这种方式进行的。

如何赚取利息

金融也是一样。如果思考一下为何可以通过借出物品来赚取利息这个问题，我们就会发现这个行为其实很不可思议。

虽然不知道其他国家的情况如何，但在日本，金融的起源最早可以追溯到"出举"。

出举与稻作相关。一年中最早产出的稻穗（即"初穗"）要献给神佛，它们会被储藏在神圣的仓库里。在日本列岛的社会中，管理这些的是共同体的首领。而储藏在这些仓库中的初穗会作为神圣的稻种在第二年借给农民。进入收获期后，农民要将从仓库中借出的稻种，连同作为酬谢奉献给神明的"利稻"（即利息部分的稻谷）一起归还仓库。这种循环就是出举的基本原理。

1　日本的习俗。男女聚集在山上或海边歌舞饮食，以预祝或庆祝丰收活动。也是古代求婚的一种方式，多在春季和秋季举行。

我不清楚这一制度与中国的制度有怎样的关系，关于这点似乎有很多讨论。不过，律令国家将出举作为一种国家制度固定了下来，这被称为"公出举"。储藏在国衙 [1] 仓库中的租稻被当作本金，在春天借给农民，到了秋天连同利稻一起归还仓库，这被称为"正税"，是地方和各个国衙的财政来源。

但出举不单是国家的行为，一般社会中也存在，被称作"私出举"。用出举这个词来描述这样的借贷关系，这点值得注意。此外，利稻一般收取本金的50%。而国家常常规定私出举的利息不能超过本金的一倍，这样看来，私出举的利率应该高达50%甚至100%。但因为是农业生产，所以实际上利率也不算高。

像这样，金融行为最早就是在借贷神明之物并通过农业生产向神明还礼的过程中产生的。进入中世后，敬献给神明的初穗有时被明确写成"初尾"或"初穗"，但被写成"上分"的情况也逐渐增多。例如，敬献给日吉神社的初穗被称为"日吉上分物""日吉上分米"或"上分钱"，而献给熊野神社神明的初穗则被称为"熊野御初尾物"，或是"熊野上分物"。

这些属于神明的上分米和上分钱被当作本金借了出去。在12世纪，这种贷款方式十分普遍。在这些时候，借贷行为依旧被称为出举。到了室町时代以后，借出神佛之物的贷款方式依然存在，在这一时期叫作"祠堂钱"。借出被捐赠给寺院佛陀的金钱，并收取较低利息的金融行为仍在继续。

总之，如果要在人类的世界里使用敬献给超越人类力量的神佛

---

1 律令制下，由中央派往各国掌管政务的官员（国司）的办公衙门。

之物，那么就需要以利息作为酬谢，最后一同归还给神灵，金融活动也由此产生。上文提到，埋藏钱与被埋在土中的钱币会成为"无主"之物，也可以认为它们都成了属于神佛的东西。将钱埋入土中的人或许曾将钱作为神佛之物用在了借贷上。

由此可见，不论是交易还是金融，一旦失去了与超越世俗的神圣世界、神佛世界的关联，这些活动就无法进行。所以，一般的俗人无法轻易成为交易和金融事业的从业者。因此，中世的商人和金融从业者都是神佛的直属民。

神的直属民在当时被称为"神人"。佛的直属民被称为"寄人"。而直属于当时还相当于神佛的天皇的人们则被称为"供御人"。

所谓"供御"原本指天皇与贵人所食之物，后来成为天皇所用之物的总称。而贡纳天皇日常所用之物的人就被称为供御人。这些人都是神圣之人的直属民，所以自称为"神佛的奴婢"。

具体来说，借出日吉上分物以进行金融活动的有日吉神人与延历寺的下级僧侣和山僧，借出熊野上分物以开展金融活动的有熊野神人和熊野山伏[1]。伊势的上分物由御师[2]负责。因此，只有直属于神佛的人，才有资格进行金融活动。

神佛与天皇的直属民

交易也是如此。到了 12 世纪以后，铸物师向天皇提供宫殿内

---

1 "山伏"指山中的修行僧、修验者。
2 从事祈祷的神职人员、神社僧人。

使用的铁制灯炉，而作为回报，他们也被授予可以在全国自由游历并贩卖铁和铁制品的特权。他们一般被称为"藏人所灯炉供御人"。铸物师正是借助供御人（即天皇的直属民）的身份才得以从事交易活动。

　　手工业和交易在这个时代尚未分离，所以像铸物师这样的手工业者同时也是商人。制作曲物的"桧物师"也是如此。他们在制作曲物的同时，也作为行商在市场上出售这些制品。他们中有的是天皇的供御人，有的是各地神社的神人。这个时代的商人都是如此，他们需要直属于某处的神佛或天皇才能经营事业。狭义上的"艺能民"也是如此。

　　中世的工商业者、金融业者和艺能民都具备神佛或天皇直属民的身份。这一方面与上文提到的当时的金融、交易与艺能这些行为的特征密切相关，另一方面也与这些人活动场所的特征有关。

　　在这个时代，被称为神人或供御人的工商业者会在全国范围或某个特定范围里游历。他们从一个市场走到另一个市场。虽然他们也有固定据点，但许多人还是长时间周游各处。如上所述，这些人游历的场所也具有特殊性质。

　　例如，上文提到，市场是"无缘"的场所。此外，在市场中发生的事件也只能在市场中处理，不能带到外部，这是当时的惯例。道路也是一样。就算在道路上发生了杀人事件，也只能当场处理，决不能牵连出去，发生受害者的亲属向加害者报仇这样的事。

　　像道路或市场，以及码头、岸边、港口、水边、坡地这些处在交界位置的场所都有这样的性质，而神人与供御人游历的正是此类场所。因此，这些人的穿着也与一般平民不同。山伏自不必说，而

山伏（出自《一遍圣绘》）

神人则会穿着黄衣。他们打扮成神佛直属民独有的样子，周游各处。

　　这些直属于神佛和天皇的神人、供御人与寄人常常自称"神奴""菩萨的奴婢"或"寺奴"。因此，此前的历史学家多认为，这些神人与供御人类似于奴隶，是身份地位低下之人。但仔细研究后就会发现，在很多情况下，这些被称作供御人或神人的人其实在当时的制度里与将军的家臣御家人属于同一等级。因此，或许可以认为，神人与供御人的社会地位与武士相当。

　　从世界史的角度看，历史学界至今尚未明确这类人的定位。不过，神佛的直属民，或是隶属于圣者的奴隶并不只存在于日本。在存在所谓"神圣王"的社会，例如印加帝国，也有神的奴婢、太阳神的奴婢，或是直属于印加的奴隶。其中，女性被称作阿可雅（aclla），男性被称作亚纳科纳（yanacona）。

　　在日本，不仅在中世，更早的采女[1]也属于这类女性。此外，巫女也属于这一类。而鹿岛神宫还存在属于神的贱民（即"神贱"）。虽然称呼里有"贱"这个字，但我们不能用现代的观念去理解古代的贱民，不能认为他们是受到蔑视的人。

　　律令国家的制度中规定了五种贱民，即"五色之贱"。其中，公奴婢、官户、私奴婢、家人这四种是隶属于国家或个人的奴隶，而

1　日本古代宫中女官之一，侍候于天皇、皇后身边，担任日常杂役。

剩下的一种"陵户"则是天皇陵墓的守墓人，他们虽然属于贱民却不是奴隶。如果研究一下中世的守墓人就会发现，他们的地位与神人相当，是圣者的奴婢。他们也被赋予了特权，从事着商业活动。

因此，直属于神的"贱民"，或是看守贵人坟墓这样神圣场所与圣地的人，与现代观念所理解的贱民有本质区别。陵户也是如此。中世的神人、寄人与供御人集团也属于这一类人。他们虽然是神的奴婢，但实际上与武士地位相当，也拥有官位。

因此，神人或供御人的身份明显不同于一般的平民百姓。神人所住房屋（即"在家"）不用缴纳一般平民需要缴纳的租税（即"在家役"）。他们有时也会被授予不用缴纳年贡的田地（即"免田畠"）。他们甚至在通过关隘、渡口、码头或港口时不需要缴纳交通税。他们可以自由地游历全国各地，拥有自由通行的特权。就像上文提到的，当他们在路上行走时，或是需要以神人或供御人的身份活动时，他们就会穿上被称为"黄衣"的黄色衣服，打扮成与一般平民不同的样子。山伏也会梳不同于一般人的发型，穿着红褐色的衣服。

这些人手中所持之物也与众不同。他们有时会拿着形状奇特的棒子，拄着拐杖行走。卖鱼的神人还会将供奉给神明的鱼放在桶里，顶在头上，而这个桶本身也是神圣的。如果有人攻击这些神人与供御人，或攻击他们的所持之物，或是伤害、杀害他们，那么攻击者将会受到神明的严惩。此外，神人与供御人的尸骸所在之处也会成为神圣的场所和神佛的领地。

因此，如果百姓不缴纳年贡，那么寺院与神社就会动用神人，让他们作为"执达吏"向百姓催缴年贡。神人有时也会戴上鬼面，或扛着佛像威胁百姓，强迫他们缴纳年贡。

　　总之，神人与供御人构成了国家制度的一部分。他们是不同于普通平民的一类人。我姑且将这种制度称为"神人—供御人制"，虽然这一称呼尚未得到学界的普遍承认。

从神圣之物到世俗之物

　　直到中世前期的12、13世纪为止，从事商业与金融活动的都是以上这类人。这是因为商业与交易活动本身就与神佛关系密切，同时也具备超自然的要素。

　　这里出现了一个与下文将要提到的受歧视人群相关的问题。那就是，被称为"非人"的一类人也拥有神人的身份，他们也被称作"犬神人"。此外，至少到中世前期为止，像游女或白拍子[1]这样的女性艺能民也拥有与神佛和天皇直属民相同的社会地位。这点将在下一章详细阐述。

　　自13世纪下半叶以来，随着钱币与金属货币的广泛流通，从14、15世纪起，上述交易、商业和金融活动，以及从事这些活动的人都发生了巨大变化。

　　就金融方面而言，上文提到，此前的金融行为都是借出神佛的物品，或是出举上分米。而大约自13世纪下半叶起，渐渐出现了单纯为收取利息而放贷的现象。可以认为，这种借贷行为具有世俗性。金融活动由此走向世俗化。

　　当然，并非所有的金融活动都立刻世俗化了。众所周知，室町

1　平安末期兴起的一种歌舞，亦指以其为业的艺伎。

时代的金融从业者以土藏（仓库）[1]为中心展开活动。而土藏出现于镰仓时代以后。它们原本也多由延历寺的山僧或日吉神人经营。他们从事借出神佛之物的活动。

土藏原本就具有神圣仓库的属性，是一个"无缘"的场所。因此人们认为，在发生战争时将重要物品保管在土藏里是安全的。而后来，虽然土藏依旧保有这一性质，但进入室町时代以后，土藏管理者进行的私人放贷活动逐渐增多。室町时代发布的德政令[2]所针对的也正是这种私人放贷行为。当时还存在借出属于神佛的上分米或祠堂钱的金融活动，不过德政令并不限制这一行为。

如此一来，金融活动逐渐具备了可以用现代常识理解的世俗属性。但反对这种放贷行为的势头也很强烈，甚至发展成了"德政一揆"[3]。德政一揆要求结束借贷关系并拿回抵押品。可以说，15 世纪至 16 世纪是金融活动由神圣逐渐转向世俗，并最终固定下来的过渡期。

商人与手工业者也是如此。交易活动逐渐世俗化。商人与手工业者的身份也渐渐分离。此外，虽然依旧存在神人与供御人这些身份，但商业活动本身成了一种世俗活动。

这里举一个手工业者的例子。13 世纪下半叶后，出现了"职人歌合"[4]这种绘卷。绘卷中，各种手工业者被成对地分在左右两边，

1　"土藏"是日本传统建筑的一种，为四面抹上泥或灰浆等的仓库。被用来储存米、酒等物，结构上具有防火、防盗等特点。

2　从镰仓时代末期到室町时代颁布的旨在废除因买卖、借贷活动而形成的债权、债务契约的措施。

3　因要求幕府发布德政令而发生的暴动。

4　"职人"即手工业者。"歌合"是一种比赛和歌的游戏。

相互吟咏和歌。此外还有评判员对和歌做出评判。绘卷通过这种歌合的方式，借助和歌与绘画展现了各种手工业者的职业。这类作品在江户时代被称为"职人尽"，它们流传甚广。"职人歌合"最迟出现于 13 世纪下半叶至 14 世纪，它也与神佛有关。

例如，《东北院歌合》展现的就是各位手工业者齐聚在东北院举办的法会上吟咏和歌的场面。而《鹤冈放生会职人歌合》展现的则是手工业者聚集在鹤冈八幡宫的放生会上吟咏和歌的场面。这些职人歌合都发生在与神佛有关的活动中。

在这些歌合中，两种手工业者被成对地分在左右两边。而具体的配对方式应该是有原因的。

例如，铁匠通常与"番匠"（相当于现在的木工、木匠）配成一对。为何铁匠会与番匠配成一对呢？实际上，比起铸造刀具，当时的铁匠更多地是铸造钉子或锔子。因此，铁匠作为一种建筑工，具备隶属于神社或寺院的寄人的身份。因为铁匠是建筑工人，所以他们与建筑业的核心工匠——番匠配成一对。

由此可知，被配成一对的两种手工业者之间都存在一定联系。有趣的是，在《东北院歌合》中，巫女与博弈打[1] 被配成了一对。博弈打出现在职人歌合里这一事实本身就很好地体现了 13 世纪前的社会特征。博弈打之所以与巫女配成一对，或许是因为博弈打与巫女都可以传达神明的意志。二者不同之处在于前者借助的是骰子，而后者借助的是神灵附体。他们因此被配成了一对。

虽然一方面博弈在社会中被禁止，但另一方面，它也与抽签有

---

1 "博弈"指围棋、双六、花纸牌等的比赛，亦指赌博。"博弈打"指赌博者。

着相同的意义。博弈是一种技艺，
而博弈打也有自己的"道"，也就
是博弈道。当时的史料明确记录
了这一点。在平安时代末期，加贺
国的国衙里设置了"双六别当"与
"巫女别当"[1]的职务。而京都朝廷
的官署里也设有管理双六打、博弈
打或巫女的部门。实际上，在上
皇的后妃——女院分娩的时候，巫
女会站在祈祷师（即"验者"）身
后，变成邪灵附体的"鬼魂"，而
她身边则会放置一个双六棋盘。

双六盘与巫女（出自《饿鬼草纸》，个人藏）

而后，巫女会进行"博打"，这里
指的应该是掷骰子。民间也会举行这样的仪式。在宫廷中，博弈打与
巫女关系密切。

因此，博弈打与巫女的确都属于手工艺人，而二者也理所当然
地可以被配成一对。通过这个例子，我们可以看到，制作于 13 世纪
的早期职人歌合明确地将手工业者、商人与艺能民理解为与神佛相
关的人。

然而，制作于 15 世纪的《三十二番歌合》与《七十一番歌合》
虽然也描绘了各种手工业者、商人和艺能民，但举办歌合的理由却
与神佛没有丝毫关系。尤其在《三十二番歌合》中，手工业者自称为

---

1 别当，简言之，起初指兼任长官或负责人，后指一机构的负责人，因时代而有所差异。

蒙面人（出自《七十一番歌合》，东京国立博物馆藏）

低贱之人，该画卷展现的是当时逐渐受到社会歧视的手工业者的歌合活动。这与下一章中将会提到的歧视问题密切相关。从这里也可以看出，在 15 世纪，一部分手工业者、商人与艺能民已经开始受到歧视。

《七十一番歌合》的情况也是如此，受到歧视的手工业者、商人和艺能民的装扮明显不同于其他人。例如，他们中有的人会把脸蒙上，有的则不戴乌帽子。而女性手工业者的头巾、发型，或是画眉的方法也与她们的职业相对应。这一点与 13 世纪的职人歌合有明显不同。

此外，制作于 15 世纪的职人歌合也致力于真实地描绘手工业者的工作，包括手工业者的工具或工作时的样子，以及商人的持有物或贩卖商品时的装扮。由此亦可看出，商业、手工业与艺能活动逐渐脱离了与神佛之间的联系。它们逐渐被世人当作世俗性的活动。

在 14 世纪的南北朝动乱中，日本社会的权力结构发生了很大变化。在此之前，手工业者凭借自己与神佛之间的直接联系，认为自己拥有不同于一般平民的神圣身份。但在此之后，他们再也不能借助古老的神佛之力维系自己的特权了。

因此到了 15 世纪，商人与手工业者开始请求守护大名等世俗权力保障自己的特权。

如上所述，以 14 世纪为分水岭，商业、交易与金融活动的状况，以及从事这些活动的商人、手工业者与金融业者的状况都发生了巨大变化。而这一巨变无疑与金属货币的正式流通存在密切关系。

镰仓新佛教的作用

这里还有一个重要问题。在这一转换期发生的同时，被称为"镰仓新佛教"的佛教新宗派也逐渐在社会上发挥起重要作用。例如，在镰仓时代，律宗的西大寺流派在睿尊[1]与忍性[2]的努力下得到复兴。这一流派的律宗僧侣在镰仓中期甚为活跃。他们进行的活动之一就是救济"非人"，我们还会在下一章中提到非人这个群体。此外，律僧也在所谓的"劝进"活动（用现在的话来说就是为修建寺院而募集资金）中发挥了巨大作用。当时，如果要兴建或修葺寺院与神社，一般会将作为神佛之物募集而来的钱或米用作经费。

从各地人们的手中募集这些资金的僧人被称为"劝进上人"或"劝进圣"。他们的活动出现于 12 世纪左右。而到了镰仓中期以后，律僧便成为这些僧人中最活跃的部分，并开展过大规模的劝进活动。此外，律僧不只是进行劝进，他们也动员手工业者。

1　睿尊（1201—1290），镰仓中期的律宗僧人，复兴真言律宗。他也进行贫民救济等社会事业，劝人戒断杀生。

2　忍性（1217—1301），镰仓末期的律宗僧人，为睿尊的弟子。在镰仓开创光泉寺、极乐寺，也在各地修路架桥，建立悲田院和施药院。

　　例如，睿尊曾让从中国来的宋人石匠建造般若寺的石塔，而忍性也与石匠关系密切。他们似乎与铸物师也有联系。律僧动员这些手工业者，推进修建寺社的事业。也可以说，律僧是这些工程的承包者。

　　此外，当时有许多从事着贸易活动的"唐船"来往于日本列岛与中国之间。日本制造的中国样式的"唐船"或许也曾被派往中国。我觉得新安沉船有可能就是日本制造的中国样式船。在以贸易商人的身份乘坐这些"唐船"离开日本的人中，有很多是律僧。从 13 世纪下半叶至 14 世纪，乘坐这些贸易船前往中国的人中必定会有劝进圣，他们从贸易中获得的利润则被用于修建寺社。因此，律僧一方面是企业家，他们统筹借助劝进筹集到的资金，而另一方面他们也是贸易商人。

　　禅宗的情况也是如此。此前的研究都只关注禅宗的宗教思想，但实际上，禅僧在世俗方面也发挥了许多作用。禅僧也曾与律僧一道，作为劝进圣乘坐"唐船"前往中国进行贸易。他们也从中国引进水墨画、茶道，以及庭院造景等，这些事实广为人知。除此之外，他们也从中国带回并传播了与能乐相关的新技艺。

　　禅僧曾以"放下"[1]这种艺能民的身份展开过活动，这点值得注意。进入室町时代以后，禅僧也曾作为庄园的承包人（即"庄主"）广泛活动。这是因为禅僧具备经营庄园所需的精确的计算能力与出色的决算能力。

1　日本的一种街头表演技艺。在中世至近世初期，被称为"放下师"或"放下僧"的民间艺人在街头表演耍球、空竹等杂耍。

而且，在室町时代，以禅僧与律僧为首的镰仓新佛教系统的僧人取代了前文提到的利用神物与上分物的神人和山伏，开始利用祠堂钱开展金融活动，并通过这种方式经营寺院。从15、16世纪起，他们不再依靠土地与领地，而是借助金融、劝进等方式经营寺院。

放下（出自《天狗草纸》，个人藏）

这一时期出现了大量被称为"无缘所"的寺院，而其中有很多都属于镰仓新佛教系统。禅宗、日莲宗、净土宗、时宗，以及或许原本属于律宗的寺院成了无缘所。这些被称为"无缘所"的寺院大多没有领地。它们也与接受特定檀家[1]或有势力之人的土地捐赠以维持势力的寺院或氏寺[2]等有所不同。

这些寺院脱离了与世俗之间的联系，被称为无缘所。从土地和领地的角度看，它们的财政基础似乎很薄弱。因此，许多学者认为这些寺院很贫穷。但实际上，这些"无缘所"通过金融和劝进活动

1　成为某个寺院的信徒并进行施舍，另一方面也请求该寺院为其举行葬礼或法事等的人家。

2　一家一门建立，并代代皈依的寺庙。如藤原氏的兴福寺、和气氏的神护寺等均属于此类。

经营着寺院。通过借出祠堂钱进行的金融活动与劝进这样的商业行为在本质上是一样的。这些寺院并非通过经营土地与领地获得资金，而是通过开展具有"资本主义"性质的商业或金融活动维持运转。这便是这些"无缘所"寺院的特征。

这样的寺院大多属于镰仓新佛教系统，这点也值得注意。尤其是，真宗还建设了"寺内町"。寺内町将寺院与道场周围的地方围起来作为"圣地"，并让工商业者聚集其中。这与"无缘所"的经营原理相同。真宗的寺院通过寺内町，以及接收被称为"志"的捐赠来维持运作。

在14世纪的社会巨变中，曾经依靠超自然的古老神佛权威的商业、交易与金融活动的性质也发生了变化。而镰仓新佛教通过不同于以往神佛的方式，对商业与金融行为赋予了全新的神圣意义。

或许可以认为，镰仓新佛教在日本所起的作用与阿部谨也强调的基督教在欧洲所起的作用类似。也就是说，在以"赠予互酬"为基础的社会中，商品交换与金融活动需要在与神佛相关的场所，或是借助与神佛之间的特殊联系才能进行。这些活动凭借同一神教的宗派祖师之间的联系得以开展。

实际上，总体上看，江户时代以后的手工业者和商人的信仰与镰仓新佛教之间存在非常密切的联系。我们有必要从这个角度重新思考并研究日本社会中宗教的存在方式。虽然到不了马克斯·韦伯的《新教伦理与资本主义精神》中所阐述的程度，但日本社会中确实也存在类似的问题。我们可以通过考察镰仓新佛教与商业、金融业、手工业之间的关系来探究这一问题。

但在日本社会中，由于16世纪至17世纪时织田信长、丰臣秀吉与江户幕府施行的残酷镇压，最终，包括 16 世纪传入的基督教在内，所有新宗教都失去了独立发展的能力。为什么事情会发展成这样呢? 在我们思考日本社会时，这是一个很重要的问题。

在经历了 14 世纪的动乱后，天皇完全丧失了权力，其权威也被大大削弱。那么，为何天皇依旧被保留下来了呢? 这个问题与上述的一神教为何无法扎根于日本社会的问题应该是同源的。此外，上述宗教受到了镇压，并失去了在社会中独立发展的能力，这与此后日本社会中商业、金融业与手工业者技术的状况也有很大关系。

正如"士农工商"所描述的那样，在江户时代的社会中，手工业者、商人与金融业者的社会地位并不高。商人虽然拥有很强的实力，但在身份上却属于最低等级。江户时代的社会普遍对"两替商"[1] 这样的金融业者抱有蔑视的态度。

由此可见，商业、交易与金融活动本身，以及从事这些事业之人的社会地位低下，与宗教受到镇压的事实密不可分。而这与近代以后日本资本主义的状况之间的关系则有待进一步研究。虽然我没有能力解决这个问题，但若想了解日本社会性质的方方面面，研究这个问题就显得很有必要。

1　在江户时代兑换货币并收取手续费的商人，营业内容也包括金银买卖、放款贷款等。

第三章

畏惧与歧视

古代的歧视

近年，关于受歧视人群的研究发展迅速，尤其是关于中世的非人、河原者[1]等的研究均取得了显著成果。除了新史料接连不断地被发现之外，丹生谷哲一的《检非违使》（『検非違使』，平凡社）一书还研究了国家、寺院与神社对非人与河原者的具体管理方式。该书认为，在研究中世的受歧视人群时，也应当将祇园社的"宫笼"或"猿乐"看作广义上的"非人"，并纳入考察范围。

此外，黑田日出男、河田光夫、保立久道等人主要借助绘画史料研究了非人的具体状况。而民俗学者宫田登、历史学者横井清与山本幸司等人则对中世歧视现象的根本原因——"污秽"[2]进行了卓越的研究。

---

1 中世时期，对从事牛马屠宰、染色、游艺等职业的人的称呼。
2 指由于死亡、瘟疫、分娩、月经等而被认为不洁，由于被认为会给共同体带来危险而成为忌讳。

　　另外，关于救济非人，以及各种宗教群体与非人集团之间的关系问题，以律宗、禅宗、时宗等为切入点的新研究也在不断涌现。在这样的背景下，研究者们对于非人的社会地位有着不同的理解。其中最具代表性的是黑田俊雄的学说，他认为非人是一个"身份外的身份"。也就是说，他认为非人是一类被原本所属的社会完全排除在外的群体。

　　大山乔平则认为，非人的身份基本与百姓相同。而我认为，非人与一般的平民百姓或没有自由的下人都不同。非人拥有同上一章提到的直属于神佛的神人和寄人相同的身份。因此可以说，他们是担任某种特殊职务的群体。不过，我的这种看法尚未得到学界的认可，希望读者了解这点。

　　暂且不说阶级歧视，就身体残疾或罹患受人厌恶的疾病的人而言，如果追溯到原始社会，那么我们可以发现，绳纹时代尚未出现对这类人的歧视。

　　绳纹人的平均寿命是 17 岁，当时的人生活在极其恶劣的环境中。我们可以从绳纹人的骨头中了解到，当时存在例如兔唇或足部残疾的残疾人。尼安德特人中似乎也有类似现象。因此，有的考古学者认为，在这一时期，因为人类的生存本身就很困难，所以人是非常重要的，当时的人应该不会歧视残疾人。

　　进入弥生时代以后，日本社会出现了所谓的"天津罪"或"国津罪"[1]。母子相奸或兽奸、罹患某种疾病，以及妨害农事的行为都被

1　二者都是古代罪的概念，是与农耕有关的不法行为或禁忌言行。延喜式将其规定为以下 8 条：毁田埂、填沟渠、拆水管、重播种、霸人田、活剥兽皮、倒剥兽皮、乱洒污物。

认为是犯罪，而犯罪也被视为"污秽"。不过，在 7 世纪下半叶律令国家建立起来后，国家致力于将全国所有人都编入户籍，至少在最开始的时候是这样。因此，罹患严重疾病、几乎成为废人的人，或是身体残疾的人会被登记成"废疾"，而患有非常严重疾病的人则会被登记为"笃疾"，他们同其他人一样被编入户籍。

而且在原则上，这些人不必承担税役，还可以得到看护者的照顾。虽然不知道实际情况如何，但至少从规定上看，此时的情况应该不同于后来将麻风病人与残疾人驱逐出共同体的情况。

此外，在这一时期，国家也积极追捕流浪汉，或是追捕逃亡后成为流浪汉的人们。国家在抓到这些人后将他们全数编入户籍。因此，当时的国家制度不容许存在这些脱离共同体的行为。如此一来，至少从制度的层面上看，前述歧视现象并未出现，文献中也没有相关记载。

不过，上一章也提到，律令制度规定了被称为"五色之贱"的贱民身份，并将他们与平民和公民（良民）区别开来。"官户"与"公奴婢"是隶属于官署与国家的奴婢，而"家人"与"私奴婢"则是隶属于私人的奴婢。官户与家人可以组建家庭。但这四种类型的贱民确实都是奴隶。他们由于犯罪或债务等种种原因成为奴隶。虽然他们的性质并非古希腊、古罗马的劳动奴隶，但他们的确是隶属于某位主人的不自由民。

进入中世以后，依然存在大量被称为"下人"的不自由民与奴隶。不过，许多研究者都认为下人与非人是两个完全不同的群体。因此可以认为，上述四种古代贱民虽然明显不同于平民，但他们并未遭受像中世的非人那样的歧视。

关于第五种类型的贱民，即"陵户"，学者之间尚有争论，还存在许多不明白的地方。"陵户"承担着守护天皇陵墓的使命，身份也最接近良民。但陵户为何会被归为贱民呢？其中缘由不得而知。

到目前为止，一种解释是，从死亡污秽的角度看，陵户之所以受到歧视，是因为他们与坟墓这个污秽的场所存在关联。然而，虽然在现在的受歧视群体中确实存在据说继承了陵户血脉的人，但当时的陵墓实际上是一个需要得到严肃保护的圣地，绝不是一个因死亡的污秽而需要被回避的地方。

上一章也曾提到，即使到了中世，守墓人中也有倚仗权势、嚣张跋扈之人，比如看守多武峰的藤原镰足庙的守墓人。他们作为隶属于神佛的神人与寄人，也被授予特权，开展商业活动。他们绝不是贱民，而是守卫镰足庙这一圣地的神圣群体。陵户的情况应该也与此类似，那么他们为何会被赋予"贱"的身份呢？这是一个重要的问题。

唯一一处出现在古代史料中的例子是鹿岛神宫的"神贱"。他们是神明的直属民。因为他们拥有比一般平民更强大的武力，所以当时的律令国家曾动员他们参加了与东北"虾夷"之间的战争。因此，他们与近世以后的"贱民"有很大不同。这些陵户与神贱直属于神圣者，不同于普通平民。而律令国家效仿唐朝制度，姑且将他们放在了"贱"的类别中。

这与上一章提到的供御人、神人与寄人的情况相同。他们因为是神佛的奴隶，所以被称为"神奴"或"寺奴"。他们乍看之下似乎是贱民或奴隶，但实际上却是拥有特权的人。古代的陵户与神贱或许也是如此。

因此，如果从身份的角度看，古代的歧视问题大概可以分为两类。其一是我们现在讨论的奴隶与良民的区别，而另一类则是中世对隶属神圣者的人们的区分。

悲田院的人们

律令国家制定了将所有民众编入户籍的制度。然而到了 8 世纪，律令国家开始发生变化。国家的控制力减弱，出现了大量流浪与逃亡之人。对于国家来说，身患重病、举目无亲、如同弃儿一般陷入不幸状态的人是一个很大的问题。

国家为了救济这些人而设立了悲田院与施药院。虽然这与光明皇后皈依佛教有关，但律令国家也试图凭借国家之力，通过悲田院救济这些人。这些设施不仅出现在都城，而且有迹象表明，地方各国的国衙附近似乎也建立过这些设施。尤其是在建立国分寺[1] 时，国家会建设与之配套的救济设施。

如此看来，律令国家似乎一直在做好事。但实际上，将所有人编入户籍，是因为国家需要征收大量税役。因此才会出现人民流浪、逃亡的状况，而国家自然也要有所应对。总之，国家在奈良时代就已经如此运作了。

在奈良时代，这些悲田院里的弃儿与孤儿在长大后，会以养子的身份被编入普通人家的户籍中。因此，或许可以认为，奈良时代尚未出现因为曾经进入过悲田院而遭受歧视的情况。

1　741 年根据圣武天皇的勅愿，在每一国设立的官寺。

　　在迁都平安京后，京都九条的东西两端也分别设立了悲田院。可以确定，至少到 9 世纪前后为止，它们还在继续运作。在这一时期，悲田院里的人们被重新编入了都城的户籍中，被冠以"新生连"的姓，并且组成一户家庭。

　　举目无亲的人们可以重获新生并建立家庭，而且也受到与普通良民与平民同等的对待。但如果一定要将这些人称作新生连的话，他们很容易就会被人知道自己来自悲田院，这或许也为日后的歧视埋下了祸根。

　　然而，大约到了 9 世纪末，由于律令国家的组织日益涣散，国家陷入全面的财政困难，悲田院也面临预算不足的问题。这是所有官署都存在的问题。因此，隶属于官署的手工业者等各领域的专职业者不得不建立起各自的集团，并展开行动。换个角度看，或许也可以说，这些专职业者开始脱离国家的管制，自由地建立起各自的集团。

　　游女的情况大概也是如此。原本隶属于律令国家官署——雅乐寮与内教坊的歌女或妓女，以及隶属于后宫的下级女官也需要建立起独立的女性职业团体。不只是都城的官署，各国的国衙中也存在手工业者或巫女这样的专职业者，而九州的大宰府早在奈良时代就已设置了游女。因此，全国各地都出现了包括游女在内的独立的职业团体。

　　这样的职业团体出现于 10 世纪至 11 世纪。同样，除了身患重病、身体无法动弹的人，悲田院的人们也不得不开始依靠自己的力量，独立生活。

　　还有一点值得注意，9 世纪下半叶发生了严重的饥荒，出现了大量死者与病人，因此鸭川的河滩堆满了骷髅与尸体。从古代到中世，这样的事经常发生。而国家会让悲田院的人们去收拾这些尸骸。不过在这一时期，国家会向处理尸体的悲田院的人发放工钱。

此外，在这一时期，这些工作不只是让悲田院的人去做，也会被分配给都城的平民，或是交给兵卫府或卫门府的下级官员。日后不得不离开平民共同体的人们从事处理尸体与送葬的工作，其源头或许可以追溯到这里。

不过，因为悲田院的人在这一时期依旧被编入平民户籍，所以不能直接将悲田院与后来的"非人"群体归为一类。

"污秽"的问题

到了 10 世纪至 11 世纪，包括地方上的国衙在内，国家已经完全无法帮助身患重病者、弃儿，或是举目无亲的人了。与此同时，京都城内也发生了变化。它不再是曾经那个主要由贵族、官员居住，并夹杂了一些市场相关人员的古代城市。这时，它已经成为一个除了贵族之外还居住、进出各色人等的真正的城市。但对于京都来说，"污秽"的问题也随之而来。

何为"污秽"？在这里，我想引用一下山本幸司的《贵族社会中的污秽与秩序》（『貴族社会における穢と秩序』，『日本史研究』2870 号）这篇论文。当人类与自然之间的平衡状态发生缺损，平衡被打破时，人类社会的内部会产生恐惧与不安，而这就是"污秽"。

例如，人的死亡是一种缺损，因此会产生"死秽"。相应地，人在出生时也会打破此前的平衡，从而产生"产秽"。而由不受人类控制的火引发的火灾，也会导致社会的某个部分发生缺损，因此会出现"烧亡秽"。对于平安时代的贵族来说，这样的"污秽"是很重要的问题。

此外，与人类的生活密切相关，并且被视为与人类相似的牛、马、狗也同样会产生"污秽"。犯罪也会产生"罪秽"。例如，杀人自然会产生"死秽"。因为当时的人们认为物品与人之间存在难以切断的联系，所以由盗窃产生的人为的物品移动也会产生"污秽"。

另外，像移动巨木或巨石这样，人为改变自然的行为也会被视为"污秽"，下文还会再次提到这一点。每当产生这些污秽的时候，与之相关的人员就要闭门不出一段时间，以期"清除"污秽。因此，像神明或天皇这样与自然变化关系密切的群体受到污染，后果将不堪设想。

具体来说，如果天皇受到污染，那么所有的仪式都将无法进行，政治也无法运作。从平安时代后期起，像这样被称为"天下触秽"的事曾多次发生。当然，日本社会从很早的时候起就已经存在恐惧"污秽"的现象了。但对于"污秽"的异常忌讳以及忌讳的制度化，是在天皇所在的京都集中了大量人口之后才产生的。

这是由于人们认为"污秽"是会传染的。例如，如果在用围墙或门围起来的封闭空间中发生了死秽或产秽这样的"污秽"，那么整个空间都会变得"污秽"，这被称为"甲秽"。这时候，如果有人在不知道这里发生过甲秽的情况下进入了这个空间，而后返回自己家中，他的家也会变得"污秽"。

这就被称为"乙秽"。如果到过发生了乙秽的地方的人也在不知情的情况下回到自己家中，就会产生"丙秽"。而算到丁秽时就已经不再是"污秽"了。从甲到丙都算"污秽",但其污秽程度在逐渐减弱。需要借助特定程序才能清除这些污秽。

由此可见,人们认为"污秽"具有传染性,而这也成了国家的制度。不过有趣的是,"污秽"不会在河滩或道路等开阔场所传播。即使目睹了放置在道路或河滩上的尸体,也不会染上"污秽"。河滩会成为送葬的场所,大概也是出于这个原因。

"非人"及其职业

对具有传染性的"污秽"的恐惧在京都贵族间传播开来。几乎与此同时,被称为"非人"的群体开始出现在史料中。11世纪下半叶左右出现了"非人的长吏"这样的词语,而非人大概就是在这一时期形成了独立的团体。

非人中包括曾经隶属于悲田院,但后来不得不自立的举目无亲之人与重病者。他们以清除污秽为业(我姑且将这样的事称为一种职业),并形成了一个集团,还被称为"非人"。

就史料记载而言,京都与奈良附近的非人存在感比较高。在11、12世纪,各国国衙的周边地区都开始发展出城市形态,因此至少在西日本,很多地方也都出现了非人群体。此外,因为从事清除污秽工作的人多种多样,所以我们无法将他们等同视之。接下来,我将按顺序对他们进行阐述。

首先,最引人注目、相关史料也最为丰富的是直接被称为"非人"的群体。12世纪至13世纪期间的"非人"的实际状况已经被研究得很清楚了。就京都而言,清水坂是非人的主要活动据点,而据点的所在地被称为"宿"。

在当时，非人的"宿"与宿驿[1]的"宿"是同一个字。但到了战国时代，为了做出区分，非人宿被故意写成"夙"这个字。清水坂的宿是"本宿"，驻有非人的长吏[2]。长吏不仅管理京都城里的非人，也管理着广泛分布在畿内及其周边地区的非人宿（即"末宿"）。

大和的奈良坂出现了与清水坂对立的、被称为北山宿的另一个"本宿"。北山宿与兴福寺和春日神社存在联系，是一个势力很大的非人宿。它将分布在畿内各地、不属于清水坂的非人宿作为"末宿"进行管理。

不只是"本宿"有长吏，"末宿"也有各自的长吏。就像"夙"这个字一样，"长吏"这个词在日后也成为带有歧视性质的词语。不过在当时，长吏指的是某个群体的头目，例如"三井寺的长吏"。游女中也有"长者"，例如"东寺长者"，它与长吏的意思相同。

从整体上看，非人的组织中存在像"一﨟""二﨟"这样的论资排辈现象。这种论资排辈常见于寺院的僧侣和工商业者行会。因此可以认为，非人的组织与工商业者的行会性质相近。研究者们在这一点上达成了共识。

正如北山宿与兴福寺之间的联系，清水坂的非人也与延历寺和祇园社有着非常密切的关联。这些非人中就有日后被称为"弦贩僧"的贩卖弓弦之人。在这个时代，"弦贩僧"的称呼尚未出现，他们在史料中被称为"犬神人"。

1　驿站。
2　在中世被用于指称非人的头目。

虽然称呼中带有"犬"字，但实际上，他们或是祇园社的神人，或是延历寺西塔释迦堂的寄人。由此可见，清水坂的非人与比叡山和祇园社有关。

不过，不是只有祇园社才有犬神人。祇园社的犬神人过于有名，而其他地区的犬神人反而不太受到关注。实际上，石清水八幡宫、北野社、越前的气比神社、美浓一宫的南宫大社也都有犬神人。

因为镰仓在东国中的地位特殊，所以镰仓的鹤冈八幡宫也有犬神人。下文也会再次提到这一点。由此可见，正如"畿内近国的犬神人"这种说法一样，犬神人的分布范围十分广泛。

这些犬神人与非人从事的工作，目前研究得比较清楚的是送葬。这里举一个时代稍微靠后的例子。在室町时代的京都城里，送葬时载运遗体的轿子正是由清水坂的非人管理的。在送葬时，犬神人与非人有权将赠送给死者的物品，以及死者的陪葬品当作自己的收入。从之前提到的悲田院的角度看，如果将非人的工作追溯到平安时代，那么可以说他们进行的是清除死秽的工作。

这些人的工作还包括清除死刑与犯罪的"污秽"。从平安末期起，死刑开始再度得到执行。被称为"放免"的人执行死刑（下文还会再次提到他们），而犬神人或北山的非人等非人则负责毁坏犯人的住房。

当时，毁坏或烧掉因犯罪而受到污染的房屋的刑罚很常见。而从事这些工作的正是犬神人。例如，有绘卷描绘了比叡山延历寺对法然与亲鸾施行镇压时，犬神人破坏法然坟墓的情景。犬神人与非人确实从事着清除罪秽的工作。

关于清除产秽，虽然不知道室町时代的史料具有多大代表性，

毁坏法然坟墓的犬神人（出自《拾遗古德传绘》，常福寺藏）

但当时处理胎盘的工作的确也交给河原者与非人。现在的年轻人应该不知道胎盘是什么。大家都在产科医院出生，也不会认真考虑应该将胎盘扔在哪里的问题。但如果在家分娩，将胎盘扔在哪里就是一个重要问题。

包括京都在内，整个西日本地区对于胎盘的"污秽"都异常敏感。在室町时代的京都城中，将军家在分娩之后，会将胎盘交给非人，让他们带到远方的山中埋起来。由此可见，这个集团所从事的正是清除各种"污秽"的工作。

对特异能力的畏惧

如上所述，非人集团中存在形形色色的人。出于某些原因，他们都渐渐无法生活在平民的共同体内。这些人包括举目无亲之人、弃儿以及身体残障者这些无法正常生活的人，也包括麻风病人。

　　不过，似乎也不是所有麻风病人都在这个集团中。在镰仓后期，曾发生过非人长吏将本在家中的麻风病人强行拉进自己集团里的事。从事救济非人工作的律宗僧侣睿尊反对这类做法，并让长吏保证必须依照病人的意志行事。

　　但实际上，非人中的确存在因身患严重疾病或身体残疾而无法活动的人。从《一遍圣绘》等史料可知，这些人以乞讨为生。不过在这个时代，乞丐与佛教思想关系密切。因此，乞讨行为也是抛弃世俗之人的一种修行方式。这个时代的人们认为，施舍乞丐，相当于对佛祖积攒功德。

　　非人的乞讨具有上述特点，那也是他们收入的一部分。乞丐的地盘（即"乞庭"）也有明确的范围。非人的长吏想要将麻风病人拉进非人集团，或许是因为他想通过增加乞丐的人数来增加收入。

　　非人与犬神人的另一项工作就是表演艺能。在举行祇园祭时，犬神人手持"鉾"站在最前列。现在，祇园祭的"鉾"一般指"山鉾"，即很高的彩车。但在更早以前，"鉾"指的是有神灵附体的长棒。有的绘画中描绘了放免手中所拿的缠着藤蔓、外形奇怪的长棒，这应该就是"鉾"了。

　　此外，在室町时代，每年一月一日至三日都会举行到天皇身边清除世间"污秽"、祈求千秋万岁的艺能活动。这些活动也是由犬神人负责的。这一习俗一直延续到江户时代。像这样，通过艺能活动清除世上的"污秽"，祈求千秋万岁的活动也由这个群体负责。

　　此前的研究认为，由于称呼中带有"犬"这个字，或由于称呼的意思是"不是人"，非人群体被排除在了平民共同体之外。因此，

乞丐（出自《一遍圣绘》）

非人与犬神人是一种"社会之外的社会"，或者说"身份之外的身份"。但我认为，从上文提到的非人的实际情况看，问题似乎没有这么简单。我们需要提出一些新观点。一个很重要的地方是，大多数非人与工商业者、艺能民，或是普通的专职业者一样，都被明确赋予了与神人或寄人相同的社会地位。

为何非人会成为神人或寄人呢？这是因为，彼时的社会依旧对"污秽"抱有恐惧，而非人拥有清除这些污秽的特异能力。

当时的人们之所以对"污秽"抱有恐惧，一方面是出于实际利益的考虑，认为一旦被染上"污秽"，就需要长期居家，无法外出。此外，更重要的是，当时的人们认为自然拥有超越人力的令人畏惧的力量，而"污秽"正与这种力量密切相关。

因此，人们不单认为需要忌讳"污秽"，或对此感到嫌恶，同时也畏惧"污秽"。而对于有能力清除"污秽"，且以此为生的非人，人们的看法大概也是如此。正因为非人拥有这种普通人没有的特殊能力，他们才会被赋予了像神人、寄人此类神佛直属民的社会地位。

实际上，那时也存在认为乞丐是文殊菩萨或佛祖化身的看法。粗暴地对待乞丐，就会受到佛的惩罚。虽然这是宣传佛教思想的说辞，但借由这种说辞，乞丐也被认为拥有清除"污秽"的特异能力，也成了被畏惧的对象。总之，可以肯定的是，非人、犬神人以及其他的专职业者都是神人与寄人。

直属于神佛的"非人"

因此，非人也对自己的职业感到骄傲。例如，在镰仓时代前期的 13 世纪，奈良坂的非人在诉状中自称"本寺最初，各社家的清目 [1]，重役的非人"。这里的"重役"不是指"沉重的劳役"，而是指"非常重要的职务"。非人光明正大地认为，自己从事的是为神佛清除污秽的、具有悠久传统的重要工作。

此外，存在这样一种习俗：如果神人由于卷入某个事件而被杀害，那么他的陈尸之处会成为神人的坟墓，这个地方也会被划入神人所属神社的领地之内。笠松宏至将这称为"坟墓的法理"，意思是隶属圣者的神人死亡的场所也会成为圣地，被归入神明的领地，而犬神人的情况也是如此。

在这些申状中，犬神人也认为自己同神人一样，都是比叡山的仁

---

1 "社家"指代代侍奉特定神社的世袭家族。"清目"指清除不洁之物的人们。

职人员，是负责重要事务之人。这同上述非人的情况相同，犬神人认为自己担任重要职务，故与神人相同。

不过，为何犬神人的称呼中有"犬"这个字呢？我认为这里的"犬"字不同于"犬畜生"[1]中"犬"字的意思。但这个字的确暗示了犬神人与其他神人之间存在不同。然而，很重要的一点是，非人和犬神人自己并不认为自己与其他神人有什么不同。

从这个角度上看，可以认为，犬神人与非人也是平安末期至镰仓时代运作的"神人—供御人制"的一部分。非人与犬神人一方面隶属于寺院与神社，另一方面也与直属于天皇的官署——检非违使厅存在一定关联。

例如在京都城中，每当天皇需要外出或需要举行贺茂祭[2]之类的祭典时，因为天皇与神明极度厌恶"污秽"，所以即需要提前清扫街道。京都城中的人有时就会被动员起来，不过动员检非违使管辖下的非人清扫街道的情况更为常见。检非违使厅与藏人所一样，都是直属于天皇的官署，大致相当于京都市内的警察。到了室町时代，京都的游女也归属检非违使管辖。而根据丹生谷哲一的研究，非人从很早的时候起就属于检非违使厅管理（《检非违使》）。

由此可见，不能将 14 世纪以前的非人理解为江户时代的受歧视人群。非人与神人和寄人一样，明显不同于普通的平民百姓。他们也不是下人这样的不自由民，而是完全不同于世俗奴婢的群体。他们一方面作为神佛的"奴婢"，因为具有神圣性而不同于百姓，另一

---

1 犬畜生。指狗等动物，亦为骂卑鄙、不道德之人时的话。
2 京都贺茂神社的例行大祭典。

方面也受到世人的畏惧与敬畏。

非人因为与"污秽"这一特殊问题有关而和其他神人与寄人有所不同。但在当时的社会，非人确实是一群由于拥有清除"污秽"的能力而与众不同的、带有神圣色彩的专职业者。

河原者

此外，还存在一个被称为"河原者"的群体。广义上说，这个群体也可以被称为非人，但它与上文提到的狭义的非人有所不同。他们在史料中被称为"河原细工丸"。狭义的非人，尤其是犬神人，一般脸上都蒙着样式奇特的白布，穿着红色系的红褐色衣服，打扮成僧侣的模样。实际上，非人常常在史料中被称为法师，例如"越前法师"或"若狭法师"等。

与僧侣打扮的非人不同，史料中的河原者或河原细工丸大多有着俗人的名字，例如"六郎"或"小法师太郎"等。因为称呼中带有"丸"这个字，所以可以认为这些人是俗人。最近的研究也认为，应该明确区分河原者与狭义的非人群体。

河原者出现于何时，他们是如何出现的，他们从事着怎样的工作？这些问题尚未获得像非人问题那样的解答。不过，平安时代末期的《左经记》中记录了"河原人"从牛的内脏中提取牛黄这种珍贵药材之事。因此可以认为，河原人的工作与埋葬死牛有关。

河原者或许是由"饵取"发展而来的。律令国家设有"主鹰司"这个官署，其下有负责养鹰的"鹰饲"。"饵取"隶属其下，负责收集鹰的饲料。但与"河原者"相关的史料十分有限。不过有史料记载，在南北朝前期，被称为"河原细工丸"的人们由头领统率，隶属于祇园社。他们制作被称为"里无"的鞋子进献给祇园社。

醍醐寺和北野社的相关史料从很早起就将这些向寺社进献"里无"的人称为"清目"。因此，河原细工丸也被称为"清目"。他们与狭义的非人属于不同群体。此外，他们的工作之一是埋葬、解剖死去的牛马，并处理它们的皮毛，而这些工作都是在河滩进行的。也就是说，这些人的工作之一是清除由牛马的死亡所造成的"污秽"。

但河原者的工作不止于此。南北朝以后的史料显示，河原者还从事挖井，或移动巨石巨木这样的土木工作，但我不确定这是否也能代表镰仓时代以前的情况。

这一工作也与上述"污秽"问题关系密切。当时的人们不轻易大规模改造自然，对这种行为有畏惧之感。例如在开凿水井时，人们会先举行各种各样的巫术仪式，也会让阴阳师参与进来。移动巨木或巨石时也是如此。

河原者应该从很早起就开始从事这类工作。众所周知，在室町时代，建造庭园也是河原者的工作。其中还出现了像善阿弥这样，建造了出色庭园的艺能民。与造园相关的挖凿或修理水井的工作也由河原者负责。这或许可以追溯到镰仓时代以前。

由于史料的缺乏，我们无法了解更早时期的情况，但如上所述，河原者是一个由头领统率的群体，他们隶属于醍醐寺、祇园社与北野社。因此，从身份上看，他们与其他专职业者一样，也是神佛的直属民。实际上，在镰仓时代中期，隶属于北野社的清目与河原者也自称犬神人。

此外，一位名叫"六郎男"的北野社的清目（河原者）于德治二年（1307）所写的诉状被保留到了现在。这份诉状是写给北野社的。值得注意的是，这位日后成为河原者和散所者[1]的人自称“御清目”。虽然这里使用敬语是为了对北野社表示尊敬，但总之，将自己称作“御清目”是一个值得注意的地方。

从这里可以看出，非人认为自己所从事的工作非常重要。而且，不论是非人还是河原者或清目，他们都以诉讼当事人的身份向寺社的裁判机关提出诉状，并亲自参与纷争。因此我认为，不能将非人或河原者看作“社会外的社会”或“身份外的身份”，应该将他们看作拥有某种特定职业，并且为自己的职业感到骄傲的专职业者。

放免

此外，社会中还存在被称为“放免”的群体。他们与非人和河原者有所不同，但也属于广义上的非人。放免是被关进监狱后又被放出来人，他们也被称为“着釱”（即戴着脚镣之人）。也就是说，虽然放免是有罪之人，但在得到释放之后，他们会被编入上文提及的直属于天皇的官署——检非违使厅，并执行任务。

可以从11世纪左右的史料中窥见这类人的活动。《今昔物语集》中记录了放免所从事的逮捕工作和处刑犯人的工作，他们有时也参与送葬活动。不过这些人都有表示自己职务的名称。例如，他们拥有“左囚守”或“右囚守”这类属于检非违使官职系统的名称。而且在镰仓后期，放免也拥有自己的行会。

1 日本古代末期至中世隶属于贵族或寺社，并提供劳役的人。

"看督长"这个职位位于囚守之上，也是检非违使厅的下级职位。由左右看督长与左右囚守组成的组织在南北朝时期被称为"四座的下部"，由叫作"宿老"和"中老"的人员统率。因此，虽然放免直属于天皇，但他们也拥有自己的行会。

《法然上人绘传》描绘了安乐房[1]在六条河原被斩首时的情景，这是最能清楚反映出

检非违使与满脸胡子的放免（出自《法然上人绘传》，知恩院藏）

放免实际状况的史料。画中描绘了检非违使一行人。一行人中，手里拿着又长又大的棒了、满脸胡了的就是放免。虽然无法看出其发型，但我认为他可能没有梳发髻，所以放免佩戴的不是"折乌帽子"[2]，而是正好可以套头的"立乌帽子"[3]。此外，出现在刑场的放免还穿着"折衣"这种非常华丽的衣服。实际上，动手行刑的无疑正是这些放免。

放免同犬神人一样，也从事拆除房屋的工作。他们还负责逮捕犯人。也就是说，放免从事着相当于江户时代的"目明"[4]所做

1　即遵西（？—1207），净土宗僧侣，法然的弟子。
2　顶端倒折的乌帽子。乌帽子指男子元服后佩戴的袋状黑色帽子。折乌帽子多用于武士或庶民中。
3　乌帽子中等级最高的一种。
4　江户时代协助下级捕吏搜索并逮捕罪犯的人。他们中的许多人也是被释放的罪犯。

的工作。不仅如此，放免还会在贺茂祭时手持长棒，身着绫罗绸缎，以华丽的装扮行走在队伍之中。虽然装扮过于华丽会触犯公家的法令，但放免可以如此。也就是说，放免的工作与犬神人十分相似。

有趣的是，在南北朝时期，支付给放免的报酬是"绀年预得分"。这一做法或许可以追溯到镰仓时代。这表明，放免的收入来自用藏青色（即"绀"）染料染布的染坊（即"绀屋"）。

在江户时代的京都，青屋[1]受到歧视。东日本似乎没有这种现象，但西日本却有。这一现象或许与上述的放免报酬有关。如此看来，放免也属于广义上的非人，而我认为，如果将其理解为"身份外的身份"，就无法把握非人的实际状况。

以乳名称呼的人们

丹生谷哲一认为，"宫笼"也属于广义上的非人。所谓"宫笼"，指的是负责采茶或表演猿乐[2]的下级神子[3]，宫笼后来发展成了一服一钱的茶屋[4]。而进入南北朝以后，"马借"[5]也起到了同犬神人一样的作用。在讨论歧视问题时，我们需要具备这种开阔的视野。但如果这么做的话，涉及的问题就会过于繁复。因此，我们暂且先将关于中

---

1 中世与近世以蓝染为业的染坊。
2 一种文艺表演，由奈良时代唐朝传至日本的散乐演变而来。
3 "神子"也写作"巫女"，指的是侍奉神明、举行神事，或转达神谕的未婚女子。
4 "一服一钱"指室町时代在路边卖煎茶的商人，一份茶卖一文钱。"茶屋"是提供茶点并供路人休息的店。
5 即驮夫，马帮。

马借（出自《石山寺缘起绘卷》，石山寺藏）

世前期非人状况的讨论控制在较小的范围内，但也会涉及一些衍生问题。

暂且不论僧侣打扮的非人（狭义的非人）。就河原者而言，正如河原细工丸这个称呼所体现的，他们不做僧人打扮。虽然不知道他们的具体名字，但他们的称呼中都有"丸"这个字。此外，目前所知的放免的名字也无一例外都带有"丸"这个字。例如，在镰仓时代，一位在放免中拥有重要地位（"执行"）的人被称为"国末丸"。而在平安后期，也就是在放免被称为"着钦"的时期，曾出现过"黑雄丸"这样的名字。到了南北朝时期，还有"贞末丸""吉光丸""彦里丸"等名字。这些名字全都有"丸"这个字。

这点很重要。也就是说，这些名字都是乳名。众所周知，乳名一般会带有"丸"字。而放免的本名与乳名是一样的。他们虽是成年人，但依旧称"丸"。这与当时的社会习俗有关。

在中世时期，还有其他以乳名称呼的成年人。不仅是名字，这

牛饲童（出自《伴大纳言绘词》，出光美术馆藏）

些人的发型与装扮也是孩童的模样。其中最典型的例子便是"牛饲"[1]。

由长元八年（1035）的文书记录可知，与着钦和放免一样，牛饲也使用带有"丸"字的乳名，例如"子犬丸"或"泷雄丸"。他们被称为"牛饲童"。我们可以从绘卷中窥见牛饲的样子。他们梳着类似马尾辫的发型。也就是说，他们没有梳发髻（即"本鸟"），而是将放下的长发绑在中间。他们有时也留胡须。

当时，成年的平民男性一般都会梳起发髻，并佩戴折乌帽子。而切掉某人的发髻，让其披头散发，则意味着剥夺了这个人身为成年平民的资格。因此切掉发髻（即"本鸟切"）是一种惩罚，而切掉别人的发髻也是一种对对方的极大侮辱。然而，牛饲原本就不梳发髻，这意味着他们是孩童打扮。而放免的头发大概也是披散下来的。

此外，还存在被称为"八濑童子"的群体。他们住在京都北部，负责为身份尊贵之人抬轿子和灵柩。此前，我曾听说过大正天皇的灵柩应该由谁来抬的问题。是应该由海军来抬还是由陆军来抬，海军与陆军互不相让。但最终还是从京都请来了八濑童子，让他们来

1　即养牛人、牧童。

抬。但这些人都已经上了年纪，而天皇的灵柩又十分沉重，险些掉在地上。当时的状况真是惊心动魄。而在最近昭和天皇的葬礼上，八濑童子也加入了送葬队伍。

这个群体历史悠久，在平安时代、11世纪下半叶的史料中就已经能够看到他们的身影。根据这些史料，这些人隶属于青莲院，负责烧炭。在这些史料中，他们的名字里也都有"丸"字。我们不清楚他们的样貌，但从他们在南北朝时期被称为"八濑童子"的事实推断，他们应该也是孩童打扮。传说他们是"鬼的子孙"，因此可以认为，在中世的社会中，他们也属于广义上的非人。

或许可以借助放免和河原者的情况来理解八濑童子的孩童打扮，但为何牛饲也使用乳名呢？这也是一个问题。我认为，不同于后来所认为的牛马是为人类劳动的卑贱动物，并将它们称作"畜生"或"四足"，到中世前期为止，人们对于牛与马有着十分不同的看法。

实际上，绘卷中描绘的牛的面容都令人感到害怕。它们目光炯炯地摇晃牛角，有时甚至还拉着牛饲快速奔跑。绘卷中描绘的牛绝不是老实温顺的动物。当然，并非所有牛都是如此，但当时的人们认为，牛是一种类似于野兽的动物，不会轻易服从人类的控制。

马的情况大概也是如此。但我们对马饲的了解不如对牛饲的多。马借自平安时代起就出现在史料中，室町时代的情况则更为清楚，却没有史料能够反映镰仓时代马借的实际状况。不过，考虑到"车借"[1]是从牛饲发展来的，我认为马借曾是隶属于天皇家或摄关家马

---

1 中世时期利用牛车从事运输活动的人，多隶属于寺社。

猿曳（出自《融通念佛缘起绘卷》，清凉寺藏）

厩的"舍人""居饲"或"御厩寄人"。

单从绘卷中也可以看出，管理马匹的人装扮都很特别。例如，有的画中描绘了马尾辫在空中飘扬的男孩策马奔腾的样子。上文也提到，马借的性质与犬神人相同，因此他们的装扮与发型也不同于普通平民。

"鹈饲"[1]也披头散发，而"猿曳"[2]一般也打扮成孩童的模样。因此可以说，这个时代的人们相信，野兽，或是近似野兽的动物拥有人力所不能及的力量，而与这些动物打交道的人也拥有普通人所不具备的特殊能力。

处理牛马尸体的清目与河原者也是如此。不同于日后将牛马称作"四足"，在这个时代，虽然还不至于将其神圣化，但人们相信，牛马是超越人类世界的存在，如果虐待牛马就会受到佛的惩罚。同非人的情况一样，河原者负责处理这些动物的尸体，因此他们也具备神圣属性，不同于一般人。

1　驯养鸬鹚并令其捕鱼之人。
2　让猴子做各种表演以收取金钱的街头艺人。

从神圣到卑贱

让我们再回到乳名的问题。"丸"这个字其实也被用在许多东西的名字中。像鹰或犬这样的动物的名字中会使用"丸"字，而铠甲、头盔这些武器里也有例如"胴丸"[1]这类词语。带有"丸"的名字十分常见。像笛、笙或筚篥这些乐器的名字会用"某某丸"来表示，而船名也会带有这个字。

关于这一现象的原因，目前还有许多争议。有人认为，这些都是赏玩之物，所以名字中带有"丸"字。还有人认为，名字中有"丸"这个乳名用字的人都是"下人"，也就是奴婢。但我认为，这些解释都不够充分。

倒不如说上述名字中带有"丸"字的东西，都处于圣俗两界的分界点上。这点值得注意。鹰与犬正是这样的动物，而乐器也是如此。当时的人们从神佛的角度理解声音。而乐器被用于召唤和取悦神佛，因此乐器正是连接神佛世界与世俗世界之间的桥梁。

船也是如此。出海的人们将自己的性命托付给船只，自然会产生想要赋予船某种神力的想法。在战场上与自己性命攸关的刀与铠甲也是如此。那么为何这些东西会用乳名来称呼呢？这与当时社会对于孩童的看法关系密切。这一时期的人们认为，孩童本身就是处于圣俗两界分界点上的特殊存在。

实际上，在平安时代末期，如果某个小孩指称某人是"恶人"，

---

1 一种围在腰身上、在右腋下搭扣的简易铠甲。从平安时代起主要用于步卒，而室町时代以后逐渐取代大铠。

正在杀鸟的"秽多童"（出自《天狗草纸》）

那么上皇会认真命令检非违使厅逮捕此人。由此看来，日后出现的"七岁之前属于神"之类的说法或许正来源于此。可以认为，曾经存在过认为孩童所说之话体现了神明意志这样的观念。

用乳名命名处于圣俗分界点的人、物或动物的习俗也与此相关。因此，直到中世前期，用乳名作为称呼的人也具有神圣的一面。

13世纪下半叶的《天狗草纸》中首次出现了"秽多"这个词。这位"秽多"被称为"童"，他披头散发地出现在绘卷中。在这幅画中，"秽多童"正在河滩杀鸟。这只鸟是化身成老鹰的天狗。秽多童用动物的肉做诱饵，抓捕并宰杀了这只鸟。

这幅绘卷的题款中记载了天狗惧怕之物，即尊胜陀罗尼等密教咒语，以及"秽多的肝脏切除"。有一种说法是，河原者会取出牛的肝脏，这或许指的是切除肝脏。由此可见，河原者——"秽多"具备降伏天狗的能力。

非人所具备的这种能力值得注意。然而，这幅绘卷中却使用了"秽多童"这一带有歧视性质的词语。在这里，"秽多"这个词首次出现在文献中。这幅绘卷的制作年代约在永仁年间，也就是13世纪末。这一时期首次出现了使用意为"许多污秽"的"秽多"这一明显带有歧视性的词语来描述非人与河原者的现象。

《尘袋》是镰仓后期的一本国语辞典，其中有"为何清目被称为秽多？"这一问题。而辞典给出的答案是，这是由于"秽多"是"饵取"这个词的讹音。答案的最后还提到"杀生的秽多是恶人"。从这个例子可以看出，在这一时期，社会上出现了将非人或河原者视为有"许多污秽"的恶人，并认为这些人很卑贱的歧视观念。

为何会出现此类观念？对于这个问题存在许多解释。我认为，这是因为在这一时期，人们对于"污秽"的观念发生了变化。在这一时期，曾经对"污秽"感到的恐惧逐渐消失，而忌讳、嫌恶"污秽"之感则逐渐增强。

与文字和货币一样，社会观念的这种变化也和人与自然关系的巨大变化密切相关。由于人们比过去更了解自然，人们对"污秽"的恐惧便逐渐消失。因此，社会对清除"污秽"之人的忌讳与歧视就逐渐显露了出来。

但事情并没有这么简单。在这个时期，也就是13世纪下半叶前后，对于什么是"恶"，或者应该如何思考歧视非人和女性的"污秽"问题，日本社会存在严重的观念冲突。

一方面，歧视"秽多"、认为他们是"恶人"并且排斥他们的现象确实存在。而另一方面，也有人认为女人，以及以"污秽"为业的非人都可以得到佛祖的拯救。亲鸾甚至提出了"恶人正机"的主张，即认为"善人尚能往生，况恶人乎"。他认为，被称为"恶人"的人，或是以"污秽"为业之人，才具有真正的人性。

13世纪下半叶前后，两种观点发生了尖锐对立。而制作于镰仓后期的《一遍圣绘》与上文提到的带有歧视性质的《天狗草纸》之间的关系，则很好地体现了这一对立。

《一遍圣绘》的主题

众所周知，《一遍圣绘》中描绘了大量非人与乞丐，这与其他绘卷十分不同。在之后的南北朝时期，也有一幅描绘一遍生平事迹的绘卷——《一遍上人绘词传》。这幅绘卷也描绘了许多乞丐与非人，但其中的乞丐与非人的形象都比较刻板，不够生动。

相反，在《一遍圣绘》中，乞丐与非人的姿态各不相同。像这样真实描绘非人形象的绘卷比较少见。例如，其中描绘了坐在带有轮子的小屋里移动的人，或是将木屐套在手上走路的人。最近似乎还能在大阪看到这样的人。这幅绘卷生动描绘了形形色色的乞丐与非人。

不仅如此，除了乞丐、非人或蒙面的犬神人，我们仔细观察还会发现，《一遍圣绘》也描绘了大量上文提到的，与乞丐和非人关系密切的孩童打扮之人。他们不佩戴乌帽子，绑着头发垂在身后。如果把视野扩大到这些孩童打扮之人，从这个角度重新研究《一遍圣绘》，就会发现许多此前没有注意到的地方。

首先值得注意的是这幅绘卷的倒数第二个场景。绘卷的最后一个场景描绘的是一遍从佛堂里走出来的样子，而倒数第二个场景描绘的是图1-b和图2的画面。图1-a则是御影堂流传的版本，它与更常见的欢喜光寺的版本有所不同。这个版本使用白描技法描绘了与欢喜光寺版本相同的场景。虽然二者画面相似，但也有不同之处，

坐在带有轮子的小屋里移动的人（出自《一遍圣绘》）

因此我也把图 1-a 放在这里。从这些画面中可以看到，在一遍死后，蒙面的犬神人也决心"入水往生"[1]，与一遍一起离开人世。

图 1-a 描绘了送别往生者的另外两位犬神人。出现在画面左边的是时宗的僧侣，而右边的则是两位犬神人。他们在岸边送别投水的犬神人。

像这样，《一遍圣绘》在临近最后的部分描绘了非人（犬神人）入水往生的场景，我认为这点很重要。可以说，这个场景是解答这幅绘卷为何描绘了如此多乞丐与非人这一问题的关键所在。

让我们再来仔细看一看这幅绘卷。这幅画稍微往前一点的部分描绘了一遍临终的场景。这是图 3 所表现的内容。在画面的左侧，一遍横躺着，看上去好像将要死去，而在送别一遍的拥挤的人群中，可以清楚看到三位犬神人的身影。而御影堂的白描版本里出现的犬神人有五位，其中一位看起来似乎是在哭泣。

1　通过投水自杀的方式离开现世，转生到极乐世界。鸭川、桂川与天王寺西海是有名的入水往生场所。

图 1-a 入水往生的犬神人与送别此人的另外两位犬神人

图 2 欢喜光寺本《一遍圣绘》，与图 1-a 画的是同一个场景

图 1-b 入水往生的时宗僧侣

此外，还有一个值得注意的
地方是，三位犬神人的旁边站着一
位梳着马尾辫，留着胡子的男人。
虽然不知道这个人是谁，但我认为
他应该和犬神人有关。

图3 出现在一遍临终现场的三位犬神人

上文提到的《尘袋》除了记
载"秽多是恶人"外，还提到这类
人不可以混杂在人群之中。但在这
个时候，犬神人，以及日后被称为
"秽多"的人确实是在人群中送别
一遍的。

图4描绘了为了送别一遍而急速奔跑，或是想要赶往现场的
人们。这些人的身份应该近似非人。伞上绑着卷轴的人或许是"绘
解"[1]。站在最前面的人由于梳着发髻，应该不是非人。而背筐子与缠
头巾的人的身份大概近似非人。与上文提到的三位犬神人一样，他
们也是来送别一遍的。

图5是图4的前一个场景，描绘的是一遍的最终布道。正在布
道的一遍位于画的一侧，而图5中的人们则被画在了角落里。画面
下方的三位犬神人或许正是出现在图3中的犬神人。考虑到故事所
具备的连续性，如此推断应该没有问题。

在这些犬神人的上方还画着一群人。他们是非人与乞丐。其中
一人长着大鼻子，手持团扇，腰上挂着一个奇怪的东西，不知是什

1　说明涅槃图、曼陀罗、寺社缘起图等宗教绘画意思的人。从镰仓时代开始被艺能化，
　　在室町时代还出现了俗人从业者。

图 4 为了送别一遍而急速奔跑的人们

图 5 三位犬神人与非人和乞丐

么。此外，这里也出现了束发与缠头巾之人。画面最左边的小屋旁还描绘了看起来像是乞丐的人。如果仔细看的话，还会发现很多有趣的地方。其中一个值得注意的是，这三位犬神人都面带忧虑之色向一遍布道的方向望去，但他们却没有加入听布道的人群。

从图 1 看到图 5 就会发现，《一遍圣绘》的画师以图 5 为开端，以图 1 为结局，描绘了一个感人至深的故事（虽然这么说可能略显夸张）。

也就是说，在大限将至的一遍进行最后的布道时，追随一遍的犬神人尚能谨慎地待在门外。但在一遍临终时，他们便撇开顾虑，走进门内，与其他人混杂在一起送别一遍。而后，其中一人入水往生，与一遍"结缘"[1]，追随他一同离开人世。画师通过几个画面描绘了这个动人的故事。

1　佛教用语。意指即使现在不能信佛开悟，也要为了在将来某个时候能信佛而与佛教结缘。

从后往前读绘卷

　　虽然《一遍圣绘》的主题
不止于此，但我认为，这无疑
是这幅绘卷的重要主题之一。
也就是说，这幅绘卷作者的
意图之一是，通过绘画展现一
遍拯救非人的事迹。正因如此，
《一遍圣绘》的画师才会从开

图 6　时宗僧侣向非人布道

头部分起就固执地描绘形形
色色的非人。

　　那么，在了解了最后的高潮部分后，再从后往前看绘卷，就会
注意到许多此前被忽略的地方。

　　图 6 描绘了一遍参拜淡路国志筑天神社的场景，该场景发生在
一遍去世前不久的旅途中。在这幅图里，时宗僧侣正与一位看起来
像是非人的人对话。这位时宗僧侣应该是在向非人布道。

　　图 7 是同一个场景的门外部分。可以看到，两位犬神人正坐
在鸟居内侧，而乞丐正在一旁搭建临时的简陋小屋。还有一个人
正在跑向鸟居，但我们不知这是何人。到目前为止，我们所看到
的非人还是采取旁观者的姿态，他们与一遍或时宗僧侣集团保持
着距离。

　　但考虑到图 6 描绘了时宗僧侣与非人对话的场景，再加上图 7
中非人的样子，以及上文提到的非人在一遍进行最终布道时待在门
外的情景，就会产生一个疑问：这个非人群体真的与鸟居内侧的一

图 7 鸟居内侧的两位犬神人与乞丐

遍没有任何关系吗？我觉得，可以认为，这些非人与乞丐其实一直追随着一遍。

让我们再往前看一看。图 8 描绘了一遍一行人参拜美作国一宫的场景。描述这个场景的题款部分写道，来这里参拜的一遍"也由秽多陪同，他们待在楼门外的舞屋里"，"这一回，非人待在门外，而圣、时众等进入殿内"。所谓"舞屋"应该指的是"舞蹈念佛"[1]的场所，不过这个场所没有出现在图中。

"非人待在门外"这句话指的是图 8 中描绘的在一宫楼门外搭建小屋的非人与乞丐。

还有一位留头发的持伞人，以及一位缠头巾之人坐在这个楼门旁，这两个人也值得注意。有学者认为持伞人是位女性，但从这个人拿伞的举止看，我认为他应该是男性。他们也出现在上文提到的场景中。这两个人应该也是非人，或至少是与非人关系密切的人。他们也在楼门之外。而穿着高齿木屐、留头发的人应该和孩童打扮者同属一类。

与之前的情况相同，这些非人乍一看似乎跟在殿内参拜的一遍

1　一边念佛或诵唱和赞，一边跳舞。据说始于空也上人。

图 8 坐在美作国一宫楼门旁的人

和时宗僧侣没什么关系。然而结合题款内容可以推断，正如题款中专门强调"这一回"所暗示的，这些人是因一遍的考量而被特意留在门外的非人。也就是说，这种考量是一个例外。通常情况下，非人是与一遍和时宗僧侣集团一起游历的。

　　让我们再往前，看一看尾张国甚目寺的施舍场景。图 9、10、11 都是这个场景的一部分。尾张的甚目寺是一所著名寺院，至今还保留着当年的风貌。根据这个画面的题款，一遍在这里开始了七日修行。然而后来，他们却陷入了无可奈何的境地，粮食不足，时宗僧侣筋疲力尽。这时，甚目寺附近萱津宿的两位"德人"（即富人）

图 9 沿着树篱站立的犬神人与非人

图 10 装扮奇特的人群正朝着一遍走去

图 11 孩童装扮的男子在向一遍与时宗僧侣传话

恰巧同时做了一个梦，梦见了毘沙门天[1]命令他们为一遍提供粮食。于是两位德人立刻施舍一遍一行人。而这时，则发生了毘沙门天显灵的奇迹。

这个题款对应的是图9、10、11，而图10是图11的部分扩大图。首先，整个画面的右侧画着寺院外围的树篱。从图9中可以看到，几位非人沿着树篱站立，一位手持六尺棒[2]的犬神人站在最前面，他们似乎是在守卫树篱。

在画面的左侧，一位肩挑装有施舍食物的唐柜的人正在走向左边的门楼，不过这个人没有出现在图9中。此外，画中还描绘了头上顶着木桶和箱子的女子，桶和箱中装有食物。而在楼门、钟楼和正殿之间的院内庭院中，画着图10里正在步行的人们。其中一位绑起头发，扮成孩童模样，穿着高齿木屐，手持团扇。还有两位女子也穿着高齿木屐，其中一位的手里还抱着小孩。他们后面有一个头发蓬乱的男子，肩上扛着伞，背后背着像背箱一样的东西，他大摇大摆地跟在后面。

这些人的装扮都很奇特。其中一个女子还在腰旁拿了一个不知是什么的东西。后面的扛伞男子应该属于广义上的非人。总之，这一装扮奇特的人群在领头男子的带领下正朝着一遍的方向走去。

让我们再来看看图11。在这位穿着高齿木屐的男子的前面，还有一位梳着马尾辫、孩童打扮的男子。他的手搭在正殿的外廊上，双膝跪地，正在向左侧的一遍和时宗僧侣传达消息。

---

1 佛教的神，四天王之一。在日本被视为守护佛法并赐给福运与财宝的神。
2 用栎木等木材做的长6尺的护身棒，用于防身。

从整体的内容上看，这两位孩童打扮的人应该与站在树篱旁边的非人存在一定联系。那么，画师想通过这两个孩童打扮之人传达什么信息呢？此前的研究很少关注这点，而我认为，这两个人或许正是题款中提到的两位"德人"。

实际上，在搬运施舍食物的人群中，领头的男子穿着高齿木屐，威风凛凛地走着。他应该就是"德人"。而跪在外廊旁的人也仪态端正，他或许正在告诉一遍，施舍活动马上就要开始。

或许会有人质疑将这些装扮奇特的人看作富裕"德人"的看法。但实际上，到中世前期为止，包括牛饲童在内，打扮成孩童的"京童"一方面与"非人"群体有关系，另一方面他们也容易成为有钱人。例如，牛饲童会利用牛车从事运输货物的工作。他们作为从事交通运输业的专职业者自然会积攒财富。他们很可能也参加赌博。因为在文学作品中，"京童"与"博弈打"经常同时出现。

我们的确无法仅凭这幅画就断言"德人"及其同行者的职业。但我认为，正是因为人们先入为主地认为"非人"与孩童打扮的人一直都是"贱民"，所以才会觉得我的上述推断不合理。我认为，这两个人的确正是萱津宿的两位"德人"。

此前的研究认为，《一遍圣绘》中的乞丐、非人与一遍和时宗僧侣之间不存在任何关系。此前对非人和一遍的研究也是单独进行的。但实际上，二者之间存在非常密切的联系。特别是，非人群体通过孩童打扮之人，紧紧地与一遍联系在了一起。绘卷通过描绘这个施舍场景，讲述了孩童打扮之人与非人逐渐皈依一遍的故事。

而且，在甚目寺这个场景之后，题款又写道，"在路过美浓、尾张时，各地恶党皆立起布告，上书'为供养圣人，不应妨碍前往道场参拜之人。如不配合，则施与惩罚'。因此，在这三年间的路途中，不论何时都不曾惧怕过盗贼之难"。

也就是说，各地的恶党都立起布告牌，规定绝对不可以妨碍一遍

图 12 信浓国伴野市的犬神人与乞丐

的传教活动。因此在这三年间，一遍的活动没有受到任何干扰。被世人当作山贼和海盗的恶党拥护一遍，并积极支持了一遍的传教活动。当时被称作"恶党"的，是近似于孩童打扮之人、非人与"博弈打"的人群。这个题款的内容十分契合画中的内容。从整体上看，这幅画展现了恶党、孩童打扮之人与非人对一遍传教活动的支持。

顺着这个思路，我们还会注意到更多有趣的地方。这里再举一个图 12 的例子。

这幅画描绘的是信浓国伴野市的场景。这幅画的左侧出现了吉祥之兆。虽然《一遍圣绘》没有对其进行描绘，但根据题款可知，出现的是紫云显现的吉兆。一遍等时宗僧侣坐在左侧，而人们在向紫云叩拜。时宗僧侣的正后方聚集着乞丐，他们由蒙面的犬神人带领。

此前的研究认为，这些乞丐与非人是来向一遍讨要施舍剩余物的。但我不这么认为。站在最前面的犬神人十分谨慎地望着一遍所在的地方，而待在最后的一位僧侣正面向这群人，似乎正在打招呼。由此可以看出，画师在这里第一次描绘了犬神人、乞丐、非人与一遍结缘的场景。虽然可以对这个画面做出各种各样的解释，但如果

顺着我在上文提到的思路，应该也可以得出我这种结论。

正因为画师想从这个角度表达这一主题，他才会从绘卷的开头部分起就有意地描绘大量非人与乞丐，才会将形形色色的非人与乞丐画得如此生动有致。进一步说，一遍通过说教拯救恶党与非人，而这正是《一遍圣绘》想要表达的一个重要主题。

日渐加重的歧视

然而，上文提到的《天狗草纸》却与《一遍圣绘》完全相反。《天狗草纸》的题款认为，一遍的活动是天狗的所作所为，并对此进行责难。不仅如此，画中也描绘了为了得到一遍的尿而把尿壶递给一遍的尼姑，而天狗还在此时撒下了花瓣。此外，在描绘施舍的场景时，《天狗草纸》描绘了邋遢的时宗僧侣狼吞虎咽地吃着施舍来的食物，而他们的身边则坐着同样邋遢的乞丐与非人，他们正在接过剩饭。

《天狗草纸》的题款中首次出现了"秽多童"这个带有歧视性质的词语。这实际上是一个标志。在《一遍圣绘》中，乞丐、非人与恶党是可以被拯救的人，而一遍的活动也得到了这些人的支持。相反，《天狗草纸》将这些人称为"秽多"，不仅对他们进行非难，还认为他们的活动都是天狗的所作所为。由此可见，在13世纪末，围绕着"污秽"与"恶"的问题，社会上存在着尖锐的思想对立与观念冲突。

而这最终使得恶党、孩童打扮之人以及非人的社会地位发生了巨大变化。如果将视野再扩大一些，我们就会发现，这个问题与商人、手工业者、艺能民，甚至游女问题也密不可分。

在这一时期，游女也与非人一样渐渐受到歧视。《法然上人绘传》中描绘了游女向法然求救的场景，而法然回应了这一请求。这里反映了同一个问题。当时的社会对于性的问题也存在相当严重的思想对立。

净土宗、一向宗、时宗、日莲宗、禅宗以及律宗等"镰仓新佛教"都以积极的态度对待与恶人、非人、女人有关的"恶"与"污秽"问题，尽管各宗的具体做法不同。但到了16、17世纪，由于世俗权力的强力镇压，这些宗教势力遭到削弱。在这一过程中，日本社会对于受歧视人群（非人）、妓院（游女）与无赖（博弈打）的歧视也逐渐定型。

这不只涉及非人、游女与博弈打的问题，也反映了社会与自然关系的巨大转变。立场不同的人们对这些转变所带来的新变化做出了不同回应，而这引发了大规模的政治动乱。

这里讨论的只是这些大问题中的一小部分。江户时代对"秽多""非人""游女"以及博弈打的歧视绝不只是歧视者的个别问题，而是关乎日本整个社会、日本思想与文化的重要问题。

东日本与西日本的不同

如上所述，在镰仓时代末期，也就是13世纪下半叶至14世纪，佛教的各个宗派对于"污秽"与"恶"的相关问题（具体来说就是恶党与非人）持有对立意见。而进入15世纪后，更多人开始用"秽多"来称呼非人与河原者。此外，"清目"这个词也逐渐成为指代身份低贱之人的歧视性词语。

这一状态逐渐定型。经过 16、17 世纪世俗权力对宗教势力的镇压，在进入江户时代后，受歧视者的身份被严格固定下来。但其中还有许多争议，也有许多尚未解决的问题。例如，这一过程中具体发生了什么，为何事情会演变到如此境地？需要注意的一点是，以 14 世纪为分水岭，社会对于"污秽"的看法发生了很大改变。

如前所述，14 世纪以前的"污秽"令人感到畏惧。但大约到了14 世纪，人与自然的关系发生了巨大变化，社会"文明化"了。与此同时，人们对于"污秽"的恐惧感也逐渐消退，"污秽"变成了不洁的、肮脏的，以及需要避讳的东西，这也更加接近现代人对于污秽的感觉。

人们对于动物的感觉也是如此。动物不再是拥有超越人力的生物。甚至到了江户时代，"畜生"与"四足"这样的说法也逐渐定型。社会对于以此为生的人们的歧视也愈演愈烈。在此背景下，江户幕府最终将贱民的身份固定了下来。

还有许多相关问题尚待解决。例如，这样的现象与神社和佛教之间有怎样的关系？宗教问题又是如何与这一现象产生联系的？这里需要补充的一点是，在日本列岛，这一现象具有地域差异。

实际上，这一现象基本集中在西日本地区，也就是本州西部、四国与九州地区。从整体上看，除北海道之外的本州东部（东日本）地区的文献史料比西日本少很多。"非人"这个词语几乎不曾出现在现存的东日本史料中。

不过，镰仓是一个例外。鹤冈八幡宫就有隶属其下的犬神人、乞丐与非人。除此之外，就只剩下越后国奥山庄的"非人所"这个例子了。即使在现代，东日本的受歧视群体也远远少于西日本。这种差异是如何产生的呢？这是一个重要问题。

这或许与二者对动物和"污秽"的不同看法有一定关系。这里举一个"污秽"的例子。东西日本在处理胎盘的方式上存在显著差异。虽然东西之分未必精确，但在东日本，人们会尽可能地将胎盘埋在例如门口或十字路口这类容易被人踩到的地方。而在西日本，人们则尽量远离胎盘，将它埋在很深的地下，或是埋在遥远的山中。东西日本的习惯大不相同。研究这一现象的木下忠认为，东日本受到了绳纹文化的影响，而西日本则受到了弥生文化的影响[1]。

东西日本对于"污秽"的看法的确不同。例如，在处死犯人时，西日本（京都）会让放免或非人执行死刑。而在东日本，则是由隶属于镰仓幕府的武士亲自斩首犯人。东日本没有出现"非人"这一职业群体的原因之一或许正在于此。

此外，东西日本对于马等动物的看法也十分不同。东日本牧场发达，人们接触到的都是近似于野兽的马匹。九州中部也是如此。因此，不能单以东西日本为标准进行划分。而在这些养马的地方，即使到现在也还保留着食用马肉或马肉刺身的习俗。

这些习俗可以追溯到江户时代的江户，甚至还可以追溯到更早的时期。但对于将马饲养在家中的人们来说，食用马肉是难以想象的。不同地区对动物的看法存在不同，而这样的不同或许与当地是否存在非人和河原者这样的社会群体有一定关系。

实际上，明治时代以后的统计数据表明，东日本受歧视群体的

---

1 木下忠：《埋甕》，雄山阁。

数量与人口都少于西日本。就我个人的经历而言，我出生于山梨县，但直到初中读了《破戒》这本书后，才首次接触到这个问题。当时的我无法理解这个问题，在询问了祖母后才大致有所了解。

相反，在我询问了西日本的朋友后得知，大家从孩童时代起就有过各种各样的沉重经历。此外，在不同地区，受歧视人群的称呼也不同。例如，他们在北陆地区（加贺、能登、越中）被称为"藤内"，在出羽被称作"raku"。有的地方也将其称作"茶筅"或"钵屋"。除了称呼问题之外，还有许多相关问题尚待解决。

总之，在日本列岛，这一问题具有地域差异。因此在解决这些问题时，采取的方法也各不相同。

冲绳虽然没有像本州、四国和九州那样的受歧视人群，但也存在被称为"anniya"的受歧视的艺能民群体。虽然冲绳对待专职群体的方式有时也可称得上是一种歧视，但冲绳是否存在可以被明确定义为受歧视人群的群体？回答这个问题还需要更加细致的调查。可以暂且认为，冲绳不存在受歧视人群，而阿伊努社会中自然也不存在受歧视部落。

由此可见，在日本列岛，这一问题具有很大的地域差异。不考虑地域差异，仅凭个人经验轻率行事，就可能在无意中对他人造成巨大伤害。为消除歧视而努力的人们需要将此谨记于心。

第四章

女性

从路易斯·弗洛伊斯的著作谈起

在这一章中，我想谈谈女性的地位。上一章提到，镰仓新佛教致力于拯救非人，而实际上，这些宗派同时也致力于拯救女性。由此也可以看出，女性问题与非人问题存在着非常密切的关系。

近年来，女性史的研究十分活跃，许多研究从全新的角度考察了女性的状况。在女性主义运动的影响下，人们讨论了各种各样的女性问题。不过，日本社会中女性状况的相关问题还有很大的讨论空间。

传教士路易斯·弗洛伊斯（Luís Fróis，葡萄牙人）曾写过《日欧文化比较》这本小书。这本书曾是岩波书店出版的"大航海时代丛书"中的一本。此外，松田毅一也在最近将这些内容取名为"弗洛伊斯的日本备忘录（フロイスの日本覚書）"，将其作为中公新书出版。弗洛伊斯在16世纪中期（1562年）来到日本。而后，他在日本生活了三十五年，直至1597年去世。在日本生活期间，弗洛伊斯注意到日本的习俗与欧洲的习俗有很大差异。他仔细观察这些差异，并分门别类地将它们记录下来，撰写了《日欧文化比较》（即《日本备忘录》）这本书。

该书的第二章中有"女性的样貌与风习"一节。弗洛伊斯对当时日本的一些现象感到惊讶。而当我读到这些内容时，我也感到了些许不可思议。我在此挑选其中的一些为例。

例如，"日本女性丝毫不重视处女的贞洁。即使失去贞洁，也不会损害名誉，还可以照常结婚"。"在欧洲，夫妇的财产由双方共有。而在日本，夫妇各自拥有自己的财产。妻子有时还会向丈夫放高利贷。"

此外，"在欧洲，对于妻子来说，离婚有损名誉。但日本人却可以随心所欲地离婚，妻子的名誉也不会因此受损，还可以再婚。在日本，妻子经常与丈夫离婚"。弗洛伊斯记录了这些内容。以现在的常识来理解，我们多半会对这些内容产生怀疑。

再有，"在日本，女儿可以不用请示父母，独自前往自己想去的地方，不论去几天都可以。日本女子也可以在不告知丈夫的情况下，随意去往自己想去的地方"。"在日本，堕胎很普遍。有的女子甚至堕胎二十次。如果日本的女子养不起小孩，那么她就会脚踩婴儿的喉咙，将其杀害。""在日本，尼姑庵几乎成为了娼妓的聚集地。"

一开始读到这些内容的时候，我觉得这应该是弗洛伊斯的个人偏见，需要对其加以甄别。弗洛伊斯对于日本女性的行为总体持批判态度。但另一方面，弗洛伊斯也写道："欧洲女子一般不会写字。但在日本，如果身份高贵的女子不会写字的话，那么她的身价就会下降。"我们在第一章的文字部分也提到过这点，因此这本书里的内容也不全是弗洛伊斯的个人偏见。

　　然而，在仔细研究了弗洛伊德记述的内容后，我开始觉得，这些或许都是真实的。例如，妻子可以与丈夫离婚，离婚的事情时有发生，离婚女子的名誉不会受到影响。也就是说，对于女性来说，离婚不会影响再婚。但这与到目前为止的一般看法大相径庭。

　　此前的研究都认为，在江户时代，女性没有离婚的权力。嫁人的女子如果不讨丈夫和婆家的欢心就会被轻易休掉，而妻子却很难主动离婚。因此，江户时代的女性完全受制于男性，她们无法坚持自己的意见。但最近出现了新的研究，认为实际情况根本不是如此。

　　平凡社出版了高木侃的《三行半：江户的离婚与女性》（『三くだり半－江戸の離婚と女性たち』，平凡社）一书。作者高木侃以研究法制史见长。他广泛收集江户时代的休书，并在这本书中详细描绘了离婚的实际状况。虽然一些地方还有待商榷，但我认为，这本书的确有力地证明了迄今为止的一般看法是错误的、片面的。

　　高木侃的研究表明，在明治早期，离婚率似乎相当高，而后才逐渐降低。那么可以反过来推测，江户时代的离婚率应该也很高。由于江户时代没有这方面的统计数据，准确的情况不得而知。但由于许多明治早期的现象都可以追溯到江户时代，应该可以认为，江户时代的离婚率也相当高。

　　从休书的具体内容可知，在江户时代，离婚权也并非由丈夫独掌。也就是说，不同于一般所认为的丈夫"专权离婚"，也有许多离婚是由妻子提出的。高木侃举了很多例子。例如，有一位妻子跑回娘家后不愿再回夫家。丈夫虽一心恳求妻子回来却无计可施，只得哭着写下休书。这样的事例似乎并不少见。因此在当时，绝不是非得要逃进"缘切寺"[1]才能离婚。

　　但幕府的法律规定，休书（也就是"三行半"）在形式上只能由丈夫写给妻子，这样才具有法律效力。因此不可能出现由妻子所写的休书。如果只看文书，就会误以为丈夫独掌离婚权。但实际上，写休书是丈夫的义务。换句话说，与其说丈夫拥有写休书的权利，倒不如说这是他的义务。如果不写休书，丈夫与妻子都无法再婚。

　　当然，在日本社会中，休书只能由丈夫撰写，这种形式本身也是一个问题。但我们也必须注意到，日本社会的实际状况未必与法律制度所规定的样子完全一致。

　　上文提到，弗洛伊斯曾指出，"日本人却可以随心所欲地离婚，妻子的名誉也不会因此受损，还可以再婚。在日本，妻子经常与丈夫离婚"。如此一来，可以认为16世纪的这种风习也自然地延续到了江户时代。

　　当然，在江户时代，至少从形式上看，法律规定了离婚权由丈夫独掌，因此才会催生出"缘切寺"这样的制度。所以我们不能夸大妻子所拥有的离婚权利。但高木侃的研究表明，此前的一般看法的确与实际状况相差甚远。

男女的性

　　此外，弗洛伊斯还提到，日本的女性完全不重视处女的贞洁：

1　在江户时代，受丈夫欺负的妻子可以离家进寺，在寺院中居住三年后即可离婚，拥有这一特权的寺院被称为"缘切寺"。

女儿可以在不告知父母的情况下，妻子也可以在不告知丈夫的情况下自由前往想去的地方，不论去几天都可以。事实果真如此吗？活动年代略晚于弗洛伊斯的神父柯略多（Diego de Collado，西班牙人）在其编写的《忏悔录》（『懺悔録』，岩波书店）中，详细地记录了与多位男子发生过关系的女子的露骨忏悔。

宫本常一的《被遗忘的日本人》（『忘れられた日本人』，岩波書店）与《家乡之训》（『家郷の訓』，岩波書店），以及赤松启介的《非常民的民俗文化》（『非常民の民俗文化』，明石书店）记录了二战前日本各地的民俗状况。至少在西日本，各地都存在所谓"夜这"[1]的习俗。

我曾询问过一位住在冈山北部某个小镇上的人，他表示自己直到昭和三十年代[2]为止也是如此。因为他住在备中[3]的山里，所以离出云[4]很近。出云的男子听说备中的男子前来"夜这"，就会守在两地的边界处，赶跑备中的男子，而他也曾被这样追赶过。他对我讲述了他的英勇事迹。

此外，直到最近也还能看见"歌垣"这一习俗。宫本常一在《被遗忘的日本人》中写道，每当举行祭典、佛教的大众法会，或举办神社与佛阁的闭关等活动时，男女就可以自由性交，就像举办"歌垣"时一样。每当对马的观音堂举办祭典，或是河内的太子堂举办庙会时，男女可以公开进行自由交往。

---

1 男子在夜间潜入女子卧室私通。
2 即 1955—1964 年。
3 备中，日本的旧国名之一，相当于现冈山县西部。
4 出云，日本的旧国名之一，相当于现岛根县东部。

闭关祈祷的人们（出自《石山寺缘起绘卷》）

　　刚刚提到的那位冈山的受访者也谈到了类似现象。他说到了昭和三十年代，因为发生了与此相关的杀人事件，并惊动了警察，所以这样的习俗才不复存在。我认为这应该是可信的。

　　寺院神社中进行"参笼"[1]的地方也是如此。绘卷有时会描绘寺院与神社的参笼场景。男女多在神佛面前混杂而眠。因为是绘画，所以为了让人看得清楚自然会画得明亮。但实际上，现场应该一片漆黑。画面中放着一条大木头，男男女女以此为枕，和衣而睡。

　　而在镰仓中期的弘长元年（1261），奈良春日社的神官们发誓：今后，神官与春日社的氏人[2]"不得在大宫、若宫之间，或拜殿、着

1　闭关祈祷。指一定期间内闭居在神社、寺院等中祈祷。
2　参加氏神祭典、供奉氏神之人。

到殿附近，与参拜神社的女子打情骂俏、暗地私通，更不可对她们有非分之想"。这暗示了他们实际上经常在拜殿和着到殿附近的区域，与前来春日社参拜的女子做这样的事。

此外，弘安八年 (1285)，后宇多天皇对石清水八幡宫发布了以下命令："在宝殿参拜或彻夜祈愿时，禁止男女杂处。"这恰好反映了在"参笼"场所，男女杂处的现象十分普遍。而即使在这一禁令发布后，应该依旧存在这样的现象。

祭典与法会时的情况应该也是如此。在神佛面前的区域里，因受到神佛之力的影响，世俗关系不复存在。出现在《万叶集》《风土记》中的"歌垣"也是一个无法将世俗夫妻关系带入其中的场所。所以，男女才得以自由交往。实际上，常有到神社、寺院"参笼"的女子怀上孩子的故事，而人们会认为这样的孩子带有神佛的灵力。我认为确实有可能发生这样的事。

出行的情况也是如此。上文提到的宫本常一的书中记录了一个两三位年轻女子结伴出远门、前往神社参拜的故事。她们没带多少钱，在只有三个人的情况下完成了数月的旅行。一个有趣的地方是，她们的旅途轻松愉快，因为会有旅店接待如此出行的女子。宫本常一从实际经历过这种旅行的女子那里听到了这样的故事，并将其记录了下来。

除此之外，书中还记录了年轻女子为了工作而前往遥远的地方采摘棉花或收割稻子的故事。江户时代应该也有同样的事。可以推测，当时应该也有女子为了所谓的"御荫参拜"[1]而进行长途旅行。

1　江户时代前往伊势神宫的集体参拜。

实际上，绘卷中也经常描绘旅途中的女子的模样。她们头戴"市女笠"[1]，用其遮住面庞，身穿"壶装束"[2]，脚上穿着草鞋。

女性的旅行装束（出自《石山寺缘起绘卷》）

正如上文提到的"参笼"一样，在旅行期间，尤其是在前往神社、寺院参拜的途中，旅行者暂时切断了与世俗世界的关联。此外，至少在中世，道路与路口这些场所也具备这种属性。在这些地方发生的事无法被带入世俗世界。也就是说，发生在这些场所中的事只能当场解决。镰仓时代的文书中引用的《关东御式目》反映了这一惯例[3]。《关东御式目》规定，发生在"山野、海边、市场、道路"上的杀人事件只能当场处理，不可被带入世俗世界，不可发生类似于报仇这样的事。

此外，中世的人们还会对走在路上的女子进行"女捕"[4]与"辻捕"[5]。因为这种行为有时构成强奸，所以至少在表面上被法律严格禁

1　馒头形状的斗笠。本为在市场中叫卖的女子所戴草笠。平安中期以后，上流社会女子也在外出时使用。
2　平安、镰仓时代，中等阶层以上的妇女徒步外出时所穿的服装。腰上系着带子，防止下摆拖地，袖子卷起来。
3　网野善彦：《无缘、公界、乐（增补）》（『無縁·公界·楽』増補），平凡社。
4　抓住走在路上的女子，并对其进行强暴。
5　在路上抓走女子，将其纳为妻子。

止。《贞永式目》也禁止此种行为，但仔细研究后就会发现，这种行为的定罪较轻，甚至还有"可以对僧侣酌情处理"这样不可思议的句子。

为何可以酌情处理僧侣的"女捕"行为呢？笠松宏至认为，因为地位较低的僧侣平时必须禁欲，所以当他们犯下"女捕"之罪时，可以酌情处理。这当然只是一种推测，但这一推测是有依据的。《御伽草子》[1]中，"物臭太郎"这则故事就提到，抓走不带同伴、不乘轿子、独自步行的女子的行为是"天下御许"之事。也就是说，在这种情况下，"女捕"为世人所允许。

物臭太郎抵达京都后，在客栈老板的建议下来到清水寺。不过他绝非以暴力的手段强娶，而是在解开了女子所出的和歌谜题后，成功地与该女子成婚。因此，"女捕"并非一定会发生强暴，但物臭太郎的确成功地"捕获"了一位女子。这种习俗之所以存在，是因为旅途中的男女关系不同于日常生活中的男女关系。而且这种特殊状态也得到了社会的普遍认可。如今还有"出门在外，不怕丢人"这类谚语，而这或许也源自这样的历史背景。

此外，成书于镰仓后期的《不问自语》[2]的主人公也是女性。她在离开宫廷后开始了长途旅行。她在书中提到，当时经常能看到女子与各种各样的男子交好的现象，虽然自己并非如此。由此可见，前近代的日本社会存在着许多我们用现代常识难以理解的状况，其表现形式

1　室町时代至江户初期完成的300余篇短篇故事，作者大都不详，内容涉及教训、启蒙、幻想等内容。

2　镰仓时代的日记文学，后深草院二条著。该书以自传的形式记录了作者自14岁起至49岁为止的经历。

也多种多样。

因此，弗洛伊斯所提到的"日本女性丝毫不重视处女的贞洁。即使失去贞洁，也不会损害名誉，还可以照常结婚"，绝不是信口开河的胡说，而"在日本，女儿可以不用请示父母，独自前往自己想去的地方""日本女子也可以在不告知丈夫的情况下，随意去往自己想去的地方"也很有可能确有其事。

所以，弗洛伊斯所记述的这些内容应该是可信的。不过，他的记述过于直白，以至于我们会觉得它们难以置信。但我们也有必要承认它们的可信度，并在此基础上思考当时与女性有关的问题。

弗洛伊斯还提到，日本女性残忍地堕胎。在他看来，日本女性丝毫不重视孩子的生命，在性方面也随意而奔放。暂且不论他的看法，我们先来看看实际情况。当然，弗洛伊斯是基督教徒，自然会因宗教伦理而对这些事情深恶痛绝。但反过来说，当时的日本社会的确并未受到像基督教这样的宗教伦理的制约。

上文也曾提到，在日本社会中，可以制约人们日常行为的宗教最终都不再具有影响力。而堕胎问题也与此密切相关。实际上，对于当时常见的堕胎现象，以及弗洛伊斯提及的"如果日本的女子养不起小孩，那么她就会脚踩婴儿的喉咙，将其杀害"，此前的研究都单纯认为，这是由贫穷和生活艰苦所引起的。但我认为，这种解释尚不充分。

当然，生活贫困的确会导致这样的现象。但考虑到上文提到的状况，我们可以推测，当时应该有很多"未婚母亲"。暂且不论其对错，堕胎很可能是当时女性应对现实问题的一个方法。此外，这可能也与"七岁之前属于神"的观念有关。也就是说，七岁以前，孩子还不被看作人。

江户时代的杀婴现象也是如此。此前的历史学家都将这种现象归咎于生活艰苦。贫困的确是一个重要的原因，但除此之外，当时的日本社会应该还存在其他原因。

基督教传教士是从道德角度来看待日本社会的这些问题。那么一向宗、日莲宗这些日本的宗教又是如何看待它们的呢？这一问题值得研究。这些宗教在战国至江户时代受到世俗权力的镇压，而上述现象应该与此有关。

太良庄的女性

由此可见，在战国时代至江户时代，女性在社会中的状况与我们以往的理解有很大出入。此前的研究认为，在这一时期，父权制得到确立，女性没有权利且受到压迫。但事实并非如此。如果再看看14世纪前史料所记的女性状况，就会发现当时的女性所参与的社会活动远比江户时代的女性来得多样。

接下来，我想介绍若狭国太良庄中的女性从事的活动。这个庄园是我在学生时代学习的第一个庄园案例。虽然这个庄园规模甚小，但现存的相关文书却是全国庄园中最多的。这些文书被保存在京都的东寺中，我们可通过它们充分了解当时的状况。

这块地在当时是国衙领地，被称为"太良保"。最早开发这块土地的领主是名叫"丹生出羽房云严"的比叡山僧侣。起初，云严的祖父得到了这块地，并以此作为自己的活动据点。而云严的祖母"小槻氏女"在云严祖父死后，将这块地转让给尚在使用"若丸"这个乳名的孙子云严。这件事发生在平安时代末期。由此可以看出，当时的女性已经拥有处置领地的权利。

过了一段时间后，也就是在平安时代最后几年，史料中出现了若丸的乳母，她在太良保将幼年丧父的若丸抚养长大。不久之后，这位乳母的丈夫去世。而若丸上了比叡山，成为一名下级僧侣，并取了云严这个名字。云严在山上之时，他的乳母就留驻太良保，管理他的领地。

由此可见，当时的女性也可以管理领地。尤其是，乳母以及乳母的丈夫（乳父）在当时占据着重要地位。在考虑这个时代的女性状况时，这点十分重要。

不久后，云严成为若狭国的御家人。也就是说，他成了镰仓幕府将军赖朝的家臣。关于成为御家人的手续问题，西国的情况是，守护[1]负责制作被称为"交名"的名簿，其中写着该国的御家人候选人。名簿制作完成后要送交幕府，等待将军的批准。而东国的御家人则直接谒见源赖朝，向其献上"名簿"，并缔结主从关系。因为若狭国属于西国，所以会制作御家人的"交名"，其中写着三十几人的名字，而云严的名字也赫然在列。

但其中也出现了一位名为"藤原氏女"的女子，她是宫川武者所的遗孀。由此可见，女人也可以正式成为镰仓将军的御家人。当然，我们也应该注意到，她是以遗孀的身份代替其夫成为御家人的。但即便如此，这个事例还是可以说明女性的确可以成为御家人，这点

---

[1] 镰仓幕府于1185年在各国设置的官职名，负责催促各地派遣守卫京城的武士以及对谋反者、杀人犯进行检察断罪。多从有势力的御家人中任命，镰仓末期逐渐领主化。

值得玩味。

实际上，中世的女性的确会从事武艺活动。巴御前[1]与板额御前[2]这些女子以其勇武而为人所知。女性不只是能成为御家人，肥前的松浦党[3]中还存在"女地头"。这样的例子并不少见。地头可以将其领地的一部分转让给女性，于是女性就可以成为女地头。

让我们再回到云严的故事上来。他不久后落魄了，并接受了若狭国最有实力的御家人——中原时国（稻庭时国）的保护。云严任命稻庭时国的母亲中村尼代替自己，担任自己领地里太良保的"公文"一职（这是庄官中最重要的职位）。女性在此担任了"公文"。

"公文"这一职位一般附带水田或旱田这样的领地。因为云严是御家人，所以他的领地只能为御家人所有。而女性则可以通过转让等方式直接管理御家人的领地，成为庄官[4]。这样的情况不仅限于太良保，在全国各地都能看到。

此外，在云严的领地中，有被称为"末武名"的二丁[5]左右的田地。在很长的一段时间内，这块田地成为云严家臣之女（藤原氏女）和稻庭时国的孙女（中原氏女）之间争夺的对象。这场诉讼的当事人都是女性。此外，因为这块领地是御家人的领地，又存在"御家人的领地只能为御家人所有"这一原则，所以双方都主张自己是御

1　平安时代后期的女子，生卒年不详，木曾义仲的侧室。智勇双全，跟随义仲屡建战功。
2　平安时代后期至镰仓时代初期的女武将，生卒年不详。
3　古代末期至中世，以松浦一带为根据地，在北九州沿岸活动的武士团，以水军闻名。
4　庄园内负责征收、上缴地租以及维持治安等的人。公文是管理年贡收入和诉讼的庄官。
5　1丁约等于1公顷。

家人的女儿，并由此展开了长期争论。

最终，中原氏女取得胜利。而藤原氏女虽然败诉，却也在一段时间内被正式任命为末武名的名主。由此可见，女性也可担任御家人领地的名主，而在镰仓时代，这一现象也时有发生。

女性的社会活动

在镰仓时代前期，太良保成为东寺的庄园，并改称太良庄。东寺很快任命被称为"预所"的庄官来管理这个庄园。最初担任预所的是一位名叫"定宴"的男性僧侣。但在那之后，太良庄的预所一职就成了由女性担任的职位。从镰仓时代起直至南北朝时代，定宴的女性后代们相继担任了这一职位。

因为定宴是藤原氏，所以他的女儿被称为"藤原氏女"，人称"东山女房"。而她的女儿（也被称为"藤原氏女"）在镰仓时代中期成了预所。顺便说一下，在这个时代，女性的名字通常都是用氏名加"女"的方式来表记的。藤原氏女、中原氏女、贺茂氏女等都是如此，前面加的都是父亲的氏名。

女性担任的预所绝不只是名义上的职务。她们长期与地头进行诉讼，致力于维护东寺的权利。到了定宴的孙女这代，她因为百姓缴纳年贡的情况不佳，还曾亲自前往太良庄。她让百姓们为她抬轿。在来到太良庄后，她不由分说地征收年贡与赋役。因为她的方式过于恶劣，百姓向东寺控诉了这位女预所。由此可见，这些女子虽身为女性，但的确掌握着预所的实权。

值得注意的是，与这些事件相关的许多书信都是这些女子用平假名所写的。它们被保留在"东寺百合文书"中。女预所和女性御家人自不必说，前文提到的那位一度担任末武名名主的藤原氏女虽然最终被判定为非御家人，只是平民女子，但她们都能撰写出色的平假名书信。这个例子也印证了此前提到的观点：进入 13 世纪下半叶，平民女子也可以用平假名撰写书信了。

到了 14 世纪中期，进入南北朝时代后，太良庄内部的百姓围绕着"真利名""助国名"等百姓名田[1]，发生了许多争执。这些争执事件的当事人中就有许多女性，例如善日女、观音女、若鹤女等。与前文提及的以氏为名的女性不同，这些女性的名字属于乳名。这些平民女子参与了与百姓名主职务争议相关的复杂问题。因此可以认为，到 14 世纪为止，依旧有女性担任百姓名田的名主职务。

由此可见，直至南北朝时代，我们可以在庄园、公领[2]的各个方面看到女性活跃的身影。而且，她们还在国衙或东寺的支配体系中担任公职。她们将领地保有在自己的名下，并活跃于各个领域。

其他例子也可以反映出这一事实。若狭国的一宫[3]、二宫[4]保留着南北朝时期制作的"祢宜"[5]系谱图。该系谱图不仅有男性世系，也详细记载了女性世系。一般来说，系谱图中只会记载男性世系，但这份系谱图却是"双系系图"。也就是说，它记载了男女双方的系谱。

1　指的是平安时代后，以口分田私有化和荒地开发为契机，聚集在特定个人名下的田地。通常冠有所有者姓名。它们通过转让、买卖等方式转领。

2　指 10 世纪至中世，由国司支配管辖的土地。是相对于庄园（即私领）而言的概念。

3　社格的一种，指在该国被视为第一位的神社。

4　社格仅次于一宫的神社。

5　神职名称。古代位于"神主"和"祝"之间，现制中位于"宫司"之下，辅佐"宫司"。一般由知识经验丰富者担任，在祭祀中发挥重要作用。

因此，这份系谱图不仅记载了作为祢宜的牟久氏的状况，也记录了女性族人的夫家。例如，其中记录了多田氏与和久利氏这些若狭国武士阶层人物的家族谱系。

或许可以认为，若狭国的女性尤其强势。不过，由于太良庄恰好留下了得以让我们了解庄园细节的大量史料，我们才能知道这些女性的活动。但其他的庄园并未留下如此详细的史料，我们不可轻易认为太良庄的情况具有普遍性。不过我认为，至少在西日本，其他地方的状况应该与太良庄的大致相同。

竹内理三即将完成《镰仓遗文》的编纂工作。很快，镰仓时代的所有文书都有铅字印刷本了。从这些文书可以看到，转让田地和房屋用地的"让状"与作为买卖证明的"卖券"的收受方中，有相当多女性。从统计数据上看也是如此。正如我们从上文太良庄的例子中看到的，女性可以拥有、转让或买卖土地。这点也可以从法令上得到证实。

但到了室町时代，女性对土地财产和自己领地的所有权却逐渐减弱。进入江户时代后，女性正式失去了拥有田地的权利。但女性依旧可以拥有动产。高木侃也在书中详细介绍了这一点。妻子可以以丈夫典当了她的嫁妆为理由，向丈夫提出离婚。女性在江户时代保有对嫁妆等动产的所有权。在这点上，弗洛伊斯的记录也与事实相符。

此外，相较于田地的情况，女性在买卖与转让住房或房屋用地的当事人中，或是在这些地产的所有者中所占的比例要高得多。此前也有学者提到过这点，而我在《无缘、公界、乐（增补）》一书中也对此稍有提及。例如，志摩国泊浦（鸟羽）附近有一个叫江向浦的地方。制作于镰仓末期的此地的"在家"[1]与"检注帐"[2]则保留在醍醐寺中。从这些检注帐中可以看到，许多"在家"的正式所有者都是女性。

为何女性会与住房或房屋用地有如此紧密的联系呢？最近，保立道久在《中世的爱与从属》（『中世の愛と従属』，平凡社）一书中对这个问题给出了一个有趣的解释。

保立道久仔细考察了绘卷中所描绘的中世住宅中的"涂笼"（也就是后来的储藏室）。这个场所既是夫妇的卧室，也是保管重要财物的地方。保立道久指出，这个地方是全家的核心区域，是一个"神圣的场所"。而管理这个场所的正是女性。

女性在许多史料中都被称为"家女"，而将女性称为"家刀自"[3]的原因或许也来源于此。实际上，自镰仓时代至南北朝，"借上"[4]"土仓"[5]这些金融从业者中也有许多女性。这一现象无疑也与此相关。《病草纸》的题款记录了一位"家住七条附近，家中富裕，饮食丰盛"的女性借上。绘卷中描绘了这位金融业者的样貌：她因过于肥胖，只能在身边之人的帮助之下行走。

这样的事例还有很多。例如，在镰仓末期若狭的小滨，有一位叫"滨之女房"的借上；在大约同一时期的山城国，有一位叫"平氏女"的女子，从事着百贯文钱的借贷工作；此外还有拥有土仓

1　指的是"在家役"这种租税的收取单位，具体包括住房及其附属土地。
2　"检注"是中世进行的庄园土地调查，"检注帐"则是向领主提交的检注结果账簿。
3　对家中女主人的称呼。
4　平安时代至南北朝时代的高利贷业者。
5　室町时代的高利贷业者，因建设保管典当物的土仓而得名，多为富裕的酒坊兼营。

肥胖的女性借上（出自《病草纸》）

的女性；等等。这样的事例数不胜数，而这也与女性管理仓库的事实密不可分。

我曾在第二章介绍金融形态的部分提到，仓库是用来储藏初穗、上分这样的米和钱的，而这些东西都是神圣的神佛之物。金融活动以此为本金，收取利润。在管理这些神圣仓库（即"土仓"）的人员中，女性占有相当比例。我认为这一现象应该与女性的性别特点密切相关。保立道久指出，中世的女性常常会代人保管重要的文件或资产。例如，在发生战争的时候，如果将这些东西交给女性保管，它们的安全就能在某种程度上得到保障。我也认为这与女性性别的特殊性有关。

我曾将此称为"女性的无缘性"。可以说，直至南北朝时代为止，女性都被认为具备了连接超人之物或神圣之物能力的特质。在世俗纷争与战乱中，女性之所以可以成为和平的管理者与和平的使者，其中缘由正在于此。因此，弗洛伊斯所提到的妻子给丈夫放贷之事也绝不是胡说。在现实中，女性的确拥有自己的财产，并从事金融活动。而弗洛伊斯记述之事的真实性也在此得到了证明。

人们常常会举出日野富子[1]的例子。她身为将军夫人，却向许多大名放贷，聚敛了大量财富。因此她受到了责难。但我认为，

1　日野富子（1440—1496），室町幕府将军足利义政的夫人，日野政光之女。

她的这种行为只是冰山一角，只将她一人称为"恶女"，未免太不稳妥。

女性职业集团的出现

女性的职业也与她们神圣的性别属性密切相关。从很早的时候起，就存在游历各地的女子。而被称为"步巫女"的巫女甚至可以追溯到古代。"游女""浮女"等"游历女妇"被认为是游女的前身。就连数量稀少的古代文献也记录了她们的存在。

这里介绍一个关于古代游女的著名例子。大伴旅人[1]曾在大宰府担任大宰帅[2]。后来，他被任命为大纳言，马上就要回到京都。大宰府的官员送别旅人，而与官员一起前来送别的还有游女，游女也与旅人吟咏了和歌。从游女后来的状况推测，在这一时期，游女很可能已经与大宰府这样的官署产生了一定联系。

我在谈到非人的问题时也曾提到，随着律令制的崩溃与官署职能的变化，原本隶属于律令制下各类官署的专职业者也渐渐发展出了独立的职业群体。游女的情况也是如此。曾经隶属于后宫或雅乐寮等官署的女官或歌女，便在日后发展成了游女。

大约在 10 世纪至 11 世纪，出现了以女性长者为统帅的、独立的游女职业集团。江口与神崎的游女最为有名。游女多以码头和港

1　大伴旅人（665—731），歌人。《万叶集》中收录了大伴旅人的 78 首和歌，所收和歌多为其在大宰帅任上的作品。
2　大宰府的长官。"大宰府"是日本律令制时代在筑前国设置的地方官厅，负责统辖九州诸国、接待外国使节、筹备海防等。

口为据点。西日本的游女也乘船四处活动。不过，我们并不清楚各地的游女集团之间是否会相互联络。

但与工商业者的行会一样，以长者为统帅的游女集团也存在"一臈""二臈"这样的论资排辈现象。"傀儡"[1]的情况也是如此。在东日本，女性傀儡同时也是游女，她们多以客栈为据点，不怎么乘船。

仁和寺御室有一份名为《右记》的镰仓初期的记录。其中明确地写道，游女与白拍子都隶属"公庭"（也就是朝廷）。由此可见，游女集团曾经属于内教坊或是雅乐寮这样的官署，受到别当的管理。她们轮流为宫廷仪式献艺。这在贵族等的日记中也可以得到确认。

白拍子与傀儡的情况也是如此。镰仓前期曾有过"白拍子奉行人"这样的职务。由此可见，游女、白拍子或傀儡与神人、寄人一样，是直属于天皇或神明的女性专职业者。因此她们的社会地位并不低下。直至镰仓时代，游女、白拍子、傀儡都会为天皇或贵族诞下子嗣，她们的和歌会被选入敕撰和歌集中。这些事实都可以反映出她们不低的社会地位。

除了游女以外，平安时代末期以后，从事非农业工作的女性——例如成为供御人或神人的工商业者、艺能民——也经常出现在史料中。这些女性专职业者的存在可以追溯到 8 世纪。《日本灵异记》中就描绘了形形色色的女性，例如卖花女、因借出属于佛的钱而成为

1　平安时代以后出现的操纵木偶或口唱特别歌曲走街串巷卖艺的艺人。
2　全称《日本现报善恶灵异记》，一般认为成书于弘仁十三年（822），是日本现存最早的民间故事集。本书围绕着因果循环、善恶有报而撰写，故事以奇迹、怪异见闻居多。

富翁的女子，或是用小容器借出米和酒，但在收回时却使用了大容器，因此大赚一笔钱但最后受到佛祖惩罚的女子。此外，平安后期的文献中也记录了卖炭的大原女。

由此可见，日本社会中存在许多女性商人。例如，卖鱼的商人几乎无一例外全是女性。在镰仓时代初期，在京都的六角町开店卖鱼的琵琶湖商人也全都是女性（这些人同时也是供御人）。

在桂川的"鹈饲"，同时也是"桂供御人"的人中，有被称为"桂女"的女子，她们是贩卖香鱼的商人。贩卖炭和柴火的大原女也是如此。在京都北部的小野山里，有烧炭的女性供御人。此外，也有贩卖魔芋等各种蔬菜和素食的女性供御人。在贩卖棉花或小袖[1]的祗园社神人中，也有许多女性。

上文提到的这些都是南北朝以前的神人和供御人。如前所述，供御人与神人都是隶属于神佛和天皇的群体，因具有神圣性而受到特殊对待。他们不论男女都可以免缴交通税。他们游历各地，从事交易活动。这些人中有许多女性，这也与上文提到的女性本身所具备的神圣属性有一定关系。

实际上，桂女会佩戴特别的头巾，光看服装就知道她们不同于普通女性，她们以这种装扮游历各地。这与上文提到的女性曾广泛游历各地的事实有关。总之，直至镰仓时代和南北朝时代，游历各地的女商人在社会上活动的人中所占的比例，远比我们原本想象的要高得多。

1　日本的一种传统服装，袖筒袖口狭窄，垂领向前交叉穿。平安时代是贵族装束的内衣，而平民则将其作为日常服装。

被排除出公务世界的女性

但另一方面，我们的常识是：女性被排除在公务世界之外，并且一直受到压制。那么，我们应该如何统合常识与上述事实呢？这是一个重要的问题。

近年来，家族史研究取得了许多成果，我们由此得以了解许多事实。关于日本亲族组织的情况，此前的研究一般认为，日本从很早的古代起就实行父权制，而日本社会也是男性占据优势地位的父系制社会。对此，以高群逸枝为首的女性史研究者则认为，至少在南北朝以前，母系制的倾向反而比较强。然而，最近的研究表明，实际上，日本古代社会中并未出现过"氏族"这样的家族集团。

换句话说，不论是在母系集团中还是在父系集团中，日本社会都不存在实行族外婚制度（即不允许氏族内部的男女通婚，一定要与其他氏族之人结婚的规定）的氏族集团。因此，日本社会的亲族组织是"双方的"，或者说是"双系的"。也就是说，在亲族组织中，男女两个系统的成员所具有的权利都得到了认可。因此，日本社会不那么反对近亲结婚。在现在的中国社会与朝鲜半岛社会中，依旧可以看到同姓不通婚的现象（即姓氏相同的男女不可缔结婚姻），但日本社会却完全没有这种现象。

这里说一个题外话。我自己就是近亲结婚的产物。我的父亲和母亲是表（堂）兄妹，我的爷爷奶奶是表（堂）兄妹，而我的外祖父外祖母也是表（堂）兄妹。因此我们兄弟五人在一起闲聊时常会说起，这样的近亲结婚竟然没有带来什么不良后果。

这种随性的近亲结婚自古以来就是日本社会的特征之一。虽然同母男女之间的结婚是禁忌，但古代文献中还是记载了因在这种情况下萌生爱意而饱受痛苦的例子，而实际上也的确有最终成婚的事例。直到中世为止，我们还经常能看到叔叔与侄女，或姨母和外甥结婚的情况。

在天皇家或是贵族的世界中，这种随性的近亲结婚直到镰仓末期为止一直存在，甚至发展到了令人惊讶的地步。因此，正如津田左右吉所认为的，日本古代的"氏"不同于"氏族"，而是一个带有政治性质的组织。统治阶级在受到中国的影响后，率先形成了这样的集团。

在这种情况下，女性和男性的社会地位自然不会有太大差距。父权制尚未得到确立，而中国的律令制正是在这样的背景下被引进日本的。中国从很早的时候起就确立了父权制社会，律令制度自然也建立在这样的基础之上。日本吸收了律令制，所以从法制层面上看，日本的律令国家也吸收了男性占据优势地位的、父系的父权制度。从公务的角度看，亲族关系原则上也应该是以父系为依据。

平民有义务承担调、庸等税役，而承担者只有男性（准确地说是成年男子）。负责制定政策的官员也是男性。女性则退居幕后，或留在后宫。但这与日本社会当时的实际状况相差甚远。因此，名义上的原则与实际状况之间产生了龃龉。

户籍中偶尔会见到女性户主。8世纪时屡屡出现女性天皇，后宫的贵族女性也会因此干政。关于女帝，学界存在各种看法。不过一般认为，女帝的出现，是因为在这一时期，"让男性负责公开的公务领域，让女性负责幕后的私人领域"这样的律令制原则尚未得到贯彻。

　　但这只持续到 8 世纪为止。进入 9 世纪后不久的平城天皇时期发生了"药子之乱"[1]。嵯峨天皇在此次事变中取得了胜利。可以说，在嵯峨天皇统治期间，名义上的律令制原则大致得到了贯彻。实际上，自此以后，再也没有发生过后宫女官公然插足政治之事。男性负责公开事务、女性退居幕后的状态也由此形成。

　　此外，受律令制原则的影响，公务账簿中也几乎看不到女性的身影。11 世纪左右的庄园和公领会制作检注帐，其中记录了每一块土地的负责人。如前所述，女性有权买卖和转让田地，因此女性的字出现在检注帐中也丝毫不会令人感到奇怪。然而，除了极少数个例之外，检注帐中出现的都是男性。

　　此前的研究只关注这种表面现象，因此强调日本社会从很早的时期起就确立了父系制和父权制。不过，现在也出现了持反对意见的学者。

　　这毕竟只是吸收了律令制后的表面现象，实际情况与此大不相同。本书的第一章也提到，汉字与公务领域的"表面世界"属于男性。但女性发挥作用的、使用平假名的、私人的"内里世界"也同样不容小觑。实际上，文字渗透进了女性的世界中，后宫的女官甚至还创造出了独特的女性文学，这些事实都表明，女性的确拥有独到的见识。当时的社会状况是：强力的父系制原则被嫁接在了父系制尚未生根的"双系"社会之上。

1　810 年发生的一次未成功的政变。809 年，平城天皇因病退位，其弟嵯峨天皇继承皇位。810 年，病愈后的平城天皇在宠妃藤原药子及其兄藤原仲成的帮助下试图推翻嵯峨天皇，并重新执政，但没有成功。平城天皇被幽禁，藤原仲成被杀，藤原药子服毒自杀。

　　说得极端一点，当时的社会仍残留着未开化的遗俗，女性的社会地位并不低下。当这样的社会与文明的、父权制的制度结合之后，这种稀有的条件便催生出了独特的女性文学。在世界范围内，这种情况应该是比较罕见的。如果只考虑强力的父权制，并认为女性处于受男性支配的状态，我们就无法理解这种现象，也无法解释女性活跃的社会活动究竟有着怎样的意义。

"污秽"与女性

　　还有一个值得注意的地方是，女性被排除出公务世界的现象同样发生在佛教领域。高木丰指出，在佛教刚传入日本后的奈良时代，第一位正式僧侣或许是位女性，也就是尼姑。实际上，奈良时代的确存在许多女性僧侣，而且她们都是在完成了正规手续后才成为僧侣的。然而到了 9 世纪后，我们就再也看不到登上戒坛、正式受戒的女性僧侣了。

　　由此可见，女性被完全排除在为国家所认可的戒坛之外。这自然与女性在政治和社会领域也被排除在公务世界之外的现象有关。但从佛教的角度看，这就意味着佛教的教义无法传播到女性之中。进一步说，女性的性别本身被视为一种"污秽"。平安后期以后的佛教都只承认女性作为僧侣之母所发挥的作用，也就是说，只承认女性的母亲属性。

　　这里所提到的"污秽"与女性之间的关系是一个重要问题，而我之所以会认为非人问题与女性问题密不可分，其中原因也正在于此。以救助非人为己任的"镰仓新佛教"各个宗派自然也认为，救

水边的游女（出自《法然上人绘传》）

助被此前佛教无视的女性群体是一个重要任务。

众所周知，律宗僧侣对于救助非人十分热心。而细川凉一最近的研究表明，律宗也曾建造尼寺，为女性的皈依敞开怀抱。天台宗和真言宗规定，女性不得正式在戒坛上受戒，但律宗却允许女性通过在佛前发誓，说自己定会守戒而成为僧侣（也就是尼姑）。因此，律宗的僧侣曾将现有的寺院改为尼寺。

时宗的一遍也从一开始就积极欢迎女性皈依。时宗的女性僧侣会在名字中加上"一"这个字，而男性僧侣则会加上"阿弥"。例如，14世纪的贵族日记《师守记》中就记录了许多名字中带有"一"字的时宗尼姑。此外，在《一遍圣绘》所描绘的跟随一遍的时宗僧侣中，女性也与男性混杂在一起，游历各处。由此可见，与救助非人一样，时宗的一遍也致力于救助女性。而这也是《一遍圣绘》的一个重要主题。

我们知道，真宗的亲鸾明确允许僧侣娶妻，这与此前的佛教大不相同。而描绘法然生平事迹的《法然上人绘传》中则出现了游女向法然请求救赎的著名场景。由此可见，所有镰仓新佛教都致力于救济女性。

但《天狗草纸》却持反对意见。正如《天狗草纸》将非人视为"秽多"之人，并猛烈抨击一遍的教团与禅僧一样，它认为在一遍

卖米者（右）与卖豆者（出自《七十一番歌合》）

的教团中，男女关系极其混乱。《天狗草纸》对此大加批判，绘卷也中描绘了这些不检点的场景。

同非人的问题一样，双方就如何理解女性的性别这一问题（这也关乎"污秽"问题）发生了强烈的观念冲突和宗教矛盾。这也与"何为恶"这一根本问题有关。一方面，亲鸾主张"恶人正机"，认为"恶人"才真正具有理解佛祖之心的能力。但另一方面，社会对于"恶党"的镇压也日益增多。

这样激烈的观念冲突究竟造成了怎样的结果？就女性的实际状况而言，女性的社会地位的确在室町时代与战国时代后逐渐下降。

不过，在制作于战国初期、15世纪下半叶的《七十一番歌合》中，还能见到许多女性专职业者的身影。虽然这幅画中描绘了数量

惊人的女性商贩和女性手工业者，但在桃山时代的多幅《洛中洛外
图》，以及江户时代前期的"职人尽"中，抛头露面的女性专职业
者的身影却随着时间的推移而日益减少。

例如，卖扇子是女性的传统职业。因此，不论是在《七十一番
歌合》还是在《洛中洛外图》中，都能看见店里卖扇子的女子。然
而，进入江户时代后，这项工作也被男性取代了。可以说，女性曾
经活跃于工商业领域的"表面世界"与"公务世界"中，然而在进入
16、17 世纪以后，女性甚至在这一领域也不得不退居"内里世界"。

女性地位的下降

此外，到了室町、战国时代，社会对于游历各地的女性和游女
也表现出明显的歧视。南北朝之后，史料开始将京都游女集中居住
的场所，或是游女营业的"倾城屋"聚集的场所称为"地狱辻子"。
到了室町时代以后，"地狱辻子""加世辻子"这样的称呼进一步流
行。"地狱"一词自不必说，而"加世"则暗指女阴，也是一种歧视
用语。这些关于游女的称呼逐渐定型。文献也记载了许多其他的游
女歧视现象。室町末期至江户初期，还出现过男老板买来女子，让
她们做游女或妓女的事例。

南北朝以前的游女状况与此大不相同。同非人的状况一样，社
会也开始歧视游女。前述弗洛伊斯曾写道：尼姑庵成为娼妇的聚集
地。这或许的确反映了新佛教系统的寺院在这一时期的一些实际状
况。像著名的"熊野比丘尼"这样游历各处的尼姑同时也是妓女。
在这一时期，社会上对于游历各地的女性的歧视逐渐定型。

　　庄园中平民女性的情况也是如此。在室町时代的太良庄史料中，虽然还能看见寥寥几位女性参与了百姓田地的名主职务争端，但这也与南北朝以前的状况大不相同了。这样的变化令人感到惊讶。在庄园与公领的诉讼中，也几乎再也看不到女性当事人了。武士的世界也是如此。从平安后期到中世，随着律令制的崩溃，以男性占据优势地位为原则的世界或多或少地消失了。女性由此能够活动于"表面世界"。但到了父权制业已在社会中确立的这一时期，女性便只能退居幕后。

　　即便如此，女性也积极地活跃在"内里世界"中。江户时代更加彻底地贯彻了父权制原则，并将其制度化，因此导致了这样的结果。但是，在江户时代的社会中，父权制依旧只是名义上的原则，我们有时可以通过文书看到活跃在这些表面原则背后的女性的实际情况。

　　例如，在备中国的真锅岛上，曾出现过女性"庄屋"，虽然据我所知，这是全国唯一的例子。这个村庄是岛屿上的海村，因此姑且说得过去。但从江户时代的制度上讲，这是不可能发生的事。虽然无论如何都不应该立女性为庄屋，但一位名叫"千"的女子的确担任了两年庄屋。这件事发生在宽永十五年（1638）至宽永十六年（1639）间，恰好是江户幕府的体制尚未完善之时。不过这也说明，当时的女性还有些许可以获得这种社会地位的可能。

　　至少可以说，如果只按照此前的常识，认为江户时代的女性全然受到压制，我们就无法了解当时社会的真实状况。实际情况是，女性的识字率不断提高，而进行"御荫参拜"或外出旅行的女性也不在少数。上文也曾提到，女性可以依照自己的意愿提出离婚，而商人之家的女性也拥有一定实力。中世前期以来的女性状况也多多少少延续到了近世。

此外，新兴宗教的教祖中也有很多女性。这或许来源于早先的观点，即认为女性具有某种"圣性"，也就是具有与神圣之物相联结的属性。但从表面上看，男性占据优势地位的原则确实得到了确立，而这样的原则在继承和强化之后，成了明治时代民法的基础。

因此，就近代以后女性的生活实况而言，一方面，确实存在纺织工厂中受到残酷压迫的女性。但另一方面，正如宫本常一在《被遗忘的日本人》中所记录的那样，我们也需要具体研究那些充满活力地生活着的女性。

第五章

天皇与"日本"国号

"天皇"称号

昭和天皇去世了。我们在二战后经历了各种各样的新体验。总体上看，其他国家的人或许或多或少会觉得，日本社会有许多不可思议之处。例如，虽然日本已经成为高度发达的资本主义国家，但它依旧保留着甚至可以被视为原始宗教的敬神仪式。此外，天皇自7世纪下半叶以来持续存在了一千三百年，而如今的日本人也很自然地将天皇视为象征。对于日本人的这种心态，世人褒贬不一。

如何从日本人的角度对这些问题做出解释？我接下来将要谈论的问题便与此相关。

首先，日本社会中出现的天皇称号，自然与日本列岛上国家的建立密不可分。同为古代建立的早期国家，日本的早期国家的确与其他民族的早期国家具有可比性。但我们也不能忘记，日本的早期国家是在许多历史和地理的偶然中诞生的，因此有着自己的固有特性。

　　5、6世纪的日本列岛社会呈现出这样一番图景：以畿内为中心的各首长的势力日益增强。这些首长与北九州等地方上的首长相互对立，并逐渐将自己的影响力扩大至列岛的东西两部。从古坟的状况就可以看出，当时的日本社会总体上是"未开化的"，而且受到原始的万物有灵观和巫术力量的强烈影响。

　　畿内的各首长中，有日后发展成天皇的"大王"。但此时还存在与之相抗衡的势力，因此大王无法单凭制定严格的制度来保障自己的地位。

　　与此同时，日本列岛从很早的时候起就通过朝鲜半岛和海域交流，接受来自中国的多方面影响。而此时的中国以其历史悠久的文明为后盾，建立起了具备牢固体制的隋唐帝国。在这一动向的强烈刺激下，朝鲜半岛也开始建立正式国家。在这一紧张的环境中，日本列岛的社会还保持着平静。以畿内各首长为中心的日本社会自发地积极吸收来自中国的稳固、合理且文明的律令制度。

　　一个带有浓厚未开化色彩的社会在一定条件下接受了文明制度，这在全人类的历史中都很常见。对于身为列岛的日本来说，大海有时能成为灵活的交通手段，但有时也会成为障碍。日本以海为媒介，在一定程度上自主接受了建立在儒家基础上的制度，也接受了世界性宗教之一——佛教。这对日后的日本列岛社会产生了巨大影响。

　　"天皇"这一称号也成形于这一早期国家的建立过程中。此前的研究认为，天皇的称号形成于推古朝以后。但最近的研究表明，稳定使用天皇称号，并将其作为一种制度固定下来，还要等到天武、持统朝——也就是制定"净御原律令"的时候。严格来说，应该是持统朝以后的事了。如今的古代史研究者一般赞同此说。

因此，如果从尊重史实的角度看，雄略天皇和崇峻天皇自不必说，就连天智天皇也不算"天皇"。考虑到教科书等各处都随意以神武天皇作为计算天皇代数的起始点，或是江户时代以来就存在过许多种关于天皇代数的算法，这种严格的定义是很有必要的。

大宝律令完成于701年，而日本也在同年派出遣唐使前往中国。当时的日本使节对唐朝官员自称是"日本"的使节。此前的研究认为，"日本"这个国号出现于推古朝。但最近的研究表明，实际上，"日本"称号与"天皇"称号一样，都形成于7世纪下半叶，也就是都形成于确立律令体制的天武、持统朝时期。这点很重要。也就是说，在这个时期以前，既不存在所谓的"日本"，也不存在所谓的"日本人"。从这个角度上看，绳纹人与弥生人自不必说，就连圣德太子也不是"日本人"。

总之，当时的日本列岛社会仍残留着未开化的遗俗，而这样的社会之上则嫁接了来自中国的高度文明化的律令制。实际上，这一形态对日后列岛的国家与社会造成了多方面影响，而天皇的特殊性也与此相关。

首先，中国的律令制以儒家为基本框架，并受到天命思想与易姓革命思想的影响。这种思想认为天子受天命治天下，天子无德，天命就会发生变化，天子之姓也会发生改变，如此一来便发生了王朝更替。然而，日本在接受律令制的时候却刻意排除了天命思想与易姓革命思想。当然，因为日本在接受律令制的同时也吸收了儒家思想，所以天命思想并非完全与日本天皇无关。

根据早川庄八的研究，在天皇的"宣命"（即根据天皇的口头发言制作的文书）中可以明确看到受到天命思想影响的内容。这一情况出现在 8 世纪，这些内容为的是排除其他的皇统继承人，让天武与持统的直系子孙可以成为天皇。而最后为天皇的皇位继承提供正统性依据的则是"皇孙思想"，即认为太阳神的子孙琼琼杵尊从高天原降临到这片国土上，而他的子孙成了天皇。二战时，我们经常听到皇孙思想。引用天命思想只是为了增加皇孙思想的合理性。

但皇孙思想认为，天皇是太阳神的子孙，这具有超自然性质。而且，皇孙思想的依据源自诞生于尚未开化的日本列岛社会中的神话。这与天命思想有着本质不同，后者以"天"这一普遍且明确的概念为前提。

桓武天皇属于天智一系，他彻底消灭了 8 世纪以来一直担任天皇职位的天武一系的所有人，从而登上了天皇之位。也有人将此视为一个"新王朝"。桓武天皇举行中国风格的祭祀活动，祭祀昊天上帝与天帝。但这终究只是对天武一系人宣称自己具备正统性的一种手段。天命思想并未取代皇孙思想。

到了 9 世纪之后，天命思想不再与天皇皇位挂钩。但到了 14 世纪上半叶天皇家面临危机之时，天命思想再次出现。这点留待下文讨论。由此看来，这个名为"日本"的律令制国家刻意排除了影响中国律令制的天命思想。而这与日本的国家性质密不可分。

一个与此密切相关的事实是，天皇既没有"氏名"[1]也没有"姓"[2]。

1　"氏名"即"氏"的名字，大致分为以地名为氏名（例如苏我氏、葛城氏、吉备氏等）和以职责为氏名（例如物部氏、大伴氏、中臣氏等）两类。

2　古代豪族加在"氏"下的称号。有"臣""连""造"等三十余种。原本是对氏族首领的尊称，后来演变成表示政治和社会地位的标志。

或许在天皇称号确立之时就是如此。如前所述，当时的日本列岛社会不存在实行族外婚制的亲族组织或氏族。因此，在吸收律令制前就存在的被称为"氏"的集团，实际上是一种在统治阶层中出现的政治性集团。这也受到了来自中国和朝鲜半岛的影响。在律令制确立前，这些氏拥有例如"直""连""公"这样的姓。姓原本是各氏首长的尊称。

　　吉田孝推测，在成立律令国家、确定天皇称号前，"大王氏"也拥有氏名与姓。大王的氏名是"倭"，而姓则是"大王"。我认为的确有这种可能。《隋书》记载，600年到达隋朝的倭国使节称，"倭王姓阿每，字多利思比孤，号阿辈鸡弥"。这反映的正是天皇称号确立前的过渡阶段。

"日本"国号的历史

　　总之，在日本列岛社会接受律令制前，以"大王"为中心的各"氏"被松散地整合在一起，并通过"姓"确定上下关系。在这一时期，大王也拥有氏名与姓。但到了天皇称号确立之时，天皇成为将氏名与姓赐予贵族和百姓之人。因此，天武制定了"八色之姓"，并将它们赐予各氏，以确定等级。

　　此外，当时制作的户籍也效仿中国的制度，其中记录了所有受国家支配的平民的氏名与姓。这些氏名与姓原则上都是由天皇赐予的。与此同时，天皇失去了氏名与姓。也就是说，没有人可以赐予天皇氏名与姓。

　　与中国的皇帝与朝鲜半岛的国王相比，日本的天皇在这个方面很特别。没有氏名或姓的王有可能存在于本就没有氏名的社会中，但放眼世界，日本的情况十分罕见。日本列岛社会存在藤原、中原、源、平、橘等各种氏名，而这些都是由天皇赐予的。

再举一个时代比较靠后的例子。当丰臣秀吉使用"丰臣"这个氏名时，该氏名在名义上也是由天皇下赐的。从平安时代起，人们就会以地名作为姓氏，而如今的大部分姓氏也来源于此。当这些以地名为姓氏的人从天皇那里获得官位时，他们一定会使用氏名。

例如，在江户时代，如果一位姓"佐竹"的大名从天皇那里获得了官位，那么在任命官职的"口宣案"或赐予位阶的"位记"上，定会写着"源朝臣某"这样的氏名与姓，即使这只是形式。这样的传统根深蒂固，直到很久以后也依然存在。

如今，寻根问祖的风潮盛行。但如果不对现存的家谱加以批判就盲目地使用它们，所有人的祖先都会被追溯到天皇甚至天皇的祖先神上。因为家谱本身的结构特点就是如此，所以日本人都不知不觉地成了天皇的子孙。有必要充分认识到，这种结构实际上形成于律令国家和天皇称号得到确立之时。

这与"日本"这个国号也有一定关系。"日本"既不是王朝的名称，也不是王朝建立者的部族名称。法兰西、普鲁士或德意志等都是部族名称，它们并非像英格兰这样的地名。而除了元、明、清之外，中国的王朝名称据说都是王朝诞生地的名字。但日本国号也不是这种地名。

如果将"日本"念成"日之本（ひのもと）"的话，它指的就是日出之处，也就是东方。关于此国号的意思与读法，自古就有许多争议，也仍有许多地方不甚明了。如果将其念为与"日本"这两个字没有太大关系的"大和（ヤマト）"，那么它就指代王朝的诞生地了。但"大和"有另外的汉字表记方式，而且如此一来，使用"日本"这两个汉字便失去了意义。因此，还是应该认为，"日本"指的是对于中国来说的太阳升起的东方。

也就是说，"日本"这个国号首先明显意识到了中华帝国的存在。其次，这个国号以扎根于列岛社会并延续至今的太阳信仰作为基础。此外，它还反映了这个国家接受太阳神子孙，即"日之御子"天皇统治的事实。因此，在当时的东亚世界中，这个国号很特别。不过，正因为"日本（日之本）"是一个意指东方的词，所以它的含义也会随着时代的变化而变化。

14 世纪的《谚访大明神缘起词》中提到了"日之本党""渡党""唐子党"这三个集团。而到了 15 世纪，则出现了自称"日本大将军"之人，即势力覆盖从北海道渡岛半岛至东北北部地区的安藤氏。此外，"山椒太夫"这一"说经节"[1] 中出现的岩木判官也被称为陆奥的"日本大将军"。近江商人 [2] 在 16 世纪取得了在日本全国自由游历的特权。他们的活动范围南至熊野，北至佐渡，东至"日下（日本）"。丰臣秀吉在进行东北地区的土地丈量时，也曾提到过奥州的"日本"。这个地方的确曾被称作"日本"。也就是说，"日本国"的东部边界被称为"日本"。

由此可见，因为一般来说"日本"指的是东方，所以它的具体含

1　兴起于日本中世，流行于中世末期至近世的一种说唱形式。用通俗化、曲乐化和艺能化的形式讲解经文。
2　近江（现滋贺县）出身、前往全国各地的商人，与大阪商人、伊势商人并称为日本三大商人群体。

义会发生变化。"日本"国号与不具备氏名和姓的"天皇"称号一道
被确定下来，这具有重大意义。

此外，"日本"这个国号代表的是以畿内为中心的律令国家，
因此北海道、东北、冲绳与南九州都不算"日本"。而从"东夷"
这样的词语也可以看出，包括关东在内的东日本的人在当时也未
必算是"日本人"。进入中世以后，东北与关东地区才终于进入了
"日本国"的范围内。但与此同时，还存在其他的"日本"。因此
可以认为，日本列岛上不同地区的人对于日本和天皇也有着不同
的认识。

从这个角度看，"日本"国号与"天皇"称号关系密切。或许有
朝一日，日本社会将不再需要天皇。到了那个时候，我们也需要重
新思考是否应该沿用"日本"这个国号。我们需要充分考虑到"日本"
这个国号背后的历史。

天皇的两副面孔

在研究了建立在律令制度基础之上的天皇后，我们会发现，天
皇拥有这样一副面孔：天皇建立在律令制度的基础之上，处于"太
政官"这一贵族议政机关的顶端。从这个角度看，天皇类似于中国
的皇帝。因为律令制将普通平民看作公民，并对其进行统治，所以
天皇也处于"公"的顶点，具备了"公"的性质。

不过，日本的律令制也与中国的律令制有所不同。日本将水田
作为公田，以此为基础，通过班田收授制将田地班给公民，并收取
租庸调等租税。因此，与稻作有关的仪式也自然而然地被纳入制度

之中。"大尝祭"[1]也具有祭祀稻谷的性质。从这个角度上看，也可以说天皇是稻谷之王。

此外，天皇还具有另一副面孔。为了便于理解，我们可以以"贽"这个制度为例。"贽"原本指的是，以海为生或靠山而居的人献纳给神明的、当年最早收获的物产。在接受律令制以前的日本列岛社会中，已经存在将这些物产进献给与神明地位相当的首长的惯例。后来，将贽进献给天皇，以及天皇食用贽的做法成了一项制度。

但最近的研究表明，律令制并未对此做出规定。也就是说，该制度并不存在于律令制度之中。此前我们只能通过《延喜式》[2]中的记录了解贽的实际情况。但平城宫遗迹出土了大量记载贽的木简。我们可以知道，自引进律令制度伊始，进贡贽就是一项很重要的制度。

天皇接受贽作为纳贡。而天皇的地位也相当于神明。可以说，纳贡贽可以体现出天皇所具备的"神圣王"的性质。这种性质也存在于印加帝国的国王或是非洲王国的国王中，在未开化的社会国家中十分常见。因此，纳贡贽的人们，也就是"贽人"，通过一同食用进献给相当于神明的"日之御子"（即天皇）的贽，从而直属于天皇，并获得了极大的特权。从奈良时代起，就存在被称为神的奴婢，或是被称为"神贱"的人们，他们享有特权，而贽人与这类人有相同的性质。

不同于律令制度下的中国皇帝，日本天皇还具有"神圣王"这

1　天皇即位后向天照大神和天神地祇进献新谷，并自己尝食的祭典，以此祈求五谷丰登、国泰民安。
2　平安时代中期的律令实施细则，共50卷，于905年开始编纂，完成于927年，实施于967年。成为此后律令政治的基本法。

副面孔，这明确体现在了"赘"这一制度中。由此可见，天皇同时拥有"未开化的国王"和"文明的皇帝"这两副面孔。因此，日本的律令制也包含了对身为"未开化的国王"的神明实施的祭典礼仪。所以大尝祭并非只是单纯的稻谷祭典，它还体现出作为神明子孙的天皇所继承的"神圣王"的属性。

井上光贞称之为律令制与氏族制的二重关系，而石母田正则将此理解为首要的生产关系和附属的生产关系。我所说的内容与这些看法并无二致。我暂且将此表述为天皇从一开始就拥有的两副面孔：一副是律令制度下带有中国皇帝特征的面孔，而另一副则是诞生于未开化社会中的带有神圣王特征的面孔。

租税制度

这种未开化与文明的结合也体现在作为律令制度一部分的租税制度中。众所周知，国家向平民收取租庸调和各种杂役，以此维持自身的运转。此前的研究认为，"租"指的是缴纳当年最早收获的谷物，它们不会被运往都城，而是储藏在各国或各郡的仓库之中。它们原本会被当作本金，通过"出举"的方式借贷给平民，到秋天收取"利稻"（第二章中对此有过介绍）。这些"利稻"被称为"正税"，用现在的话来说，就是成了地方财政的来源。

农耕与水田耕作的周期催生出这种习俗，而上述做法正是这种习俗制度化后的产物。在日本列岛的社会中，"租税"正是通过这一方式扎下了根。

"庸"原本指的是劳役，不过很快就与"调"趋同了。而"调"

指的是土特产，或者说是各国的特产。"调"是一种将该土地的特产之物送到首长处以示服从的制度。因此，"调"包括绢、布、盐、铁等各种各样的物产，基本上没有米。这一制度规定，百姓原本应当自费将这些物资运往都城。

这种做法与调和庸的义务性质有关，而这些物资就成了中央的财政来源和政府的运营费用。此外，为了维持共同体而征调的杂役和军役等也被制度化了。无论是"调"还是"租"，它们都是将原本就存在于社会中的习惯制度化的结果，并以此服务于公共事务和国家。

到了中世，这些义务就成了"年贡""公事"与"夫役"，而进入近世后则成为"年贡""小物成"[1]与"课役"，它们不断变化。但它们都是将原本就存在于平民生活中的习惯改造成对公共事务所尽的义务，这点并未发生变化。

"公"这个词原本也被写作"大宅"，意思是大房子，意指首长的家或仓库。不过，这里的"大宅"指的并不是首长个人的家，而是代表共同体的首长所管理的共有设施。在古代，"公家"指的是天皇。而在中世，将军被称为"公方"。进入近世以后，幕府与大名则被称为"公仪"。因此，"公"的内容本身也在发生变化。但上文提到的义务都是服务于"公"的事务，这样的看法却从未改变。

这些习惯最初是在律令制的影响下得到制度化的。因此，这些制度并非单纯因为受到压力而产生。租税制度来源于本就存在于平民百姓生活中的习惯，所以可以说，平民自身的"自发性"也得到了

1　土地年贡之外杂税的总称。

整合。当然，制度化的过程带有强制的意味，它也引发了极其残酷的掠夺。但通过这种方式定型于日本列岛社会中的早期租税制度的确对日后的情况产生了非常大的影响。

既然这些义务是平民生活习惯制度化的产物，那么如果国家所征之税大幅超出其理应征收的范围，平民自然会强烈反抗。随着这种抵抗的发生和平民生活本身的变化，租税制度也在发生变化。值得注意的一点是，从古代到近世，发起反抗的平民几乎从未公然提出过要废除年贡和租税。要求减免、减轻租税和年贡的运动数不胜数，却不曾出现过要求完全废除年贡的运动。

当然，如果"公"无法履行它应尽的职责，平民也就没有必要缴纳年贡，这样的想法的确存在于平民的思想中。但这也不会演变到认为应当完全废除年贡的地步。这是因为年贡不是单纯的私人地租，而是具有公共性质的租税。包括如今的赋税制度在内，日本的社会一直以来都受到租税制度的约束。

由此可见，"公"绝不是一个由专制统治强制灌输的概念。律令制度建立在平民的"自由"与"自发性"的基础之上。这深刻影响了此后日本社会对"公"的理解。而天皇也一直以某种形式存在于"公"的顶端，这也是早期国家所带来的结果。

"职位体系"、神人—供御人制与天皇

大宝律令于 8 世纪初制定，律令国家由此确立。上文也已提到，在这一时期，畿内的重要首长和贵族依旧保有强大的势力。日本律令制中的太政官相当于现在的内阁，是地位最高的官署。而在畿内

保有强大势力的"氏"的代表则成了太政官的首脑成员，这一议政机关由此得以运作。天皇在许多方面都受其制约。

例如，没有取得太政官会议的同意，天皇就无法继承皇位。此外，举行大尝祭也需要太政官会议的提议。原则上，天皇无法自行决定举行大尝祭。因此，太政官与天皇之间的关系十分紧张。在整个 8 世纪，围绕着皇位继承问题，天皇家族内部对立纷争，以及贵族之间的对立纷争令人眼花缭乱。奈良时代的政治充满了这样的明争暗斗。由于律令制的原则尚未得到贯彻，女性天皇也时常出现。

但如上所述，到了桓武天皇以后，也就是到了 9 世纪初，在镇压了平城天皇时期发生的"药子之乱"、进入嵯峨天皇的时代后，天皇已经不再需要利用天命思想来宣告皇统的正当性了。天皇与太政官之间的摩擦也减少了许多。换言之，至少从表面上看，从中国引入的律令制度从 9 世纪起开始扎根于日本列岛的社会中。唐朝文化也盛行于这一时期。

但在这一时期，贵族中势力尤其强盛的藤原氏，以及从天皇家分出的源氏在公卿的议政体中占据了压倒性的优势地位，因此到了 9 世纪以后，天皇在贵族中的发言权反而逐渐增强。与此同时，直属于天皇的"藏人所"或"检非违使"这些官署也取代了此前的律令制官署，逐渐取得了大量权力。

与此同时，自 9 世纪以来，特定的官职或官署也开始由特定的"氏"世袭继承，以此维持运作。到了 10、11 世纪，这一制度更加普遍。佐藤进一在《日本的中世国家》(『日本の中世国家』，岩波书店) 这部经典著作中对此进行了详细论述。不过，西日本的社会中原本就明显存在由特定亲族集团担任特定职务，或是后来的由特定家族世袭继承该职业的倾向（东日本的情况或许略有不同）。像氏姓制度这样，由特定的"氏"世袭继承特定职业的制度，实际上在律令制度引进前就已经存在，而江户时代也存在"家元制度"[1]等制度。

在这样的背景下，到了11、12世纪，由特定的"氏"世袭继承特定职务的"职位体系"（该制度被称为"官司请负制"）开始成为一种国家制度。因此，这也被认为是王朝国家的一种制度。

具体来说，例如，名为"扫部寮"的官署负责在宫中举办仪式时进行清扫与准备工作，其长官由中原氏世袭继承。太政官事务局的高级职位"官务"由精通算数的小槻氏世袭。"阴阳寮"由精通阴阳道的安倍氏世袭。而"典药寮"则由著名的医学世家丹波氏与和气氏世袭。随着这一制度的形成，贵族的门第也得到了确立。

在藤原氏北家中，道长的子孙世袭担任"摄政"与"关白"，他们也被称为"摄关家"。有资格担任太政大臣、大臣或大将的门第被称为"清华家"。而藤原氏的劝修寺一支则担任实务性的官职，他们最多只能做到大纳言。贵族所担任的职务也受到出身门第的影响。

这种倾向出现于9世纪，定型于10世纪，而到了11世纪以后则变得司空见惯。也就是说，官职的晋升等级取决于贵族的出身门第。负责实务工作的官署的各个职位也通过世袭继承。

这被称为"职位体系"，而天皇则处于这一体系的顶端。用现代的话来说，天皇世袭继承"天皇职"。换句话说，天皇家族中的人世袭履行天皇应尽的职责。总体上看，这样的制度确保了天皇的地

---

1 "家元"指的是在武道或艺道中，具备作为其流派正统的权威、继承并保持其祖传技艺的家，亦指其身份或人。

位可以得到安定的世袭继承。但与此同时，履行天皇职务的人实际上与天皇本人发生了分离。因此，摄关家得以代行"天皇职"，而被称为"治天之君"的上皇也得以掌握"天皇职"。即便天皇年幼，政务也能照常运行。

官署也是如此。例如像"扫部寮"的长官"扫部头"这样的正式官职虽是由儿子担任，但实际上，公务却掌握在谙熟业务且很有能力的父亲手中。这样的现象十分常见。实际掌握"天皇职"的上皇与天皇之间的关系也是如此。

形成于11世纪中期的"庄园公领制"支撑着王朝国家的土地制度与租税制度。此前的研究认为，日本当时的庄园与欧洲的庄园相同，因此使用了"庄园制"这样的称呼。但日本的庄园同时也是行政单位，此外，还存在受"国司"管辖的公领，其面积与庄园相当。因此，现在一般将此称作"庄园公领制"。这一制度中也存在例如领家职、预所职、下司职这样不同等级的职务，它们层层包揽了对庄园与公领的管理。"庄园公领制"也建立在"职位体系"的基础之上，形成了层累的承包制度。如果用图画的形式来说明的话，也可以说，"天皇职"处于这一制度的顶端。

这一点是从天皇所具有的律令制面孔上延伸出来的。上皇（或者说行使"天皇职"的"治天之君"）掌握着废立庄园的权力和实际的政务。庄园公领制的赋税制度也以水田为基础，包括从租庸调，或是从出举的利息和正税转变而来的年贡、公事与夫役。它要求平民百姓对"公"提供服务与缴纳贡物。

在11、12世纪左右庄园公领制得到确立时，与专职业者和非农业群体相关的"神人—供御人制"也得到了确立。当然，并非所有的专职业者都会成为神人与供御人，只有主要的一部分人被赐予了这些称号。上文也已经提到，神人、供御人和寄人都是隶属于神佛和天皇的直属民或"奴婢"，而"神人–供御人制"则是在国家层面将其制度化的结果。

也就是说，从这个角度看，天皇依旧是等同于神佛的"神圣者"。我们可以看到天皇作为"神圣王"的面孔。这个制度建立在向天皇进献贽的"贽人"，以及"神贱"的基础之上。因此，这里也体现出了天皇的两副面孔。天皇一方面处于从律令制演变而来的"官司请负制"与"职位体系"的顶端，将建立在水田基础上的"庄园公领制"作为其统治基础。而另一方面，天皇也与神佛一样，接受着由专职业者献纳的每年最早收获的物产。天皇正是同时带着这两幅面孔步入了中世。

佛教与天皇

不过，与此前不同的一点是，自 9 世纪左右起，宫廷的庆典活动中正式加入了佛教仪式。律令制度原本设立了"僧纲"这一机构来管理僧侣，国家也通过"僧尼令"严格管辖寺院和僧侣。然而在建造大佛的过程中，情况发生了很大变化，甚至连天皇本人也成为"佛的奴婢"。

此外，在天台宗和真言宗传入日本后不久，佛教仪式也进入了宫廷的庆典活动中。到了 10 世纪以后，与神社结合的大寺院在社会中形成了强大的势力。

天皇与神社如何回应这样的佛教势力，近年的研究在这一问题上取得了一定进展。我们有必要首先了解：天皇的权威不仅来自原本就已存在的神明，实际上，从很早的时候起，天皇的权威就与佛教建立起了密切的关系。

自持统朝确定了天皇称号以来，直到江户时代为止，除了两三个个例之外，所有的天皇都采取火葬。圣武朝以后的天皇都采取了佛教的方式，将陵墓安置在泉涌寺等寺院中，也不再建造坟丘。因此，昭和天皇的葬礼和陵墓，实际上只是明治时代以后"复兴"了天皇称号诞生前的古坟时代的做法，如果将此称为"自古以来的传统"，就要贻笑大方了。

关于佛教与天皇的这种密切关系，还有许多细节尚不明确。不过最近的研究表明，自 13 世纪下半叶以来，天皇在即位之时都会举行密教的灌顶仪式，即"即位灌顶"。首位明确举行过这种密教仪式的天皇是伏见天皇。在他之前的天皇应该也举行过类似的仪式。佛教仪式与天皇之间的关系相当紧密，而且也具有重要意义。

天皇的状况自 9 世纪起开始发生变化，而上述内容也是这些变化中的一个重要方面。

日本列岛上曾经存在多个国家

这里涉及一个上文曾提到过的问题：北海道与冲绳暂且不论，以畿内为中心的这个名为"日本"的国家，其权威在 9 世纪以后是否延伸到了东日本？

进入 10 世纪后，东日本（东国）开始出现脱离天皇统治的倾向。10 世纪初发生的"天庆之乱"明确地反映了这一趋势。

天庆之乱是平将门之乱与藤原纯友之乱的总称。虽然藤原纯友与新罗的海盗相互勾结，但他并未建立独立国家。而平将门的叛乱虽然仅持续了不到三个月，但他却驱逐了由王朝国家任命的国司，企图建立新的国家。平将门从八幡神与菅原道真那里获得了"新皇"的称号（意为新的天皇）。他定都下总，在其余的关东七国和伊豆中任命国司，并建立了东国国家。

自此，东国完全脱离了京都王朝的统治，虽然这只持续了很短的一段时间。这个事件很好地体现出，日本列岛上绝不只存在过一个国家，而是曾经存在过多个国家。

虽然存续时间短暂，但平将门曾建立国家的事实却对此后的历史产生了巨大影响。在其政权被镇压后，东国重新受到王朝国家的统治。但自此以后，便形成了让本地势力独立筹集物资，并将这些物资送往都城的制度。

与此同时，在东北地区，安倍氏、清原氏与奥州藤原氏先后建立了独立的政权。有人将它们视为独立的国家。而到了 12 世纪末，随着镰仓幕府的建立，三河、信浓、越后以东的地区就被纳入了镰仓幕府的统治范围之中。

学者们对于镰仓幕府的看法各不相同。有学者认为，镰仓幕府可以算得上是一个独立的国家，是中世国家的一种形态。而另外的学者则认为，镰仓幕府只不过是王朝国家的一个外派机构，是一个负责军事任务的权门。大体上说，东京与九州的学者支持前者，而京都与东北的学者则倾向于后者。

历史上也经常出现这样的现象。如今，每当学术观点发生分歧时，也能见到这种站队现象。关于耶马台国的争论也大抵如此。九州的学者自不必说。东京的学者支持九州说，而京都的学者则支持畿内说。这表明，即使到了现代，地方的历史也还在潜移默化地影响着我们。

总之，在镰仓时代，在东国发生的国界争论由将军裁决，而西国的则由天皇裁决。虽然各国都有守护与国司，他们可以裁定国内发生之事，但发生在国与国边界上的争论只能由权力比国司与守护更大的人裁决。用法制史的话说，只有拥有"领土高权"的人才能够对此做出裁决。在西国，这个人是天皇，而在东国，这个人是将军。

在跨越国界的道路上设立关口的权力，以及承认自由通过关口的权力也是如此。对交通道路的支配权也掌握在拥有统治权的人手上。这一权力同样一分为二，东日本的属于将军，而西日本的属于天皇。法律的情况也是如此。镰仓幕府在"贞永式目"[1]后发布的法令被称为"关东新制"，而京都的王朝发布的法令则被称为"公家新制"。东日本与西日本也独立制定各自的法律。

双方之间当然还是存在一定的联系。但从上述几个方面看，还是可以认为镰仓幕府是一个独立的国家。而且，与王朝国家的立国基础不同，镰仓幕府建立在世俗的主从关系的基础之上。因此，东国基本不存在庄园公领制的"职位体系"，或是神人-供御人制。这些是判定镰仓幕府是独立国家的依据。

而持反对意见的学者则认为，将军是由天皇任命的，这一事实

---

1 即"御成败式目"，是贞永元年（1232）由镰仓幕府的执权北条泰时等人编纂的法令。它将源赖朝以来的习惯法与先例成文化，是日本最早的武家法。

至关重要。镰仓幕府使用的年号也是王朝的年号，其官职体系也是王朝官职体系中的一部分。而且，镰仓幕府也并未制定独立的国号。

除此之外还有其他各种判断依据，不过年号、官职与国号的确很重要。从这个角度看，镰仓幕府的确不具备一个国家应有的资格。不过，幕府曾经几次使用与王朝不同的年号，虽然它并未自己制定年号。官职的情况也是如此。例如，源实朝虽然曾任右大臣，却从未出席过公卿会议。再如，执权[1]虽被任命为右京大夫，却不参与京都的行政事务。因此，虽然在镰仓时代，王朝的官职依旧具有一定价值，但赐给幕府人员的官职基本上都只是空架子。此外，"关东"这个称号所起的作用类似于国号，幕府使用这个称号来表示其与京都的不同，这体现在"关东下知状"或"关东新制"这些词语中。

由此可见，两种观点各有依据。但天皇的统治权的确没有到达东国，这点很重要。而在经历了"蒙古来袭"后，天皇更丧失了对九州的统治权。此外，外交权也掌握在幕府手中。因此，自13世纪下半叶以后的"天皇职"实际上受到了幕府的控制。

天皇家的危机

不过，这里需要强调的一点是，因为二战后的历史学者批判战前与战中的皇国史观，所以教科书中关于镰仓时代的部分基本只讲述武士的历史，通过强调在地领主与武士的作用来反驳皇国史观。

1　执权是镰仓幕府中辅佐将军、统辖政务的官职。北条时政首任此职，而后一直为北条家世袭。

这种做法虽然的确具有深远意义，但也使得镰仓时代以后的天皇与公家的历史研究出现了空白。

如今，这一方面的研究已经取得了许多成果，空白也逐渐得到填补。然而，现在的教科书在叙述完承久之乱中败给幕府的后鸟羽天皇后，还是会直接跳到后醍醐天皇。但事实上，在镰仓时代的王朝国家中，天皇与上皇握有实权。天皇时常亲政，而掌握"天皇职"的"治天之君"在贵族的世界中也拥有极大的发言权。因此，虽然大家常常将摄关政治或院政期[1]称为"天皇不执政的时代"，但这其实是不对的。

上文提到，从镰仓时代到南北朝前期，王朝国家会独立发布法令，这就是所谓的"公家新制"。天皇家与公家至少在西国保有实权。正因如此，幕府才需要逐渐夺取天皇的这些统治权。我们应当充分留意这点。

13世纪下半叶至14世纪，天皇的统治权逐渐被幕府剥夺。决定"天皇职"的权力也落入了幕府手中。此时的天皇制面临着巨大的危机。

这首先是由于幕府这个来自东国的王权逐渐压倒了西国的王朝。其次，西国的王朝本身也经历着巨大变化。它开始无法控制大寺社的势力，而贵族家族的内部分裂也愈演愈烈。天皇家最终分裂成"大觉寺统"与"持明院统"这两个相互对立的系统。天皇家发生了严重的内部危机。不论是对大觉寺统来说，还是对持明院统来说，

1　简言之，摄关政治指辅佐天皇的人独掌大权的政治制度。而院政是另一种政治制度，即由上皇、太上天皇掌握朝政。

这场危机都十分严重。

持明院统的伏见天皇以及在他之前的大觉寺统的龟山天皇，都为了王朝政治的革新做了许多努力。他们的努力甚至到了曾被关东怀疑是否"谋反"的地步。与后醍醐天皇同时代的持明院统的花园上皇也感受到了强烈的危机。他认为，如果天皇无德，就会招致大乱，王朝也会随之"土崩瓦解"。桥本义彦认为这正体现了"革命思想"。我完全赞同这种说法。而不惜以"大乱"做赌注也要克服这一危机的，正是后醍醐天皇。

暂且不论当时的天皇与上皇究竟在多大程度上意识到了引发这一危机的原因，当时的社会状况的确发生了深刻变化。上文也曾提到，神佛和与神佛相关的"神圣者"（即天皇）在此前具有权威，但恰好在这一时期，他们的权威急转直下。

人类社会与自然间关系的巨大变化，不可避免地动摇了神佛和天皇的权威，而天皇家也不得不开始寻找旧有宗教的替代品。当时，花园天皇与后醍醐天皇频繁地将属于"镰仓新佛教"的禅僧与律僧叫到了身边。天皇接近文观这位真言律宗僧侣及其他僧侣的原因也正在于此。

花园天皇与后醍醐天皇之所以对宋学感兴趣，也是出于同样的理由。后醍醐天皇在这个方面表现得甚为大胆。他试图通过天皇的主导有效利用新出现的宗教思想和外来思想，以此克服天皇家所面临的权威危机。

我在《异形的王权》（『異形の王権』，平凡社）这本书中也详细写过，除了上述方面之外，后醍醐天皇还动员了供御人、神人甚至非人，将他们作为军事力量。此外，后醍醐天皇企图控制商业，甚至试图发行货币。他还就全国的庄园和公领的统治问题提出了新方案。

日后的室町幕府将这些方案定为制度。新的征税方式与此前大不相同。例如，征收的税款占从领地收取的年贡与公事等所得的二十分之一。每拥有十町田地，就需要每年服一天劳役。此外，"郡"这个行政单位被赋予了重大意义。

为了将此前的制度全面改革成以天皇为中心、让天皇重获权威的新体制，后醍醐天皇做出了上述种种尝试。然而，这些尝试均以失败告终，天皇家由此迎来了更大的危机。天皇家分裂成南朝与北朝。如果南朝灭亡了，或许天皇家也将不复存在。高师直[1]的军队曾将南朝赶出吉野，将其逼入贺名生。如果幕府一鼓作气消灭了南朝，历史的走向就会被彻底改变。

到了江户时代，当人们开始批判武家时，人们也不认为北朝的权威可以取代幕府的权威。因为北朝的天皇是通过与武家同流合污的方式才得以存续的，所以人们无法肯定它。正因为南朝的存在，天皇才有可能成为对抗武家的权威。如果南朝灭亡了，这将成为不可能。因此，虽然明治天皇是北朝的后代，但他却早早地将南朝奉为正统。

但反过来说，为何室町幕府没能灭亡南朝呢？高师直最终还是停下了脚步，没能做到这一点。这个问题值得深思。

---

1 高师直（？—1351），南北朝时代的武将，初代将军足利尊氏的执事（相当于幕府中央的最高行政官，后改称"管领"）。他在南北朝的动乱中曾攻入吉野山，这使得南朝一方的人员撤退到贺名生（位于现奈良县五条市）。

权威与权力

　　天皇家在足利义满[1]时期迎来了下一次危机。14 世纪下半叶，以九州为据点的后醍醐天皇的儿子怀良，以"日本国王良怀"这个将"怀良"倒过来的称呼，向明朝派遣使节。他接受了明朝的册封，被正式封为"日本国王"。这一时期的九州征西府[2]握有实权。或许怀良正试图在九州建立不同于后醍醐天皇的政权。而面对这样的状况，足利义满焦急万分。

　　于是，义满将今川了俊派往九州，让他一方面从军事上打击怀良，另一方面积极推进对明外交。明朝只接受带来"表"这种文书（也就是"上表"）的使节，而"良怀"也是因为上表服从，所以得到了"日本国王"的封号。但义满因受到周围公家的牵制而很难这样做。不过众所周知，义满还是力排众议，向明朝皇帝献上了署名为"臣源道义"的表文，以此表达对明朝皇帝的臣属，并被册封为日本国王。

　　换句话说，在此之后，除了义持的时期外，被冠以"日本国王"称号的室町将军家成为"日本"这个国家的代表。

　　实际上，在此之前，义满也已与南朝讲和，并将其吸纳进北朝之中。义满正是由于完全掌握了"天皇职"与"治天之君"的实权，才得以完成上述事项。义满让儿子义持继承将军之位，并试图让另

1　足利义满（1358—1408），室町幕府第三代将军。他在 1392 年完成了南北朝统一，控制实力雄厚的守护大名，确立了幕府的权威。

2　怀良作为"征西将军"在九州转战时，在各地设立的据点。

一个儿子义嗣成为天皇，让自己成为太上天皇。如果义满活得更久一些，这个设想或许会成为现实。事实上，在义满去世时，公卿们也的确想为他奉上太上天皇的称号。但义满的儿子义持却拒绝了。义持还切断了日本与明朝之间的关系。因此，最终并未发生天皇家族成员以外的人成为天皇之事。最近，今谷明写了《室町的王权》(『室町の王権』，中央公論新社) 这本很有趣的书，其中介绍了这段政治史和义满的活动。感兴趣的读者不妨找来一读。

到了织田信长时期，天皇家又一次面临危机。

从基督教传教士的记录中可以看出，织田信长想让自己成为神。虽然天皇赐予他右大臣的官职，但他很快就将其奉还。信长不想借助官职，而是想在自由的地方建立起新的政权。他干劲十足。如果信长能活得更久一些，事态将如何发展，我们不得而知。但这样的气势最终因本能寺之变而不得不中断。下一个掌权者丰臣秀吉采取的反倒是与天皇联合、继承自律令国家以来的"日本国"的方案。

那么，为何义满之后的义持、信长之后的秀吉都做出了这样的选择，并且这些结果最终被固定下来了呢? 这一问题与"为何天皇家会延续到现在? "这一问题有关。如前所述，一向宗与基督教都受到世俗权力的镇压，一神教并未在日本社会中扎根。上述问题也与此有关。日本人至今还对神明保有信仰 (这也可以被称为自然信仰)，而我们也需要深入讨论日本人的这种心理特征。

不过，值得注意的一点是，自后醍醐天皇以后，天皇家几乎不再掌握政治实权。"天皇职"在 14 世纪末遭到了足利义满的剥夺。但天皇家也并未坐以待毙。后圆融天皇就是一个例子。他是南北朝统一时在位的后小松天皇的前一任天皇。在后圆融天皇成为上皇后，天皇手上的最后一点权力，即京都的行政权，都彻底被幕府剥夺。

例如，幕府掌握了酒坊和土仓的征税权。但与此同时，后圆融上皇却出现了异常行为。他怀疑自己后宫的"上臈女房"[1]与义满私通，于是在宫殿内用刀背殴打她的头部，造成了流血事件。天皇在宫殿内将女官的头部殴打至出血，是史无前例的。这在当时引发了一场大骚动。后圆融上皇也对此感到苦恼，还说要到丹波的山国庄切腹自尽。

虽然这与后圆融上皇的特异性格不无关系，但这样的行动也是因上皇对幕府所施加的压力感到焦虑所致。在此后的战国时代与江户时代，天皇也并未对幕府唯命是从。后水尾天皇是一个大家比较熟悉的例子[2]。除此之外，其他的例子还需日后调查。

15 世纪以后的天皇在形式上还拥有授予官位的权力，这一直持续到江户时代。江户时代的天皇也会发布"位记"与"口宣案"。年号的情况也是如此，虽然年号实际由幕府制定，但形式上却是由天皇决定的。因此，虽然情况很有限，但天皇还是掌握了一些权力，而不是只拥有权威。如果事实不是如此，明治以后的天皇制度也无法诞生。上文也对此有所论述。虽然经常有人提出"天皇不执政论"，但这种说法缺乏根据。

1　身份较高的女官。
2　这里指的应该是江户时代初期的"紫衣事件"。

大转换期

但15世纪以后，尤其是在江户时代，日本社会的权威构造究竟是何种模样，我们对此还不甚明了。佛教与神道没有特殊的支配地位，而基督教自然也被彻底禁止。或许可以说，这一时期不存在宗教权威。儒学虽然很重要，但它也未必完全渗透进了庶民之中。天皇当然依旧存在，但他对于社会究竟产生了何种影响，这点尚不明确。

有一种思路是，或许可以换个角度考虑，认为江户时代的权威构造与明治以后的权威构造之间存在许多共同点。也就是说，虽然从制度上看，天皇的地位发生了巨大变化，但后一个时代的权威结构与社会状态却继承了前一个时代的特点。如果我们从这个角度来思考问题，就会发现此前被忽略的地方。

对于这个问题，我只是个门外汉，只能提出一些朴素的看法。然而，虽然在制度方面，江户时代与明治以后的情况截然不同，但村与町的状况与受歧视人群等问题的状况发生了多大程度的变化，这一问题值得我们重新思考。

如此一来，寻找明治以后与江户时代之间的权威构造的共同点就具备了一定意义。这个暂且不论，让我们再回到"江户时代的社会如何理解天皇？"这个问题上。与这一时期的权威构造相关的一个重点是，上文提到的"公"的概念在庶民中根深蒂固。

庶民认为，年贡与劳役是对"公"应尽的义务，而百姓一揆[1]也

---

1 即武装起义。

从未试图废除年贡本身。当然，如果朝廷或幕府无法尽到"公"的职责，百姓就可以拒绝年贡或劳役，这样的观念潜藏在百姓的意识中。正是这种"公意识"支撑着将军、大名的统治，也支撑着天皇的存续。

第一章中提到的文字问题，以及上文提到过的名字与氏名的相关问题也支撑着这种"公意识"。顺便提一下，在江户时代，百姓普遍将律令制的官职名称用于名字与称呼。例如左卫门、右卫门、兵卫、右近、左近、左京、右京、太夫等，这些都来源于官职名称。之前我和一个人谈起这个现象，此人说道："这么看来全日本的人都是保安呢！"百姓将官职名称用作别名与称呼的现象出现于镰仓时代后期，而到了江户时代，这种现象则遍及全国。有的百姓也会以"四位""五位"等自称。这一时期的百姓不以本名自称，所以这些都是别名，这也与"公意识"存在一定关系。

此外，许多专职业者的职业起源传说都呈现出"贵种流离传说"的形式，这些传说将职业的起源追溯到天皇。例如，铸物师将其职业的起源追溯到近卫天皇，木地屋[1]将其起源追溯到惟乔亲王，受歧视群体将其起源追溯到醍醐天皇，而游女则将其起源追溯到光孝天皇。这类与天皇挂钩的职业传说广为流传。这些专职业者起先是赞人或神贱，后来则演变为直属于天皇或神明的神人或供御人。在这一变化中，各种职业诞生了。而这一变化最终转化为传说。到了江户时代，专职业者以这些传说为背景，继续保持着与公家的联系。

这样的意识也存在于社会中。此外，社会上还广泛流传着与南

---

1 即使用旋床制造木碗、木盆等木质器皿的手艺匠人。

朝天皇和皇子相关的传说。我们有必要留意这些问题。

由此可见，虽然有很多问题尚待解决，但我们如何理解天皇的问题，也与我们如何理解现代社会这一问题密不可分。

这还与我们如何在历史时代划分中定位"现代"这一问题有关。在从社会结构角度进行的时代划分中（即古代—中世—近世—近代的时代划分），"现代"应该被视为明治以后的近代的延续吗？还是说，"现代"应该被视为二战后重新开始的、与近代社会不同的新社会？如果我们采用的定位不同，那么我们对于"现代"的认识也会大不相同。

二战后的历史学界普遍重视战败与新宪法，因此大多采纳上述的第二种定位。但或许因为我对于战前的社会多少有些了解，所以我反而认为，现代是明治以后的近代社会的一个阶段，而现在也是其中的一个阶段。

让我们再回到古代的情况。10 世纪发生了一场巨变。这场巨变并非来自外部，而是因为律令制度在此时发生了根本变化（上文也提到了这点）。因此，一般认为，古代结束于 12 世纪左右。

中世持续到了 16 世纪，其中包括南北朝的动乱期。而在近世（也就是江户时代），元禄、享保时期是一个重要的分水岭。战败对于近代社会的意义大概类似于元禄、享保时期对于近世社会的意义。如果把现代比作江户时代，那么现在大概处于田沼时代[1]至文化、文政[2]时期的阶段。

1　田沼意次主导幕府的时代，约 1767—1786 年。
2　文化、文政为天皇年号，约 1804—1829 年。

社会结构一般经历确立期、发展期、停滞期与崩溃期这几个阶段。而现代早已过了近代社会的发展期。这种角度也是认识现代的一个方法。

此外，我个人还认为，我们也可以从文明与民族发展的角度来进行时代划分。这样一来，现代正处在一个重大转换期中。与其说现代正处于权力性质发生变化的时期，倒不如说实际上是处于权威的转换期。

例如，形成于14、15世纪室町时代的村与町，如今正在经历巨变、濒临崩溃。人们的思想也在发生着变化。例如，人们对于疾病的理解，以及对待动物的方式，都与以往有所不同。人与自然的关系在世界范围内都发生了大规模变化，而日本社会的情况也是如此。正如我在本书的开头部分所说，如今的日本社会正在经历自14世纪的巨变以来的最大转换期。

如此想来，不论从社会结构发展的角度看，还是从民族与文明发展的角度看，现代都处在一个重大转换期。而天皇也不得不直面这一转换。或许在克服这两个转换期的过程中，天皇就会在不久的将来因日本人的决定而消失。

如果天皇真的消失了，那么我们也必须重新讨论日本这个国号。到那时，我们也需要直面"日本"这个国家本身。我们需要冷静且理性地思考拥有悠久历史的天皇应当何去何从，而"日本"又应该走向何方。无论如何，我们都需要找到克服转换期难题的最优解。这正是年轻人值得为之努力的方向。

为了以和平手段实现人类社会的自由与平等，我们这些生活在现代的日本人应该做些什么，可以做些什么，上述问题也与此密切

相关。最后，比起我在这里讲述的日本列岛社会的历史来说更重要
的是，我衷心希望，年轻人应当树立起深刻且正确的历史观，并且
直面上述问题。

后　记

　　很久以前就有许多人对我说，应该坦率地将自己的想法告诉年轻人。而我收到"筑摩入门丛书"的约稿，也已经是三年多以前的事了。

　　然而，虽然现在在短期大学任教的我经常通过平时的授课接触年轻人，但实际上，似乎很少有学生真的在认真倾听我所讲授的内容。在极少数的情况下，也有学生会在授课结束后告诉我，自己听到了与高中历史课不一样的内容，因此觉得非常有趣。正因如此，我才会想为年轻人写下这样一本书。

　　如果有人能在读了这本书后，多少增加了对历史的兴趣，或是多少感受到了历史与当今生活之间的密切关系，即使这样的人为数不多，我也会感到莫大的幸福。同时，我也欢迎读者对本书提出指正。这些批评与感想会为我提供动力，让我在将来一步一个脚印，更加努力地写出通俗易懂且扎实的作品。

　　这本书给了我机会，让我与筑摩书房的各位工作人员进行了五次谈话，我根据这些谈话对稿件做了大规模修改。除此之外，在编

辑与插图等方面也承蒙筑摩书房的关照。我在此衷心地对筑摩书房
的各位表示感谢。

1990 年 10 月 7 日

网野善彦

第二部分

续·重新解读日本历史

前　言

　　最近，"何为日本人"这一问题在国内外引发了广泛讨论。例如，澳大利亚国立大学于 1993 年 9 月在澳大利亚堪培拉主办了题为"铠、帆、锄"的国际会议。除了澳大利亚学者，许多来自加拿大、英国、印度尼西亚、韩国、美国与日本的学者也参加了这一会议。来自各个领域的 40 余人参会，其中也包括马克思主义者、左翼学者，以及国际日本文化研究中心的研究者。大家围绕日本人的身份认同问题展开了激烈的讨论。

　　我不懂英语，所以是用日语做的报告，也不太知道当时讨论了什么问题。不过，报告首先从人类学与考古学领域开始，最后讨论的是日军的从军慰安妇问题。讨论涉及了很多方面，尤其是日军的强暴问题在当时引发了激烈讨论。

　　实际上，从分配给我的"天皇、米、百姓"这样的题目可以看出，欧美人关心的是"与自己不同的日本人究竟在哪里与自己不同"这样的问题。相反，印尼与韩国的学者则强烈谴责日军的从军慰安妇与强暴等暴虐行为，以及隐藏在这些行为背后的日本人的阴暗面。

因此，这个会议使我受到了很多启发。

　　著名法国历史杂志《年鉴》也在 1995 年首次刊发了日本史特集。总之，外国对于日本人有着很大兴趣。从这个角度看，我们自己也是时候好好思考"何为日本人"这个问题了。如今向我们投来的这些紧张的质问是前所未有的。然而，最近我深刻地感受到，虽然处在这种状况下，但日本人未必对于自己的历史与社会有正确的理解。

　　当然，日本人对于自己社会与历史的看法也或多或少发生了变化。这也能从上述澳大利亚国际会议的讨论中明显感受到。但在一般日本人中，至今占据主导地位的还是下述看法：日本是个岛国，日本社会也是孤立于周边地区的封闭社会。因此，一方面，日本较少受到他国影响，这使它孕育出了独特的文化；而另一方面，外国人也很难理解日本文化。从这个角度看，日本社会十分特殊。

　　此外，以水田为中心的农业支撑着日本文化。自弥生文化进入日本列岛以来，直至江户时代，日本社会基本上是农业社会。日本要等到明治以后才进入工业社会，或者说，要等到高度成长期之后才真正进入了工业社会。

　　日本人生活在这一岛国之上，因此拥有统一的语言与文化。而日本社会也是以水田为中心的农业社会。日本人以大米为主食，并逐渐形成了独特的文化。上述看法不仅存在于普通日本人中间，而且从明治时期至今的政治活动也是建立在上述对日本社会的基础认识之上。经济政策也是如此。而像历史学、经济学与政治学这样研究人的学问也未能跳脱上述这个巨大的常识框架。

　　然而，关于日本社会的上述认识真的是正确的吗？我一直以来都对此心存疑虑，也通过各种渠道表达了意见。因此，我想通过几个问题重新思考日本社会。

　　首先，我想从"日本社会是否真的是农业社会"这个问题开始
谈起。

第一章

日本是农业社会吗？

百姓是农民吗？

许多日本人认为，日本社会至少到江户时代为止一直都是一个农业社会。让我们先来看看高中的日本史教科书。广为使用的山川出版社《详说日本史》在江户时代的开头部分写道："在封建社会中，农业是生产活动的中心，农民原则上过着自给自足的生活。"而东京书籍出版的《新订日本史》在提到农民的生活时也说："当时的农业多以村为单位，人们过着自给自足的生活。"这种说法的前提是，农民在当时的人口中占压倒性多数。为了证明此点，两本教科书都引用了下述饼状图。

这是秋田（久保田）藩在接近幕末的嘉永二年（1849）的人口身份结构饼状图。在总计 37.2 万多人的人口中，农民占据了总人口的76.4%，町人[1] 占 7.5%，武士占 9.8%，神官或僧侣占 1.9%，杂业占

---

1 日本近世居住在都市的工商业者。身份低于武士、农民，但也有人以经济实力为后盾，获得了很大发言权，成为日本近世都市文化的中坚力量。

秋田（久保田）藩的身份结构

	人	%
武士	36,453	9.8
百姓	284,384	76.4
町人	27,852	7.5
神职人员、寺院、修验者	7,256	1.9
杂业	15,720	4.2
秽多、非人	489	0.1
总计	372,154	100.0（原文照引）

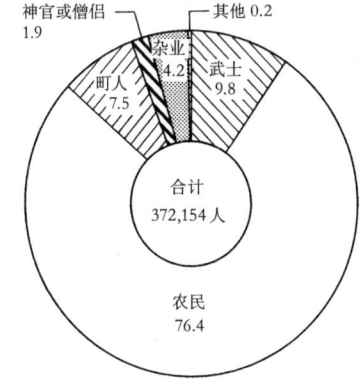

关山直太郎《近世日本的人口构造》中的表格　　　　　《详说日本史》中的饼状图

4.2%。如果只看这个饼状图，就会认为，就算到了接近幕末的时期，农民依旧明显占据秋田藩人口的大多数。

尾藤正英最近出版了《何为江户时代》（『江戸時代とは何か』，岩波書店）这本很有意思的书。在这本书中，尾藤的论述也是以"农民在江户时代的社会中占据总人口的80%至90%"为前提的。就算是尾藤这样优秀的近世史学者也持有这种看法，可见这的确广泛存在于日本人的观念之中。

这个饼状图完全没有提到海民与山民，而就算加上从事杂业之人，工商业从业者的人数也不过占据总人口的10%左右。依照这个饼状图，的确会认为江户时代的日本社会是个非农业因素占比很低的社会。这些教科书中也很少提到渔业、盐业与林业。因此，大学的入学考试很难将渔业、盐业与林业等作为考题。一定要出题的话，也只能把想要学生回答的部分全部写上，并故意将没有关系的地方留作空白，对学生进行提问。通过这种方式，让学生明白渔业、盐业与林业的问题也很重要。因为根据这个饼状图，这些从业者的人数实在过少，所以只能采取这种办法。

但认真看过这个饼状图，就会产生一个疑问：秋田藩真的没有渔民、回船人[1]或山民吗？我觉得这里可能有点问题，于是买来了饼状图的数据来源，也就是关山直太郎的《近世日本的人口构造》（『近世日本の人口構造』，吉川弘文館）。虽然关山制作的表格的百分比与饼状图的百分比一致，但饼状图中"农民76.4%"的地方却对应关山表格中的"百姓76.4%"。由此可见，饼状图将百姓理解为农民。

日本人普遍认为，"百姓"指的是农民。这个饼状图的制作者在制作此图时也是这样理解的。但百姓真的等同于农民吗？如果考虑到"百姓"这个词原本就没有"农"的意思，就会发现这样的常识实际上毫无根据。

实际上，百姓绝不等同于农民，百姓也包括许多主要从事农业以外工作的人（即非农业民）。如此一来，我们就会看到一个同此前的常识完全不同的社会。我自己也是直到七八年前才明白这个道理。因此，就让我们先来谈谈这个问题。

不过，促使我开始思考这个问题的契机是由神奈川大学日本常民文化研究所带头进行的关于奥能登[2]与时国家的调查，该调查约

1 "回船"指从事日本国内沿岸物资运输的货船，随着商品流通的活跃而发展。进入江户时代后，回船开始在江户、大阪这两大中央市场与连接各地的全国航线上航行。
2 指能登半岛的最北部地区，属石川县。

开始于十年前。我想通过此调查来讨论这个问题。

奥能登的时国家

时国家现在分为上、下两家。我大约在十年前拜访了上时国家。当时是为了商谈日本常民文化研究所在三十多年前从上时国家借出的古文书的返还问题。但当时上时国家的夫人反而跟我说，仓库里似乎还有别的古文书，如果时间与人手充裕的话，希望可以再对仓库进行一次调查。

因此，我与当时神奈川大学的研究生等青年研究者一起对上时国家的仓库做了一次彻底调查。我们发现了近万份江户时代的文书。如果算上明治、大正时期的文书，总量就达到了数万份。与此同时，我们也调查了下时国家，同样在那里发现了文书。

因为我们研究所不合情理地将上时国家的文书拖延了三十年没有返还，所以我们决定好好整理新发现的文书。因此我们在夏季与秋季两次前往上、下时国家，对文书进行了整理。此外，我们还将调查的视野扩大到整个奥能登地区。该调查到目前为止持续了十年。

我们一边推进文书整理工作，一边与青年研究者一同召开时国家文书研究会。在这一过程中，我们清楚地认识到，"百姓等于农民"的常识实际上是不对的。下文谈及的内容是这个研究会的共同成果。

如今的下时国家位于町野川下游，而上时国家位于上游。但实际上，这两家原本是一家。出于种种原因，时国家在宽永十一年（1634）分为土方家领时国家（即上时国家）与前田家领时国家（即下时国家），这一状况延续至今。上时国家建造于天保二年（1831），

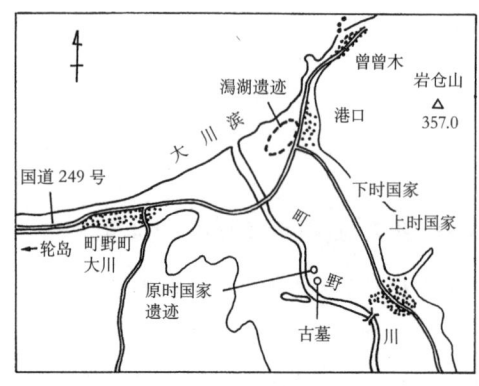

上下时国家

应该是规模最大的日本民宅。下时国家的规模较小。不过根据我们的调查，它的建造年代比上时国家要早上两百年，前者建于宽永十一年。因此，在已知建造年代的民宅中，它是历史最悠久的民宅之一。

现在来到这里，会看到矗立在山脚下的两幢巨大民宅。它们离町野川稍有一点距离，相互之间也隔着一定距离。在面朝町野川的一边，还有大片水田。因此，此前人们一般认为，他们是势力很大的农家，即富农之家。

此外，"时国"这个姓本身也带有中世"名田"的痕迹。中世的名田多被冠以"贞国""贞时""时贞"这样两个字的名字。时国家的姓也来源于中世以"时国"为名的名田。因此，此前的研究认为，时国家保留了中世名田经营的痕迹，是具有浓厚中世色彩的奥能登的代表。

实际上，在江户时代初期两家分立前，时国家拥有两百人左右的下人。此前的研究认为，下人类似于奴隶或农奴。时国家役使这些带有依附性质的人，经营着多达几十町步[1]的大农田，进行着大规模的劳动经营。宫本常一在二战结束后不久就调查了时国家。他以

---

1 1町步约为9,918平方米。

下时国家

上时国家

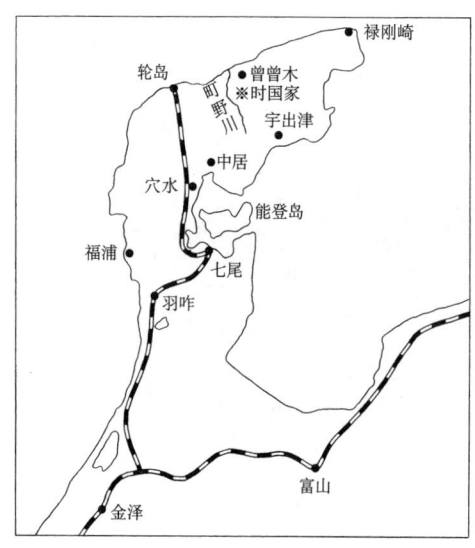

能登半岛

敏锐的观察力揭示了时国家的部分实际状况。但他最终还是认为，时国家保留了中世大规模劳动经营的痕迹。有的学者还认为，它体现了父权制大农奴主的经营形态。

但在一字一句逐份阅读并研究了日本常民文化研究所出版的《奥能登时国家文书》后就会立刻发现，这样的认识完全错误。

首先，时国家自江户初期以前起就拥有大船。由元和五年（1619）的文书可知，大船经营着松前、佐渡、敦贺与位于琵琶湖另一端的近江大津、京都、大阪之间的贸易。时国家的船从很早的时候起，就经营着将海带等物产从松前卖到京都与大阪的事业。而且，时国家还拥有两三艘以上这样的船。

那么，这些船又将什么物资从能登运往松前呢？首先，时国家在海岸拥有许多盐田，从事着制盐工作。江户初期的文书显示，这些盐被运往出羽的能代与越后的新潟。因此可以认为，盐是一种被卖往北方的商品。此外，时国家背靠山林，木材资源丰富，因此烧制了大量木炭。可以推测，盐与木炭是能登的出口商品。

在位于能登半岛海湾的"宇出津"这个宁静的优良港口，时国

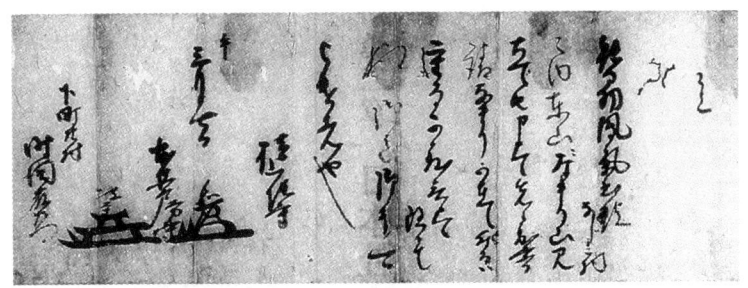

时国藤左卫门向前田家提出的申请书，希望能够开采铅矿（时国健太郎家藏）

家同时还从町买入了一幢带有"涧"这种船只出入设施的房屋。分家前的时国家拥有占地面积约三百坪[1]的大房子，它矗立于町野川沿岸，而河口处的潟湖则被用作港口。即使到了现在，那里还被称作"港"。像这样，时国家以这个"港"和宇出津的"涧"为据点，经营着大规模的回船贸易。前田家还免除了这些船的部分租税与劳役。由此可见，时国家无论如何也不只是富农。

其次，时国家还于元和四年（1618），在附近的南志村的山后发现了铅。时国家因此向前田家提出申请，希望开采铅矿。虽然我们不清楚矿山最终被经营得如何，但我们可以知道，时国家曾试图参与矿山经营。

此外，自中世末期以来，时国家还在名为"町野庄"的庄园靠近港口的地方拥有一个仓库。他们管理着年贡米或盐等物资的进出。大名的代官会对时国家下达命令，让其从仓库中拿出一定量的米与盐，而收到这类命令的时国家则根据自己的判断拿出相应物品。因

1　坪是面积单位，1 坪约为 3.306 平方米。

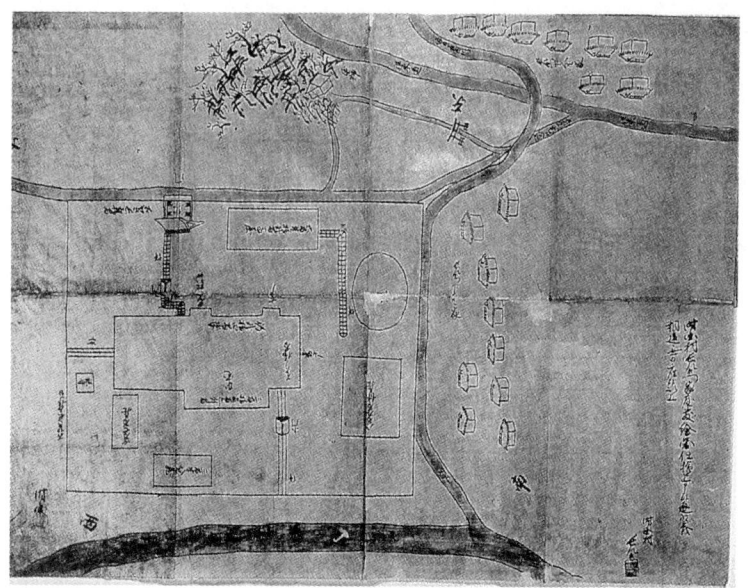

时国村长左卫门住宅平面图（时国健太郎家藏）

此，自江户初期起，时国家就担任着"藏元"[1]的职务。他们调用寄存在仓库中的米与盐等物资，从事金融活动。

时国家的身份并非武士，而是百姓，他们拥有相当于三百石石高[2]的田地。分家后，上时国家拿了两百石，下时国家拿了一百石。虽然时国家一分为二，但它依旧进行着大规模的农业经营。

但另一方面，通过这几年的研究，我们了解到，时国家还拥有大船，他们通过北至北海道的日本海海上交通路线积极经营着回

船贸易。他们还经营制盐、制炭、林木和矿山等方面的事业。此外，他们也担任藏元的职务，从事着金融活动。

由此可见，我们不能将时国家单纯视为役使农奴的大农场经营者。这是一种误解，农业活动只是他们诸多活动中的一种。那么，应该用什么样的学术词汇来描述时国家的性质呢？实际上，目前的学界还没有准确描述这种状况的词语。如果硬要说的话，或许可以用笼统的说法加以描述，例如"具有企业家精神并从事多种经营的家族"或是"涉及各个方面的企业家"。这就是上、下时国家的真实状况。

经营回船的百姓与头振（水吞）

然而，随着研究的进一步深入，我们发现了更惊人的事实。

江户初期，町野川河口的港口活动着一位被称为"柴草屋"的回船商人，他与时国家关系密切，并互为姻亲。战国末期，海湾的小屋中也曾有过"柴草屋"，这位回船商人的家名或许来源于此。他拥有两三艘大船，从事着日本海的回船贸易。时国家曾在江户初期向柴草屋借过一百两黄金。既然柴草屋有能力筹集这么多资金，他应该是位富裕的回船商人。宫本常一也曾关注过柴草屋。

不过，读了江户前期的文书后，我们发现这位柴草屋的身份是"头振"。在加贺、能登、越中的前田家领地中，没有石高（即"无高"）的百姓被称为"头振"。但在能登的幕府直辖地，头振也被称为"水吞"。因此头振指的是水吞，而柴草屋的身份就是水吞。

水吞在不同地区有不同的名称，例如门男、间胁、无缘、杂家等。在江户时代，没有石高（石高是征收年贡的标准）的人被称为水吞，也就是说，他们没有用以征收年贡的田地。教科书中一般将他们定义为贫苦的农民或佃户。在此之前，我自己对于水吞的认识也仅限于此。

然而，我们发现了像柴草屋这样财力雄厚的回船商人，他能够将巨额金钱借给时国家，但他的身份却是头振／水吞。当时，研究会的七八位参与者一开始都感到难以置信，但大家立刻又恍然大悟。柴草屋的确没有土地，因此他是水吞。但他并不是没有土地的贫苦农民。相反，他根本没有必要拥有土地。

柴草屋专门经营回船与商业，财力雄厚。他根本没有必要拥有土地。通过这个例子，我们可以明确知道，包括柴草屋这样的人在内，江户时代的制度将所有没有石高的人都视为水吞或头振。

再举一个类似的例子。在两三年前进行调查的时候，我们在上时国家隔扇的裱糊底层纸中，发现了一份由町野川右岸的沿海聚落"曾曾木"的百姓圆次郎提交的申请书。这份文书提到，圆次郎的父亲原本专门经营船运生意。他在某天与水手们一同乘船前往松前，或许遇上了海难，好几年过去了都没有回来。留在本地的儿子圆次郎要照顾母亲和年幼的弟弟，生活困苦。尤其是父亲还从许多人那里借了钱，因此讨债者催债不断，这令他们原本困苦的生活雪上加霜。

这里值得注意的是，这些债主包括出羽庄内的越后屋长次郎、若狭小滨的纸屋长左卫门、能登轮岛的板屋长兵卫等批发商，也包括同在曾曾木的三郎兵卫。他们将大笔钱款借给圆次郎的父亲。其父以此为资本，在日本海展开大范围的商业活动，与各地的批发商做交易。债主不留情面地催缴这些借款，圆次郎的生活因此无以为

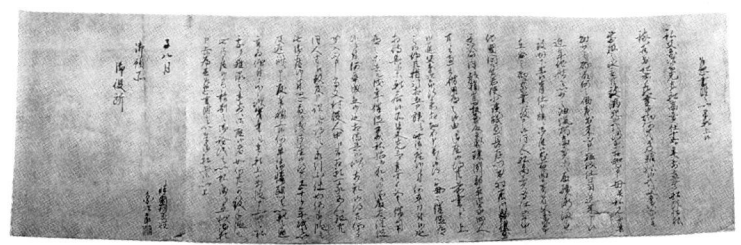

百姓圆次郎的申请书（时国健太郎家藏）

继。圆次郎好不容易才通过出售蜡或油等物品维持生活，所以，他希望分五十年偿还债务。由此，圆次郎向代官提交了这份申请书。这份文书的内容耐人寻味。

在此之前，人们认为曾曾木不过是一个只会制盐的贫穷村庄。但通过这份文书，我们了解到，这里曾有一位百姓乘坐大船（虽然未必是"北前船"[1]），在日本海的各个港口城市进行贸易活动，甚至也从事前往松前的回船贸易。这十分有趣。

那年夏天碰巧来了四五位报社记者。我负责向各位记者介绍这份文书。不过，记者一开始就抱有疑问：为何"百姓"会去往松前呢？这是在问为何"百姓"——也就是"农民"会前往松前。我解释道，这里的"百姓"并非农民，而是正如文书中所写，指的是从事船运贸易的回船人。但记者们似乎难以信服，并产生了"为何船运商人会被称为百姓"等等疑问。我花了将近两个小时解释这些问题。

其中，《北国新闻》的记者相当尽心。这位记者不仅多次打电话

1　江户时代至明治时期，往返于大阪与北海道之间、积极参与日本海海运的商船。

询问细节，还让我阅读写好的报道以确认是否有误，所以我觉得最后的报道应该会很精彩。不过，令我感到惊讶的是，我在那时第一次得知，大众媒体上是不能直接使用"百姓"这个词的，因为这是一个带有歧视性质的词语。

总之，预感会看到有趣的报道，我在第二天清早充满期待地打开了报纸。但我看到的标题竟是"农民也进军船运贸易"。两小时的艰苦战斗与多次电话联系的努力终究化为泡影。不过，报道的内容写得很认真，但报社编辑可能还是认为那样写的话读者就会看不懂。但这个标题明显不对。我觉得至少也应该写成"'百姓'也进军船运贸易"。

其他的报纸则以"能登的百姓活跃于日本海"，或"江户时代奥能登的农户也参与海运事业"为题。由此我才深切体会到，"百姓等于农民"这一意识是如何根深蒂固地存在于我们的观念之中。最夸张的是，一位资深记者只花了三十分钟左右听我介绍。他在说了"哦，这样的事确实很常见"云云后就回去了。最后，这个人竟然写出了"吃不上饭的曾曾木农民圆次郎前往松前打工"这样的内容。我们对此大笑不止。不过，这么多人之所以会犯下如此重大的错误，归根到底还是因为"百姓等于农民"的意识过于根深蒂固了。

被算作村的城市

在那以后，我便开始有意识地研究富裕的"水吞"与不从事农业工作的百姓。一同与我参加时国家调查的迹见学园女子大学的泉雅博写了一篇论文，这篇论文调查了享保二十年（1735）前田家在凤至、珠洲两郡所领有的村庄中，记录百姓与头振（水吞）的户数、一村的石高与税率的史料，由此计算了两郡各村中头振的整体户数比例。[1]

这篇论文得出了有趣的结论：奥能登的最大城市轮岛（河井町、凤至町村）共有 621 户人家，因此是一个约有数千人口的大城市，而其中 71% 户是头振。剩下 29% 的百姓平均拥有不过四五石的石高，相当于拥有约四五反[2] 田地。此外，海湾城市宇出津（时国家在此拥有港口与房屋）也是一个大城市，其中总共生活着 433 户人家，头振（水吞）所占比例高达 76%。

统计数据显示，除了像轮岛或宇出津这样的沿海城市，在饭田、甲、波并这些人口集中且带有城市性质的聚落中，头振的比例也相当高。如果依照此前的理解，认为百姓是农民、水吞是贫农，那么轮岛就成了极度贫穷的村庄。因为其中不仅生活着只拥有四五反田地的 29% 的百姓，还有着 71% 的水吞百姓。宇出津甚至更为贫穷。由此可以明显看出，此前的常识完全错误。

在占据轮岛总人口 71% 的头振（水吞）中，有许多制作漆器或素面的手艺人和贩卖这些物资的大商人，以及拥有北前船的回船人，等等。轮岛的百姓中也有许多富裕的商人。如前所述，在轮岛的头振（水吞）中，许多人并非没有土地，而是根本没有必要拥有土地。因此，此前我们将百姓理解为农民、将水吞理解为贫农，犯下了严

1　泉雅博：《近世北陆无高民的存在形态——关于头振》（『近世北陸における無高民の
　　存在形態－頭振について－』），《史学杂志》101 编 1 号。
2　反是田地与山林的面积单位，1 反相当于 991.7 平方米。

能登国凤至、珠洲两郡的各村中，头振（水吞）占总体户数的比例

村名	总户数	百姓	头振	头振比例（%）	村的石高（石）	定免[1]（%）	村的石高/总户数（石）
河井町凤至町村	621家，其他59家无名目	183	438	71	823	88	1.210
宇出津村	433	104	329	76	540	83	1.247
皆月村	263	144	119	45	141	81	0.536
饭田村	223	157	66	30	383	70	1.717
中居村	190	110	80	42	342	79	1.800
松波村	184	120	64	35	901	58	4.897
中居南村	174	90	84	48	255	70	1.466
小木村	157	106	51	32	142	74	0.904
剑地村	138	67	71	51	122	80	0.884
宇出津山分村	124	82	42	34	400	46	3.226
道下村	121	70	51	42	382	65	3.157
鹈饲村	117	76	41	35	460	55	3.932
甲村	114	36	78	68	552	50	4.842
名舟村	108	57	51	47	222	70	2.056
波并村	108	33	75	69	280	65	2.593
鹿矶村	105	38	67	64	31	72	0.295

（参考泉雅博制作的表格）

---

1 江户时代的征税法之一，固定年贡米数额，在一定期间内不论丰歉均须缴纳。享保改革中得到实施，后普及全国。

重错误。

　　我在开头部分也曾提到，当我们前往奥能登时，原以为能登是个田地稀少、贫穷困苦的地方。例如"千枚田"这一著名景观，就是将各个面积很小的水田一层层地像阶梯一样往山上叠。这样的景观会让人觉得能登田地贫乏。奥能登的人自己也觉得这里山多地少，因无法扩展田地而十分贫苦。因此我们也如此认为。

千枚田（《彩色加贺能登路的魅力》淡交社）

　　奥能登还是流放地。据说时国家正是曾自恃"非平家之人皆非人"的平家的后代，其先祖是平家灭亡后被流放到能登的平时忠。我们一开始认为奥能登是偏僻落后之地，因此才保留了中世名田的经营形态，也保留了役使多达两百人的下人或奴隶的古老的农业经营形态。不过，在得知这一印象是错误的之后，我们完全改变了对奥能登的理解。

　　直至江户时代，奥能登都拥有许多港口城市与都市，许多从事日本海贸易的回船商人活跃于此。此地在经济方面也十分富足，甚至可以称得上是日本为数不多的富裕之地。通过奥能登的调查，我们对此地的印象大为改观。

　　不过我认为，这种印象的改变不应仅局限于能登一地。这一改观可以推及整个日本列岛社会。一次，我向近世史领域的专家介绍

奥能登的事例，他听到后立刻说，"奥能登应该是个例外"。但在
进行了粗略调查后，连我这个近世史的门外汉也发现了几个类似的
例子。

例如，面向濑户内海的山口县上关（也就是中世时设立"灶户
关"[1]的地方）作为一座港口城市，自中世以来不断发展。幸运的是，
此地的百姓户数被明确地记录在案。上关分为"地方"与"浦方"
两处。浦方是面向海边的聚落，而地方则稍微靠近内陆。

根据制作于江户末期的《防长风土注进案》，在地方的 36 家百
姓中，农人仅有 19 家，而商人则有 10 家，回船问屋[2]有 5 家，铁匠铺
与渔民各有一家。而在浦方的 88 家百姓中，农人仅有 12 家，占比
13.6%。商人有 54 家，此外还有船主与乘船外出打工之人，以及造
船木工、染坊（绀屋）、豆腐店等。

这一地区将水吞称作"门男"。地方有 135 家门男，其中包括
98 家农人、20 家商人，此外还有造船木工、制桶工人、刷墙工人
等。浦方有 178 家门男，没有农人，有 68 家商人，18 家船主，此
外还有造房木工、造船木工、铁匠、制桶工人、染坊、制作榻榻米
的工人等城市人口。

以上就是上关的人口结构。由此可见，农民在百姓中占少数，
而商人、船主、工匠的人数反而多出许多。此地的门男与奥能登的
头振（水吞）基本相同，非农业民占据绝大多数，许多门男也很富
裕。不过，还需要另外考虑为何在没有石高与田地的地方的门男中

1　位于现山口县熊毛郡上关町大字长岛，是中世的海关兼海港。
2　日本近世在海运业者与发货人之间就货物运输进行周旋的店铺。

有许多农人。但整体看来，在江户时代，面朝濑户内海的山阳道的人口结构与四国众多海湾的人口结构，应该与上关的情况类似。因此我不认为"奥能登是个例外"。

再举一例。大阪的泉佐野市自古代、中世以来就是一个著名的海民据点。当地百姓中有一个名为"食野"的家族，也被称为"泉屋"或"橘屋"。他们前往秋田、松前等地，从事大规模回船贸易。

此外，与食野同族的和泉的"唐金屋"也是佐野浦的百姓。井原西鹤[1]在《日本永代藏》的开头部分提到，他们拥有"乘风破浪的神通丸"，"即使装载三千七百石的货物也吃水尚浅，能在北国的海上自由航行"。由此可见，江户时代日本列岛的沿海地区还存在许许多多与时国家和柴草屋一样，虽身为百姓或水吞，但经营着大规模回船贸易的家族。

实际上，日本列岛由 3700 个以上的岛屿组成，海岸线长达 2.8 万千米，而可开垦的低地或台地仅占 25% 左右。类似能登半岛的地形在日本列岛的半岛或岛屿上随处可见。中世以前的地形与现在的大不相同。例如，位于能登半岛町野川河口处的小潟湖虽然现在近乎消失，但过去的面积却很大。而这样的潟湖在日本海沿岸随处可见。

此外，太平洋沿岸的情况也是如此。虽然如今的岐阜县是一个内陆县，但在古代，海水曾到达大垣[2]附近。在伊势湾台风[3]中遭到

1　井原西鹤（1642—1693），江户时代前期的浮世草子作者、俳谐师，大阪人。著有《好色一代男》《日本永代藏》等。

2　位于现岐阜县西南部的城市。

3　1959 年 9 月 26 日在和歌山县潮岬附近登陆的台风，造成巨大危害，死难及失踪者超过 5000 名。

水淹的地方曾经是大海。大阪湾也是如此。南关东也曾有大片区域
位于水下，甚至可以被称为水乡。

由此可见，考虑到中世以前的地形，上文提到的能登半岛的情
况就可以适用于整个日本列岛。如此一来，"日本列岛是农业社会，
农民占据人口大多数"的常识也就不攻自破。

这不只是大海的问题，山的情况也是如此。我的家乡山梨县就
是一个水田很少的山国，是非农业地区。因此，甲州[1]人自己也认为
自己很贫穷。但相反，山梨也以甲州商人和甲州财阀著称。

上文提到的观点可以解释这一矛盾。例如，在因温泉而出名的
石和[2]的市部村中，水吞占 51%。这里自古以来就是一个集市，也
是一座城市。此外，位于富士山登山口的上吉田村也有许多水吞，
那里自中世以来就是城市。由此可见，山村的问题与海村的问题类
似，不能因为它们交通不便、没有田地，就认定它们是贫穷之地。
有的深山村落就依靠林业致富。

但到目前为止，包括我本人在内，大部分历史学家都很少这么
想过。我在大约二十年前写了《日本中世的民众像》(『日本中世の
民衆像』，岩波书店) 这本书。当时，我曾明确地意识到，中世的百
姓不只有农民。这是因为，在百姓上缴的年贡中，缴纳米的反倒是
少数，而绢、布、盐、铁、纸、油等物也会成为年贡。我当时就认
为，中世的百姓绝不等同于农民。然而进入江户时代后，农业的确
有所发展，因此我在该书中写道，"农民被称为'御百姓'，所以可以

---

1 甲斐国的别名，相当于现山梨县。
2 位于现山梨县东八代郡。

认为百姓就是农民"。因此，在该书重版时，我增加了补注，明确指出这种说法有误。我在十年前的认识大概就是这种程度。

因为此前的历史学家都认为百姓就是农民，并带着这种思路阅读史料，所以历史学家为世人提供的历史信息也是错误的。不只江户时代如此，中世与古代的情况也是如此。我们必须首先认识到，百姓绝不等同于农民，还包括大量主要从事农业以外工作的人们（即非农业民）。我们需要在这个前提下重新思考日本社会。

那么，这种误解又是如何产生、如何传播的呢？下文还会回到这点。在此之前，我需要先指出另一个错误的认识。

一般说到"村"，我们都会自然地想到"农村"，这是一种根深蒂固的想法。"渔村"与"山村"用得比较少。从制度上看，"浦"[1]这个单位与村有所不同，学者也对此表示赞同。人们大都认为，渔村与山村田地稀少，十分贫穷，它们在社会中所占比例也较小。但这种看法实际上是错误的。

上文提到的内容中有一点很不可思议，不论是能登的轮岛，还是宇出津，或是周防的上关、和泉的佐野，这些我们能够确定是中世以后发展起来的城市，在江户时代的制度中都被算作村。这点值得注意。在江户时代，只有城下町[2]，或是像堺和博多这样自中世以来就是大规模都市的城市才会被算作"町"。而与大名权力无关的城市，即使实际上是城市，但在制度上也都被算作"村"。

1　指的是沿海的半农半渔村庄。
2　以领主的居城为中心、在其周围发展起来的城镇。

村需要自己负责检地[1]。拥有田地与石高的人被认为是百姓，没有的人就是水吞。因此人们才会认为村就是农村，也会犯下上文提到的严重错误。江户时代的"村"绝不只是农村，还包括海村、山村，甚至城市。

在此之前，日本人一般认为村由百姓构成，因为百姓等于农民，所以村指的就是农村。因此一说到村，脑海里立马就浮现出农村。我们需要纠正这种认识，重新思考日本社会的实际状况。

实际上，如果将"村"这个单位上溯到中世，就会发现当时的村指的是被排除在郡、乡、庄这些国家行政单位之外的、非水田的、非农业的聚落。村被排除在带有公有性质的田地之外，是后来开垦或建立起来的田地或聚落。

因此，中世的许多村都位于海边或山中。在中世能登的土地账簿（具体指的是13世纪上半叶的大田文）中，"村"这个单位多指江户时代发展成港口城市的海边聚落。由此可见，我们需要摒弃"村就是农村"的观念，重新思考日本社会。

向水田收税

那么，日本人为何长久以来都有这种错误的认识呢？稍作思考就会发现，"百姓"这个词原本指的是姓氏各异的普通平民，这个词本身完全没有农民的意思。古代的日语训读将其读作"oomitakara"，也没有农民的意思。

---

1 丈量、调查农田的地界、面积、收货量等，以便算定年贡和各种劳役。

如今的中国与韩国使用"百姓"这个词的本义。我曾经问过一位中国留学生："你们语言中的'百姓'一词应该如何翻译成日语？"这位学生想了一会儿后回答道："翻译成普通人。"

的确如此。"百姓"这个词一般用来称呼非士大夫或官僚的普通人，现在也沿袭了这个意思。这位留学生在来到日本后，发现日本人都将"百姓"理解为农民，一开始感到很奇怪。的确如此。百姓这个词原本就没有农民的意思。

"村"这个词也是一样。这个词来源于"群"，原本也没有农村的意思。虽然如此，但本应以严密考证为己任、遵从科学原则的历史学家却忘记了实证主义原则与科学的铁律，并未依照历史语境对史料中出现的词语做出解释，而是用"百姓等于农民"这一先入为主的观念解读史料，从而犯下了低级错误。那么，历史学家为何会犯下这种错误呢？我也曾如此，所以也不能肆意指责别人。但这是一个复杂的问题，很难简单地做出回答。不过倒是可以列举几个理由。

其中最重要的原因是，诞生于日本列岛上的第一个真正意义上的国家，也就是以"日本"为国号的、一般被称为"律令国家"的古代国家，将水田作为国家制度的基础。律令国家向土地征税，将此作为统治基础。这一制度推行于除北海道、冲绳和东北北部地区之外的所有地区。

在这个国家中，受支配的人民都被编入户籍。6岁以上的人都被授予一定面积的水田（虽然有男女、良贱之别），以此作为课税的基础。人民缴纳租庸调和其他租税。律令国家试图认真贯彻这项征税制度。例如，虽然志摩国的百姓几乎都是海民，但国家还是试图授予他们田地。因为志摩国没有水田，所以水田就被授予尾张国，而事实上，志摩国的人也不可能长期耕作。由此看来，律令国家坚持想要将所有百姓都看作农民或稻作民。

再举一例。8 世纪上半叶的政府首领长屋王，曾计划开垦一百万町步的田地。认真思考一下就会知道，一百万町步是个惊人的数字。就算到了中世，全国的水田加起来可能也没这么多。而政府至少花了一年时间试图认真推行这个计划。很快，政府就了解到这个计划不切实际，改为推行"三世一身法"[1]。律令国家制定了这一离谱的开垦计划，这个事实本身就能很好地说明国家对于水田有着很强的执念。

日本列岛上第一个真正意义上的国家所制定的这种制度，也对日后产生了巨大影响。

在这一时期，日本列岛的社会中已经存在一定数量的海民与山民，而以贸易和手工业为生的人们也活跃于各处。可以说，这一时期并不存在自给自足的聚落。

那么，为何律令国家要制定以水田为基础的租税制度，并认真地试图坚持、贯彻该制度呢? 这是因为，在从国家的主要根据地畿内到北九州的列岛西部的社会中，水田与米被用于祭祀神明。总之，尽管律令国家的租税制度发生了很大变化，但它还是被中世国家的土地制度与庄园公领制继承了下来。

庄园公领制确立于 13 世纪上半叶前。这个制度基本上也是以水

1　723 年颁布的奖励开垦政策。对于利用新开水源开垦者，承认其三代对开垦地的所有权；而对于利用旧水源开垦者，只承认其本人一代对开垦地的所有权。

田为征税单位，征收年贡、公事等租税。年贡不仅包括米，也包括绢、布、铁、盐等除水田产物以外的许多物产。每一町水田缴纳两匹绢，或每一反田地缴纳五两铁。像这样，被当作年贡与租税的各种物产，都以水田作为上缴标准（详细情况见下文）。

因此，这个制度从一开始就以米与绢、铁等物之间的交换为前提，在原则上以水田为基础。到了 16、17 世纪，出现了"幕藩体制"的近世国家。近世国家将田地、房屋，有时也将从山、海、盐田等得来的收入，或将商业利润换算成米，制定缴纳年贡的标准（即"石高"）。幕府将石高乘以被称为"免"的税率，得出应该征收的年贡。例如"免五"就意味着税率为 50%。

石高制将田地、房屋、山、海、盐田都看作水田。领主的收入用米来表示，这是课税的基础。因此，近世国家的租税制度基本上也是一种向土地、水田征税的制度。

因此，自律令国家开始，直至中世、近世，统治者几乎都保持了"农业乃国本"或"农业乃天下之本"的态度，坚持认为百姓只有作为农民才是稳妥的。

在日本国成立后的 1300 年左右的历史中，除去 14 世纪至 16 世纪期间，在其他所有的时期中，国家都在平民中强力推行这种农本主义。只要对土地课税的情况没有改变，国家就会强烈希望百姓都是农民，这对国家来说是最理想的状态。

因此，制度方面的词语都以农业为中心。例如上文提到的江户时代的百姓圆次郎。像他那样的人只拥有一点石高，一年中的大部分时间都在从事回船贸易（也就是船运买卖），只是偶尔回家的时候干点农活。但即使是这样，他们主要从事的回船工作也会被形容为

"农间稼"或是"作间稼"，也就是被当作副业。

其实也可以用"船间稼"这样的说法指代农业，但并不存在这个词。如今，家里有一点田地，在闲暇时干点农活的家，即使实际上是上班族，也会被称为"第二种兼业农家"。这种说法或许来源于江户时代的"农间稼"。

襖下张[1]文书的世界

由此可见，体现农本主义特征的制度术语沿用至今。随着这种制度的推行，"百姓等于农民"的意识也逐渐渗透进普通人的观念中。

自16、17世纪起，这种意识开始在社会中广泛传播。到了江户后期，农夫"一般被称为百姓"，这种观念之深入人心，甚至到了需要学者专门指出农夫并非"百姓"本意的程度。到了近代以后，这种观念又随着学校教育变得更为根深蒂固。"御百姓"等于农民的观念传播到日本各地。

但如果历史学家都秉承严谨的态度，贯彻身为研究者应遵守的原则，这样的错误早就会被发现了。但历史学家又掉进了另一个陷阱。

历史学家接触的基本都是文献史料，而大多数文书都是因国家制度的实施而被制作出来的。上文提到，国家以农本主义为原则。因此，与农业或农田有关的文书占据压倒性多数。留存至今的文书

1　指隔扇的裱糊底层纸。为了糊好隔扇的最表层而在底子上裱糊纸或布。

史料皆经过了某种标准的筛选，经过很多年才传到我们手中，而这些也只是原本大量存在的文书中的一小部分。这一筛选过程主要受到国家制度的影响。

因为税收与土地挂钩，所以自中世到近世，各个家族都精心保管与田地有关的文书。认真保管土地台账以及与田地买卖有关的文书，或是认真保管有关向土地征收的赋税的文书，这再自然不过了。

这类文书在能登时国家仓库保存的文书中，也占据相当高的比例。中世的情况也是如此。在留存于寺院或贵族之家的文书中，与庄园或公领的田地相关的文书占据压倒性多数。当然，百姓的诉状等文书也留存至今，但其中的大多数也与向田地收取的租税有关。实际上，当百姓想要减少年贡时，他们会说今年有虫害，水稻收成不好，或者说因为气温低所以水稻歉收。他们希望通过强调田地的损失来免除年贡。

因为年贡是向田地收取的租税，所以理应如此。虽然百姓中的许多人都依靠非农业性质的工作谋生，但百姓所写的这些与年贡有关的申状，还是会让人觉得百姓都是农民。因此，此前的我们在史料中读到"百姓"时，都会毫不犹豫地将其理解成农民，不认为这种解释存在问题。

不过最近，一些一度被弃用，但后来又被偶然发现并被再次利用，而后又流传到现在的文书开始受到关注，虽然它们的数量不太多。从平城宫遗迹中发掘出来的木简就是一个很好的例子。其中有许多特定种类的货签。这些货签在使用了一次后自然会被丢弃。但如果是在潮湿的地方，它们就很容易被发现。许多这些木简都是写着各种水产品的货签。通过这些木简，学者开始注意到，在律令制度下，各国的许多水产品都被运往都城，这点意义重大。

此外，奈良时代被弃用的户籍的背面会被用来记载东大寺的宝物。这些户籍十分有名。平安时代以降，也常常有人会在弃用的文书背面写上日记或记录。由于纸张珍贵，人们会把弃用的文书翻过来，在背面写日记或记录。如此一来，本该被丢弃的文书就被保留了下来。这类文书被称为"里文书"或"纸背文书"。一般说来，这类文书中出现非农业民的概率远高于通过一般方式保留下来的文书。此外，纸背文书还有一个特点，那就是许多文书都与动产相关。我们可以通过纸背文书，窥见一个与普通文书呈现的世界相当不同的世界。

从安土桃山时代至江户时代，出现了贴在隔扇或屏风下面的文书，称为"襖下张文书"。这些文书原本也被弃置不用，但它们后来被当作裱糊底层纸，并偶然保留到了现在。两个时国家都存有隔扇纸，因此我们得以揭下所有的襖下张文书，一份一份整理清楚。

在大致整理完保存在仓库中的文书后，我们最近开始着手整理这些襖下张文书。此时，我们发现了一个惊人的事实。这些文书中提到，上下时国家在江户后期都拥有北前船。实际上，船用储物柜的实物也留存至今。然而，我们却无法在保存于上时国家仓库中近一万份江户时代的古文书中找到与此相关的任何记录。

然而，襖下张文书中却保留了大量与结算或领受商品相关的文书。上时国家将不再需要的自家文书交给裱糊匠，让他们将它贴在隔扇下面。

　　泉雅博的调查表明，从这些襖下张文书可知，上时国家曾拥有四艘北前船。这些都是能装载一千石或八百石货物的巨型船只。它们从大阪出发到达北海道，一趟航程可进行一千多两白银的交易，获得三百两利润。上时国家至少拥有四艘这样的船只。

上时国家的襖下张文书
（大国丸是上时国家拥
有的北前船）

　　最近，泉雅博与橘川俊忠在调查了奥能登的井池光夫家的襖下张文书后发现，这些船甚至远行至库页岛。通过这些文书还可以知道，上时国家也利用北前船赚取的利润从事金融活动。由此可见，上时国家在整个江户时代都是大企业家族。

　　此外还有一件事令人感到惊讶。这些北前船的船长中，有一个叫友之助的人。而负责整理仓库文书的关口博巨发现，上时国家的下人中也有一位"友之助"，他租用并耕耘着一份很小的田地，而这两个友之助的确是同一个人。也就是说，如果只看仓库中的文书，那么就会认为友之助是时国家的一位贫穷的下人与佃户。但在襖下张文书的世界中，友之助却成为北前船的大船长，有权对上千两白银的交易做出独立的判断。经过筛选后保留在仓库中的文书与弃用文书，二者所展现出的世界竟是如此不同。

　　此前的历史学家很少认真地整理或调查襖下张文书。实际上，由于近世文书的数量过于庞大，这类文书难以得到关注。因此大家都落入了这个陷阱。我们多是通过这些废弃文书才得以了解海民、山民，或回船人、商人的世界。这个世界好似一个被割断的、被遗弃的世界。舍弃这个世界，人们对于日本社会的理解也会是扭曲的。

学术本身也无法避免这种扭曲。儒学者大多秉持农本主义。而西欧近代学术界也大多从农业的角度来介绍经济史。当然，也存在像亨利·皮雷纳（Henri Pirenne）这样重点研究商业的学者。但无论如何，经济史还是以农业为中心。例如，中世纪就是以农奴制为基础的封建制度，作为统治阶级的封建领主统治着农民。这些已经成为常识。在这点上，马克思主义史学持有同样的看法。

因此，日本经济史的术语中有许多带有"农"字，例如富农、中农、贫农、豪农、小农、农奴、隶奴、小作农等。而海民、山民等则被完全忽略，基本上不存在描述这类人的术语。此外，现在也不存在准确描述像时国家这样经营多种事业的家族的术语。再如，隶属性质较强的海民有时会被称作"海奴"或"渔奴"，但这还不是学术界的通称。这些海民完全没有土地，所以也不能用"农"来称呼他们。

如此一来，术语本身也被打上了农本主义的烙印。此前的历史学界完全从农业的角度来理解统治者，将统治者称为封建领主、私营田领主或在地领主。

我本人一直致力于研究非农业民，我也经常听到这样的评价：只研究了社会中的一小部分人，就要以此为根据讨论日本社会，这站不住脚。或是，从非农业民的角度来讨论天皇，这缺乏说服力。

　　但如果百姓不等于农民的话，那么在日本社会中，非农业民就绝非少数派。我对这点深信不疑。更进一步说，今后，我想将农民与非农业民都纳入考察范围，重新彻底研究日本社会。作为这种尝试的一部分，我将在下文举几个例子。

第二章

从海的角度理解日本列岛

日本是孤立的岛国吗？

上一章提到，根植于大多数日本人观念中的"百姓等于农民"这一认识，实际上是错误的。非农业民，也就是主要从事除农业以外其他工作的人在百姓中占有不小的比例。如果以此为前提重新审视日本列岛社会，我们就会发现，此前的所有常识性认识都会发生变化。

人们一般认为，稻作在绳纹晚期至弥生时代期间传入日本列岛。自此以后，日本列岛社会基本以农业和稻作为中心，是一个因四面环海而与世隔绝的、自给自足的孤立社会。但实际上，这种常识性认识是错误的，对于日本社会的这种理解是一个假象。

首先，认为日本列岛因四面环海而与世隔绝的看法是片面的。虽然大海的确会阻碍人与人之间的往来，但这只是大海的一个面相。相反，大海也可以发挥重要作用，成为连接人与人的灵活的交通道路。

日本列岛由 3700 多个岛屿组成，这些岛屿通过海路相互连接。从很早的时候起，日本列岛就通过东西南北四面的大海与亚洲大陆、东南亚诸岛，甚至与南部诸岛建立起了人与物的交流。此外，湖泊、河流、山林也是连接列岛内部的重要交通道路。人们还从山林、海洋、河流中得到丰富的物资，以此维持生活。

如果我们在关注平原的水田或旱地之余，也把目光投向大海、湖泊、河流或山林所发挥的作用，日本列岛的社会又会呈现出一番怎样的景象呢？我想按照时代顺序谈谈这个问题。不过，因为我不是考古学家，所以下文提到的很多例子都只是我粗略读过或听过的内容，望读者见谅。

最近的研究表明，在日本列岛还与大陆相连的旧石器时代，人类就已经生活在列岛各处。此前的研究认为，绳纹文化是日本列岛的固有文化，是构成"日本文化"的基础。或许事实的确如此。绳纹文化常常被认为是"岛国"的文化，也经常能看到有的地图将绳纹文化圈画成与现在的日本领土大致重合的样子。冲绳的先岛（宫古、八重山）属于另一个文化圈，这点暂且不论。这些地图在对马与朝鲜半岛，以及库页岛与北海道之间画上了分界线。但仔细思考后就会发现，其中有蹊跷。

我曾在很久以前坐船前往对马。从九州到对马的旅程对我来说很是辛苦。虽然我没有晕船，但船只摇晃得很厉害，我忍耐了好几小时才终于到达对马。绳纹文化也曾跨越了这片波涛汹涌的大海。虽然在天晴的日子里，人们可以从对马清楚地眺望朝鲜半岛。但根据上文提到的地图，绳纹文化竟没能跨越对马与朝鲜半岛之间如此近的距离。

　　为何绳纹文化无法跨越对马与朝鲜半岛之间如此近的距离，却能横渡波涛汹涌的玄界滩[1]呢? 想要证明这是事实，其实是很困难的。如此一来，认为绳纹文化是日本列岛上孤立的"岛国"文化的看法就有问题了。不过直到这几年，考古学界都还普遍持有这种看法。

　　但名古屋大学的渡边诚等人的研究打破了这一"常识"。渡边诚证明了从朝鲜半岛东岸与南岸，到对马、壱岐、北九州等地之间的整片地区，都拥有共同的捕鱼文化，这些地区的人们都使用组合式鱼钩、石锯、曾畑式土器与特有的石器。

　　根据渡边诚的研究，这一文化也很快与冲绳、山阴、濑户内海产生了关联。由此可见，自绳纹时代以来，人们就通过海路来往于朝鲜半岛与日本列岛之间的广大地区。绳纹文化并非仅限于现在"日本国"的领土范围之内，也并非孤立于日本列岛之上。它与亚洲大陆联系紧密。

　　这类发现还在继续。森浩一的研究表明，滨海边疆区[2]发现了隐歧岛的黑曜石。本州东部的许多地方也发现了伊豆神津岛的黑曜石。由此可见，黑曜石的分布范围十分广大。这种分布状况应该是通过海路交易实现的。

　　据说最近在滨海边疆区发现的石器酷似绳纹时代前期的石器。由此可见，从很早的时候起，东北亚文化也通过北方海路传播进入日本列岛。

1　位于九州北面，是从对马海峡至响滩的海域。

2　位于俄罗斯联邦的远东部分，东和南濒临日本海，西与中国接壤，北接阿穆尔河地区。中心城市为海参崴。

语言学方面也是如此。很久以前，大野晋就曾提到波利尼西亚语构成了日本语的基础。他又在最近指出，泰米尔语与日语之间存在关系。虽然我没有资格评判这些观点正确与否，但我们的确应该充分认识到南部存在的人口流动。

绳纹文化

总之，此前我们总被教导绳纹文化是"岛国"的孤立文化，但这种看法完全错误。

日本列岛内部也有许多物品通过海路流通到各地。在千岁机场[1]的扩建工程中，人们发现了美美遗迹，其中出土了大量翡翠。这些翡翠来自新潟县系鱼川附近。由此可见，虽然需要花费很长时间，但依旧有大量物品通过海路从新潟被运往北海道。

这类例子不胜枚举。长野县还发现了应该是黑曜石工厂的遗迹。在日本列岛，黑曜石的交易十分活跃。这些交易并非偶然进行，工厂生产黑曜石也是以交易为目的。也就是说，早在绳纹时代就已出现所谓的"商品生产"。

虽然此前的研究认为商业产生于之后的时代，但如果以交易为目的生产物品可以算作商业，那么或许可以说，这一时期已经出现了商业。

不只是黑曜石，盐也是如此。因为日本列岛没有岩盐，所以人们必须从海水中提取食盐。最开始是所谓的"烧藻盐"，也就是利

---

1 北海道最大的机场，位于北海道千岁市。

三内丸山遗迹出土的绳纹拧包。里面还装着核桃（三内丸山遗迹对策室提供）

用海草与咸水（盐分很高的海水）熬煮出盐。到了绳纹后期，人们在制盐时也会使用土器。

霞浦沿岸等地出土了大型制盐土器。若在制盐时使用土器，那么就可以一次性制造大量盐。因此可以认为，这一制盐活动应该是以交易为目的。一旦有了盐，那么就可以腌渍鱼类，也可以进行鱼类交易了。因此，日本列岛社会中最早出现的商业是盐、鱼的交易，而日本最早的商人或许正是盐商与鱼贩。

此前人们对绳纹时代的固有印象大多是，穿着皮毛、近乎裸体的人们打着赤脚，拿着弓箭或石器追逐野兽。但人们必须改变这种印象。

例如，就衣装而言，当时的人们不仅会用紫藤或蔓草等木纤维织布，还会编织用来装果实的袋子。人们也穿鞋。此外，当时的人不仅使用弓箭与石器，也制造精美的木器。

鸟滨遗迹是著名的绳纹时代遗迹，位于若狭的三方五湖。该遗迹出土了一个女用头梳，上面涂着漂亮的漆。最近，青森市的三内丸山遗迹中出土了大量精美漆器，也发现数量惊人的土器，此外还有大量柱础。这些柱础等距排列，因此应该曾使用了某种测量工具。

　　由此可见，绳纹时代的生活文化丰富而复杂。该文化以渔猎与高度发达的果实采集和加工为基础。不仅如此，当时也开始栽培植物与树木。鸟滨遗迹出土了葫芦、芝麻与苦瓜等种子。特别是，因为葫芦并非日本列岛的原生植物，所以它们只可能受到人工栽培。可见，在绳纹时代后期，日本列岛社会已经出现了播种种子与栽培植物的技术。

　　此外，还发现了稗子。有学者认为，绳纹后期或许已出现了旱地耕作。而到了绳纹晚期，部分地区则出现了水稻栽培。由此可见，绳纹时代的文化的确多种多样。

　　另外，人们还在日本海沿海各地发现了许多巨木文化遗迹（也就是说，这些地方曾经竖立过许多根巨大的木头）。能登半岛的真胁遗迹，以及上文提到的三内丸山遗迹等就属于这类遗迹。

　　虽然难以判断它们是建筑物遗迹还是祭祀遗迹，但只有有组织的社会才可能完成这种程度的工程。因此我们可以认为，当时的社会一方面与外界许多地区保持交易，另一方面也各自有着十分复杂的结构。虽然这未必直接意味着当时已经出现了权力或统治、被统治关系，但应该已经出现了某种意义上的首领。

　　虽然我完全是门外汉，但我选择从绳纹时代开始讲起，是因为到目前为止，一般认为弥生时代开始了农业耕种与水稻栽培，我们便将注意力完全集中在稻作上，认为日本列岛社会是只以水稻栽培为主的农业社会，从而忽略了在漫长的绳纹时代逐渐积攒起来的多样的谋生方式，也忽略了与此相关的技术与文化。绳纹时代存在多种多样的谋生方式，广大地区之间也存在联系。如果忽略这一点，我们就无法正确理解之后时代的文化与社会。

弥生文化

　　人们一般认为水稻栽培始于弥生时代。但从绳纹晚期起，濑户内海与北九州的一部分地区已开始种植水稻。因此，水稻栽培未必与弥生土器同步出现。此外，水稻栽培技术也并非零散地传入日本列岛，而是系统性传入的。也就是说，掌握水稻栽培技术的群体，集体迁移进了日本列岛。

　　除了水稻栽培技术外，自公元前 3 世纪左右起，来自中国与朝鲜半岛的各种文化要素也传入日本列岛西部，包括旱地作物、青铜器、铁器、养蚕技术、织布技术、新的土器制盐技术等。

　　此外，利用鸬鹚捕鱼的“鹈饲”也在这一时期传入日本列岛。这种捕鱼法始于日本列岛西部。中世以后，以鹈饲为业的人几乎遍布日本列岛。鹈饲是一种可以用来维持生计的捕鱼法。它与稻作一同传入了日本列岛。

　　这些文化从何处传来? 关于这一问题尚存争议。不过大体上看，它们是通过中国南部 (也就是江南) 与朝鲜半岛传入的。例如，使用巨石的支石墓与金属器具应该是从朝鲜半岛传入北九州。而鹈饲与最近很有名的吉野里遗迹则与江南文化关系密切。

　　自公元前 3 世纪左右起，这一稻作文化以惊人的速度向西日本传播。弥生文化只用了二三十年的时间，就传播到了伊势湾与若狭湾连线以西的地区。

　　最近，东北北部的青森也发现了弥生时代的水田遗迹。由此可见，稻作甚至传播到了北方。但这只是一时的现象，东北能够稳定种植水稻还需要等到很久之后。稻作首先普及于日本列岛西部。

从弥生文化的传播方式可以看出，弥生文化原本就是越海而来的文化，并且继续通过大海与河流传播。因此，带来弥生文化的人原本也是与大海关系密切的人。他们驾驶船只，掌握着优秀的航海技术。此外，因为弥生时代也留下了大型贝冢[1]，所以可以知道这一时期依旧存在捕鱼、制盐、狩猎与采集活动。如果从一开始就忽略大海，我们便很难理解弥生时代。

日本列岛与中国和朝鲜半岛之间交流的密切程度也远远超过我们此前的认识。虽然还存在各种争议，但朝鲜半岛南部的确出土了日本列岛制作的弥生土器。在日本列岛西部与朝鲜半岛南部和中国沿海地区的交流中，还出现了被称为"倭人"的集团，他们与海洋关系密切。

因此，"倭人"绝不等于"日本人"。倭人不仅是传播主要存在于日本列岛西部的弥生文化的中坚力量，还跨越了海洋，将势力扩大到朝鲜半岛南部与中国的部分地区。

成书于弥生时代末期的《魏志·倭人传》也反映了这些特点。需要注意的是，书中提到，对马因为没有田地，所以完全依靠南北交易来维持生计。而壹岐虽然有些许田地，但不足以维持生计，因此也与南北进行交易。这种现象不仅出现在对马与壹岐，实际上广泛存在于由岛屿构成的日本列岛的各个地方。被称为"末卢国"的松浦地区也是如此。

由此可见，日本列岛从一开始就离不开交易。严格来说，日本列岛从一开始就并非"自给自足"的社会。认为有多少人口就应该

1　由人吃过的贝壳等堆积而成的遗迹。在日本常见于绳纹时代至弥生时代中期。

要有多少水田或旱地的想法，实际上是以只依靠农耕的"自给自足"为前提的想法。这种想法忽略了捕鱼、狩猎、采集等其他谋生手段，不符合实际情况。

此外，《倭人传》中还有"国有市，交易有无"一句。这里的"国"相当于后来的郡，或者是再小一点的单位。这样的地方已经出现了市场，可见交易的重要性。没有这些市场，日本社会就无法成立。

生活在平原地区的人们依靠在农田生产谷物为生，同时也种植并加工桑、漆、麻、苎麻等。若有牧场则饲养马和牛。海民以捕鱼和制盐为生。而山民则采摘果实、砍伐树木，以此为原料生产木炭、木器或漆器。他们在此基础上还生产陶瓷器，或是从山里开采、冶炼铁或铜，并对其进行加工，做成铁器或青铜器等。正因为存在各种产品之间的广泛交换，日本社会才得以成立。

山民与海民之间的分工出现于绳纹时代，而他们与平原上的居民之间的分工则确立于弥生时代。绳纹时代就已经存在交换盐、鱼类、石器原料等的原始商业活动。到了弥生时代以后，这些商业活动更为活跃，也扩展到更多地区。此外，不只是专门的商人，就连生产者也大范围移动并从事交易。从遗迹与遗物的分布状况可以明显看出，这一时期的交通基本是通过大海与河流进行的，这样的交通状况支撑着上述交易活动。许多遗迹都与河流和海洋有关。人们可以根据水系对遗迹进行归类。可以认为，当时的交通状况比我们原本所以为的更加活跃。从很早的时候起，就已存在多条横贯日本列岛的交通道路。

从濑户内海出发进入大阪湾，再沿着淀川逆流而上到达宇治川。

从宇治川上岸后走一段陆路到达琵琶湖。穿过琵琶湖后再走一小段陆路，就可以到达北陆与日本海。这条交通道路在这一时期得到了广泛使用。

此外，千叶县还出土了大量弥生时代来自北陆的勾玉。可见，人们也利用河流与陆路来往于中部与关东。贯通日本列岛的交通道路连接了太平洋与日本海。特别是当时的人们对于河流的利用，其程度远远超出了现代人的想象。

东部与西部的文化差异

不过，虽然交通如此发达，但列岛东部与西部之间的差异在这一时期也十分明显。这一差异早在旧石器时代与绳纹时代就已出现。如上所述，弥生文化以惊人的速度传播到了伊势湾与若狭湾连线的地方，但大范围的传播也止步于此。

在此后的约两百年间，弥生文化并未继续向列岛东部大范围传播。弥生文化因为在东部遭遇了绳纹文化的强烈抵抗，无法进一步传播。因此在很长一段时间内，日本列岛东部的绳纹文化与列岛西部的弥生文化之间存在显著差异。

这体现了该时期文化与社会结构的深层差异。我们在思考日后的社会变化时，也不可以忽略日本列岛上曾经存在的这种显著差异。

例如，青叶高在《蔬菜》（『野菜』，法政大学出版局）一书中提到了关于日本列岛上芜菁的基因的研究：关东、东北与北陆的芜菁来自西伯利亚与欧洲，而列岛西部的芜菁则来自中国与朝鲜。植物学家细致的研究表明，各种各样的物产从北边进入日本列岛东部。

它们或许是经由北海道进入东北地区，或许是跨越日本海进入列岛。总之，进入日本列岛的文化不只经由中国—朝鲜半岛—列岛西部这一条路线。

因此，在考察弥生文化与绳纹文化的差异，以及列岛东部与西部的差异时，不能仅局限于日本列岛内部的状况。在考察列岛东部的文化时，需要一同考虑同北方的关系，而在考察列岛西部的时候，则需要一同考虑从朝鲜半岛传入的文化[1]。

此前的日本文化论与日本社会论都认为，先进的文化与技术主要从朝鲜半岛与中国经由北九州传入日本列岛。它们再从濑户内海进入近畿，从西部向"落后的"东部传播。这对日本列岛社会日后的发展产生了重大影响。我认为有必要彻底改变这种看法。我们需要关注从北方传入的文化，这与从西方传入的文化有着本质的不同。北方的传播路线包括从东北亚经过库页岛与北海道传入东北与关东的路径，以及跨越日本海传入北陆与山阴地区的路径。我们有必要从拥有不同文化的东西双方的交流角度，综合看待社会与文化。

稻作的情况也是如此。自公元前 1 世纪左右起，弥生文化开始大量涌入列岛东部。稻作扩展到东北南部。不过，值得注意的是，将稻作的普及与社会的进步画等号，只是站在西部的立场上得出的结论。我们无法以此正确理解东部的文化。

列岛东部在接受稻作的同时，也继续发展自己独特的文化。不能简单认为西部是先进的，而东部是落后的。东部也有许多方面比较先进，它们将明确地反映在国家成立后的历史时期中。

1　冈野善彦：《東と西の語る日本の歴史》，讲谈社，1984 年。（原注）

特别是，日本列岛东部自弥生时代起就广泛种植桑树，养蚕活动盛行。虽然我不清楚养蚕具体始于弥生时代还是古坟时代，但日本列岛西部的稻作方式的确与东部的稻作方式十分不同。日本列岛东部在进行旱地耕作的同时，也种植麻、苎麻、桑，并与稻作相互配合，这种耕作方式广泛存在。在思考国家成立后的问题时，这些特点十分重要。

古坟时代

3 世纪至 5 世纪一般被定义为古坟时代前期。自现在的大阪、奈良、京都一带的近畿地方，到出云与吉备一带的中国地方，再到北九州，尤其是在以濑户内海为中心的地区，很早就出现了政治方面的动向。

在这些地区的首长（王）中，出现了被称为"大王"的人。邪马台国的卑弥呼被称为倭王。不过邪马台国究竟是在畿内，还是在北九州，这个问题还存在很大争议。这个暂且不论，在这一时期，日本列岛与朝鲜半岛和中国之间的人与物的交流都更加活跃，各种各样的技术通过西边的路径传入九州、濑户内海与近畿。

在这一时期传入日本的文化中，炼铁与马的意义尤其重大。"骑马民族"东来成为问题也是在这一时期。我对这个问题没有发言权。但即使"骑马民族"没有大批东来，马具与骑马技术也的确作为一种文化，断断续续地传入了日本列岛。

自弥生时代至古坟时代，的确有相当多的人口从中国与朝鲜半岛迁移至日本列岛西部。埴原和郎强调，流入的人口并非只有一两万，而是在约一千年这个相当长的时间段内，流入了数十万，甚至多达一百多万的人口。如果不这么估计的话，那么许多事就无法得到解释。

埴原指出，居住在现在朝鲜半岛上的人与居住在西日本的人之间，在基因上存在很高的相似性（由于这涉及基因的问题，我就不做评论了）。而东日本人与西日本人之间的基因差异甚至比西日本人与朝鲜人之间的基因差异还大得多。此外，东日本人与阿伊努人基因相近，而冲绳人也与阿伊努人基因相近。埴原指出，他们都体现了古蒙古人种的特征。而到了弥生时代以后，新的一批蒙古人种又从西边进入日本列岛。

这一观点尚存争议。不过总之，的确有大量人口从中国与朝鲜半岛迁移至日本列岛西部。因此，在这个长期的人口迁移过程中，各种各样的文化与技术也随之进入日本列岛。

与此同时，我们也必须考虑到，这一时期从外部传入日本列岛的文化也绝不只有从西边传入的这些。

此前的研究认为，古坟之所以会在各地出现，是因为大和的势力在不断扩大。拥戴倭王／大王的大和首长联合势力逐渐扩大，因此地方首长开始修建前方后圆坟。由此可见，此前的古代史将前方后圆坟范围的扩大，看作地方首长对大和大王的臣属所带来的结果。

虽然大和与各个地区之间的确存在联系，但反过来说，各个地区也拥有不同于大和与北九州的文化，并曾建造了独特的古坟。

例如，石川县的能登半岛有一座名为"虾夷穴"的古坟，它的形状十分奇特。该古坟因与前方后圆坟有本质不同而受到关注。有学者认为，这座古坟或许受到了高句丽（其势力范围存在于朝鲜半

岛北部至中国东北部一
带）的影响。

最近，以森浩一为
中心，并邀请来自韩国与
中国的学者一同举办的
研讨会进行了各种讨论。
虽然大家无法确定这座
古坟的墓主是否直接来
自高句丽，但大家都认

须曾虾夷穴古坟（由石川县立埋藏文化财中心提供）

为，这座古坟与大和的古坟有本质不同。

到了 8 世纪以后，渤海使者跨越日本海来到日本。因此，我们
有必要进一步追溯跨越日本海进入日本列岛的北方文化。研讨会的
与会人员对此表示赞同。

最新的研究表明，不只是古坟的形制，马及其相关文化可能也
并非全都从西边传入列岛。此外，虽然尚未得到充分证明，但人们
在东北与关东地区出土的 5 世纪至 6 世纪的古坟遗物中发现了马具。
再加上关东、甲信地区与被称为"虾夷"之地的东北在 8、9 世纪
成为著名的产马之地，人们开始思考，马或许不只从西边传入日本
列岛，也需要考虑从北方传入的可能性。

炼铁技术也是如此。此前的研究认为，铁的原料从朝鲜半岛经
由北九州输入日本列岛。不久后普及于日本列岛的炼铁技术，也以
中国地方的山脉或近江等列岛西部为中心，而铸造技术也是自西向
东传播。

不过，除了西边的路径外，认为炼铁与铸造技术也通过北方路

径传入列岛的观点在最近变得很有影响力。东北与关东地区从很早
的时候起就使用与列岛西部形状明显不同的、独特的炉来炼铁。此
外，西部用砂铁炼铁，而东部则用铁矿石炼铁。铸造技术也是如此。
东北南部发现了 9 世纪左右的铸造遗址，而能登的金属制品自平安
时代以来就为人所知。因此，有学者认为铸造技术来自北方。可见，
传入日本列岛的文化绝不只来自西边。

　　南方路径也是如此。例如，被称为"隼人"的南九州人有着与
奄美、冲绳类似的文化。"隼人"的古坟也与以大和为中心的前方后
圆坟有本质区别。因此，不能认为所有文化都是从西边传入的，也
不能仅从水田与大和文化的扩张的角度来理解日本文化。我们应该
彻底改变这些旧有看法。

与周边地区的交流

　　进入古坟时代后，在日本列岛的内部和外部，利用大海与河流
进行的物与人的交流更为活跃。以近畿地区为中心的首长联盟（也
就是所谓的"大和朝廷"）与列岛东部的诸首长之间的关系也更为
密切。

　　这些首长间缔结了政治关系，因此物品也以贡品或回礼的形式
移动。也就是说，从弥生时代到古坟时代，由赠予和互酬而引起的
人与物的移动，以及与此相关的情报传递活跃于列岛内部。但除了
大和与各地的联系外，我们也不能忘记各个地区之间也广泛存在着
各自的交易。

　　尤其是，"北九州—濑户内海—大阪湾—琵琶湖—北陆"这条

横穿列岛的路线最为重要。许多人与物都在这条干线上活动。

进入 6 世纪后，大和王朝皇统断绝，取而代之的是日后被称为"继体天皇"的人。他来自越前，成为大王。此人的活动范围遍及越前、近江、尾张、美浓，甚至到达河内、摄津一带，他最后进入了大和。继体的活动范围非常广，而且在各个地区都拥有嫔妃。

例如，"目子媛"是他在尾张的嫔妃。大王可能是在有嫔妃的各处间移动，也可能是所有嫔妃在某个时候一同集中到大王的所在地[1]。

总之，无论是走"越前—琵琶湖—近江—河内"这条路线，还是从越前的河流逆流而上，翻过山后到达美浓和尾张，许多人当时都利用这些路线在各地移动。

由此可见，在这一时期，凭借海与河的道路，各地之间的联系更为密切。在这一背景下，继体从越前进入大和，成为新任大王。王朝更迭得以在更大的舞台上演。

这是因为，凭借上述横跨列岛的路线，人、物、情报的交流范围扩大，活动也更为频繁。此外，大和通过濑户内海和北九州与朝鲜半岛和中国相通，而越前也通过日本海与大陆连接。因此，不能单纯地将继体的活动局限于日本列岛内。

实际上，在这之后不久就发生了一场战争，通常被称为"磐井之乱"。此前的研究都认为这场战争是一场"叛乱"。但"叛乱"这个词暗示当时存在大和这个中心。实际上，当时的日本列岛上不只有

1　门胁祯二、森浩一、网野善彦：《继体大王与尾张的目子媛》（『継体大王と尾張の目子媛』），小学馆。

大和这一个中心，因此这场战争并非"叛乱"，我们应当将其看作大
和王权与代表北九州王权的磐井之间的战争。

此外，大和王权还与朝鲜半岛的百济联手，而与大和王权对立
的磐井则和新罗结成同盟。因此这场战争也不仅限于日本列岛内部。
列岛内部的王权对立和朝鲜半岛的王权对立共同促成了战争。而这
种状况的前提是，存在从濑户内海经北九州到达朝鲜半岛与中国这
条交通路线。

单从这样的政治动向就可以看出，这一时期早已存在稳定的海
上交通线。

此外，在这一时期，从山阴到北陆、东北、北海道的日本海海
上交通线路也十分活跃。这一时期的佐渡与越后存在专门制作玉石
的集团，他们制作了很多玉石。这些玉石被运往大和，也有许多被
运往出云等山阴一带。运送这些玉石依靠的是日本海的海上交通线。

此外，虽然太平洋一侧的海域很危险，但此处的海上交通也从
很早的时候起就十分活跃。远州滩直到最近还波涛汹涌、难以跨越。
因此人们一般认为，太平洋的海上交通线直到江户时代才稳定下来。

但早在古坟时代，大量制作于滨名湖一带的须惠器[1]就流入了
关东。

在编纂茨城县三和町的历史时，学者仔细分析了从古坟等处收
集到的所有陶器碎片，发现其中最多的是由湖西的窑烧制的须惠器。
它们经由远州滩运输至此。数量庞大的陶器很难通过陆路运输，一
般采取海运或河流运输。因此，这一事例反映出太平洋的海运路线

1　古坟时代后期至平安时代制作的陶器，属登窑中高温烧制的质地较硬的灰黑色陶器。

早在古坟时代就在某种
程度上稳定运作。

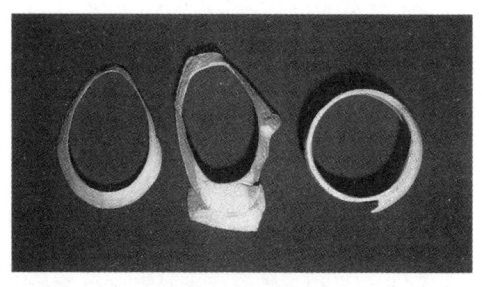

鹿儿岛县枕崎市松尾遗迹出土的贝镯。制作材料从左至
右分别为大星笠螺、润唇凤凰螺、芋螺（出自《图说日
本的古代》4，中央公论社）

另外，相当多的人与
物也从南面的冲绳北上。
用于制作手镯的润唇凤
凰螺在弥生时代流入北九
州。这种风俗甚至对大和
产生了影响。

由此可见，日本列岛
社会通过海洋向外部世界敞开怀抱，因此当我们思考日本列岛社会
时，需要时常注意到它与周边地区之间的交流。

上文提到，绳纹时代出现了交易。进入弥生时代后，各地也出
现了市场。而到了古坟时代，则出现了可以称之为货币经济的经济
现象。这一时期已经出现了原始货币。各种各样的物品被用来当作
交换手段、支付手段与价值尺度。可以认为，这时已经出现了货币
经济。

关于货币的诞生还存在各种各样的争议。有学者推测，在这一
时期，列岛西部主要将米作为交换手段，而列岛东部则主要使用布
与绢。

米是献给神明的神圣谷物，同时也是神明赐给人类的东西。布
与绢也是献给神明的物品。人们将衣料献给神明，再从神明那里取
回它们。布与绢由此成了货币。世俗的人们在赠予和互酬的过程中
使用这些衣料，它们也使人与人之间的关系变得更为紧密。人们通
过将米与绢献纳给神明，使它们成为一般的交换手段，并让它们发

挥货币的作用。因此，早在古坟时代，这些物品就已成为货币。除此之外，盐、铁、牛马也充当过货币。

我在本书的第一部分曾详细提到，这一时期已经出现了"出举"这种原始的金融活动（"出举"指的是以献给神明的"初穗"或"上分"为本金，将其作为稻种借出，并在收获期收取稻谷作为利息）。起初，首长管理着储藏这些上分物的仓库。此外也出现了因这些金融活动而致富的人。这一时期，当人们进行出举这种原始金融活动时，列岛西部将米或酒用作本金，而列岛东部使用的则是绢与布等物。

另外，正如第一章所提到的，我们需要注意到，绳纹、弥生与古坟时代的地形与现在的完全不同。大海深入到内陆。在古坟时代，岐阜的大垣一带与海相接。现在如果往地下挖，好像还能挖到海沙。

南关东也曾是一片水乡。上文提到的三和町虽然现在完全处于内陆，好像与水无关，但过去却有过大型沼泽与河流。战国时代还曾发生过船战与水战。

因此可以认为，船只可以顺着河流深入内陆。浓尾平原的水田地带形成得很晚。在伊势湾台风发生时，被水淹过的零海拔地区都曾是大海。有一种说法是，只有存在弥生时期遗迹的地方，才是没有被水淹过的地方。

让我们再来看看日本海一侧的情况。河与海的交汇处总会形成大面积潟湖。我们很难根据现在的地形想象这种情况。以能登半岛为例，海水深入邑知潟地沟带，几乎横穿半岛。当我们在思考列岛社会的变化时，不能忘记在曾经的日本列岛上，平原占少数，而山野河海占据了很大部分。

"日本国"的诞生

自 7 世纪下半叶至 8 世纪初，日本列岛上出现了第一个真正的国家。它以大和（也就是后来的畿内）为中心，统治着除东北与南九州之外的本州、四国与九州地区。自此以后，这个国家不再被称为"倭"，而是以"日本"为国号。"王"的称号也改为"天皇"。若在描述此前的时代时使用了"日本"或"天皇"这些词语，那么这是不符合史实的。

例如，像"旧石器时代的日本"或"弥生时代的日本人"这样的说法明显有误。我在本书的第一部分也曾提到，"圣德太子虽然是倭人，但并不是日本人"。这里也有必要对此再做强调。

实际上，自"日本国"诞生后，这个国家的面貌也为之一变。尤其到了 6 世纪以后，这个国家的统治阶级通过与中国和朝鲜半岛进行交流，第一次真正将"文明"系统地带到日本列岛。他们正式将诞生于中国上的大唐帝国的制度引进日本列岛。

当时的日本列岛社会还很"落后"，但同时也具有可塑性。来自中国的坚实的文明制度进入了这个社会。

户籍制度首先得到了实施。所有人民都被冠以氏名、姓与名字，这些信息与年龄一同被登记在户籍上。国家将此作为基础账本，确立了租税制度：根据特定标准对 6 岁以上的所有人民（包括奴婢）授予水田，以此为基础征收租、庸、调、杂役等。除此之外，国家还以户籍上登记的户为基本单位，以五十户为一里（乡），确立了国、郡、里（乡）的地方行政制度。另外，包括"令"所规定的中央官署在内，所有的行政业务都通过文书执行。制度完全依照文书主义来运行。通过这一制度，汉字广泛地传播到日本列岛各地。

不过，以水田为基础的租税制度自然也吸收了出举这一原始的金融活动。而调与庸的前身也是"贡纳"，后者建立在此前发达的交通基础之上。虽然这些制度的前身都可以追溯到律令国家诞生前的制度，但畿内的都城还是形成了很强的向心力，因此各地的特产才会被集中运送到都城。

另一方面，都城的官署与国、郡的官衙也建立起工匠与艺能民的组织，这些人掌握着到那时为止在列岛社会中不断积累起来的技术。尤其需要注意的是，律令国家的交通体系以陆路交通为基础。宽达数十米的道路以都城为中心铺设开来，并且尽量修得笔直。

笔直的道路从都城通向四方，往东有东海道、东山道、北陆道，往西有山阴道、山阳道，往南有南海道。以这些道路为中心，一种覆盖广大地区的地方制度——"道"由此建立了起来。而九州也以大宰府为中心，建立了西海道。道路笔直的陆路交通构成了律令国家交通系统的基础。

在此之前，大海与河川是主要的交通道路。但律令国家无视这一状况，以坚决的态度构筑了以陆路交通为基础的交通体系。

"驿家"是道路沿线的交通设施，每隔4里设置一处。虽然列岛上有许多河川，却很少见到水驿[1]。只有在位于边境的出羽的最上川才能看到少数水驿。至少从制度上看，国家并未对河川的交通多做考虑。

为何会制定这些不自然的制度呢？其中的缘由多种多样。这个国

1　古代律令制中，为了渡河而配备船与船夫的驿站。

家不久前在与唐和新罗联军的战争中战败，对它来说，军事考量十分重要。除了这种暂时的需要外，从本质上看，这个国家面积虽小，却抱有成为古代帝国的雄心。

古代国家都有希望向四周扩大势力并成为帝国的志向。罗马帝国、波斯帝国、印加帝国都尽可能地将道路修得笔直。由此可见，以"日本"为国号的这个律令国家也同这些国家一样，具备了体现古代帝国文明的特征。

此外，农本主义是这个国家各种制度的基础。因此国家不断强调"农乃天下之本"或"农乃国本"。因为国家施行的是以水田为基础的租税制度，这么做也理所应当。以儒家为背景的农本主义文明，成为这个以畿内为中心、以西日本为主要支撑的国家的制度，并对日本列岛社会产生了巨大影响。

另外，在这一时期，人们第一次意识到朝鲜海峡是国境。对马还在面向朝鲜半岛的地方修建山城，派防人[1]守卫。

但此时的津轻海峡尚未成为国境。对于这个国家的统治者来说，从中部到关东的"东国"是一个性质完全不同的地区。统治者以半征服、半联合的形式统治着这个地区。因此在一开始，统治者需要花费大量精力来管理这里。律令国家的行政制度还普及至关东地方。

"日本国"的范围

但对于这个国家的统治者来说，整个东北地区，以及新潟——

1　指在律令制下，为防止来自大陆的入侵而被派往九州北部沿岸、壹岐、对马等地的士兵。

"越"的北部居住着名为"虾夷"的外族，这些地方不属于国家的领土。北海道自不必说，就连南九州也被认为是"隼人"这个异族的居住地，也在"日本国"之外。在这个国家成立后，它花费了一百年左右的时间入侵东北与南九州，这才征服了这些地方，让它们成为自己的领土。"日本"的侵略行为不仅包括丰臣秀吉时期与近代以后对朝鲜半岛与中国的侵略，古代的"日本国"也曾通过侵略的方式征服了东北人与南九州人。

这个事例也很好地反映出这个国家所具有的古代帝国意识。日本国为了扩大自己的势力与权威而入侵这些地区，试图将它们纳入自己的统治范围。但东北人却进行了顽强的抵抗。因此直到最后，东北的最北部也没有被纳入这个国家的统治范围。

受日本国支配的地方都实行国、郡、乡的行政制度。但东北的最北部、津轻半岛与下北半岛直到11、12世纪才设立郡。在此之前，这里只有"村"，这并非正式制度中的单位。因此严格来说，东北的最北部在此之前还不属于"日本国"，津轻海峡也不是"国境"。

在本州的大部分地区都进入弥生文化时，北海道还处于绳纹文化的阶段，学者称其为"续绳纹文化"。进入7、8世纪后，受到南方的影响，北海道出现了擦文文化。这一阶段出现了独特的擦文土器。人们使用铁器，从事一些农耕活动，而捕鱼尤其活跃。最近的考古学界普遍认为，还不能认为擦文文化就是阿伊努文化。关于这点似乎还有不少争议。擦文文化也进入了东北北部。

与此同时，尼夫赫人将鄂霍茨克文化带到北海道东海岸。尼夫赫人原以黑龙江一带为据点，属于通古斯民族，或许也是女真人的一支。鄂霍茨克文化完全不同于日本列岛的文化。拥有这种文化的人擅长航海，甚至被称为"东北亚的维京人"。他们也是猎捕海洋动物的高手。

鄂霍茨克文化或许对日后阿伊努人的送熊仪式产生了影响。擦文文化人也积极进行交易，与东北亚保持密切交流。通过这些活动，北方文化对东北与关东产生了影响。

例如，最近在东北南部发掘了一座9、10世纪的大规模铸造遗址，它甚至可以被称为"铸物工场"。在此之前，人们认为，铸铁技术是从西部传播到东部的。如果只看文书的话，的确会这么认为——西部的铸物师在12、13世纪左右迁居东部，从而带去了技术。但东北南部却发现了比西日本大得多的铸造遗址，而东北北部也发掘了许多炼铁遗址。此外，东北亚狩猎民族使用的内耳式锅也进入了东北、关东与中部。由此可见，北方文化的确曾传入本州。

此外，上文也提到，从都城来到关东的贵族与官员会与虾夷交易，以购入大量马匹，这在8、9世纪成为中央政府的问题。此时的东北地区大量饲养马匹，马文化相当发达，这可能也来自北方。由此可见，我们也无法忽略这一时期来自北方的文化。

另一方面，在这一时期，南方的冲绳也与中国进行交流。冲绳考古学方兴未艾。这一时期被称为贝冢文化，捕鱼十分活跃，但尚未看到农耕的痕迹。从出土的8、9世纪的陶瓷器可知，冲绳与中国的交流十分活跃。我们可以对今后的研究抱有期待。

由此可见，8、9世纪的日本国，北以东北北部为国境，南至喜界岛。

进入8世纪以后，日本列岛社会中实施的各种制度都开始显露弊端。以陆路交通为中心的交通制度最早表露出了其不合理性。利用河流与海洋搬运重物的方式，在 8 世纪上半叶开始得到国家承认。

这个国家最初的制度规定，一切公务交通都必须通过陆路进行。因此，百姓在缴纳调与庸时，也需要自备干粮，通过陆路将调与庸送到都城。国司等官员在都城与任命地之间往返时，利用的也是陆上交通。但进入 8 世纪上半叶，其他交通方式获得了允许。考古学的发掘调查显示，到了 8 世纪末，陆路大道渐渐被废弃，道路开始变窄，有的地方已无法通行。而进入 9 世纪后，利用大海与河流的交通方式再次成为主流。

此外，这个国家在建立之始，也曾派遣遣唐使，并与中国保持活跃的交流。进入 9 世纪后，这一交流变得时断时续，反倒是列岛与中国和朝鲜半岛之间非官方的交流再次活跃了起来。例如，9 世纪时曾发生过朝鲜半岛的新罗人与肥前（长崎县）的豪族试图联合制造武器、将对马纳入统治范围之事。朝鲜半岛与北九州原本就是"倭人"的活动范围，自古以来联系紧密。这种关系摆脱了国家的制约，又一次浮出了水面。

这个国家也试图对商业与流通进行管理。都城的东市与西市，以及各国国衙的市作为官方的交易场所，受到国家认可。但如前所述，在国家成立前业已存在的交易、商业与金融活动超出了这个时期的国家管制，变得更为活跃。一个有趣的现象是：在从事这些商业与金融活动的人中，有许多女性与僧侣。

《日本灵异记》这本宣传佛教功德的故事集记录了 8 世纪的事。其中记录了一位名为"田中真人广虫女"的女性的故事。她在借出酒和米时，用小号量器借出，但在收回时却使用大号量器收回，因此收取了非法利息。此外，该书还记录了一位女性将大安寺中原本属于佛的钱借给别人以收取利息，而后致富的故事。另外，还有僧侣带着同样属于大安寺的佛物，从奈良前往越前的敦贺做生意的故事。由此可见，女性和僧侣从事着金融与商业活动。

很难用三言两语解释清楚这种现象的原因。但其中一个应该是：这个国家规定，负担租税、调、庸的人是 20 岁以上的成年男性。换句话说，成年男子是官方认可的国家成员，而女性和僧侣则被排除在所谓"基本的国家成员"之外。

在相当长的时期内，这一现象一直都是日本列岛社会中商业、金融活动的特征。女性与僧侣在此之后也继续在这些领域发挥重要作用。而这一时期是这些活动能够获得文献佐证的最早时期。不过，女性（尤其是海民与山民的女性）从事商业活动，或许可以追溯到古坟时代甚至弥生时代。这不仅与国家制度相关，也与女性的性别特点有关（正如我在第一部分中所提到的那样）。

总之，借助海河的交通，这些人让这一时期人与物的流通变得更为活跃。不只是都城与各地区之间人与物的交流，地区与地区之间人与物的交流也更为频繁。

从这一时期作为"调"运往都城的各地特产可以看出，各地的手工业技术已相当发达。调有时也会成为交换手段，下文还会再提到这点。盐、绢、布、铁、马等都具有这种功能。不过米不会被用作调。

此外，调中有许多海产品。大量鲣鱼、鲍鱼、海草与鲑鱼被运往都城。它们会被当作"神馔"，也就是献给神明之物。即使是在一般的场合中，它们也会被视为礼品。即使到了现在，干鲍鱼片也是礼品的象征，而海苔与柴鱼片也常常被当作礼物。这一习俗历史悠久。

为了筹措这些特产，各国需要进行交易，在此基础上将筹集来的物品运往都城。因此在这一时期，各地的商业并未衰退，反倒更加活跃。

海上交通与承包租税

自 9 世纪至 10 世纪，情况发生了很大变化。上述的国家制度只剩下空壳。律令制度自 9 世纪起基本上失去了实质，而到了 10 世纪上半叶，则发展成了与此前完全不同的制度。

首先，10 世纪上半叶曾出现过由平将门建立起的、以关东八国和伊豆为基础、以太平洋的海上交通为立国前提的东国国家，虽然它存在的时间很短暂。另一方面，被视作"海贼"的海上领主们则活跃在西国的濑户内海一带，其中的藤原纯友也试图从王朝中独立。

在这一时期，新罗的海盗也十分活跃，而藤原纯友的势力也与他们有联系。也就是说，从濑户内海到北九州，再到朝鲜半岛，这片区域的海上联系十分密切。当时发生的大规模政治叛乱正以此为基础。

如前所述，从很早的时候起，太平洋一侧的海上交通就稳定且活跃。因此，平将门与藤原纯友之间很可能存在情报交流。西国的藤原纯友势力沿着淀川向上游扩大，甚至到达了京都。而平将门则试图控制东北。朝廷面临前所未有的危机。如果平将门没有因为草率的作战方式而早亡，京都的王朝说不定早就化为乌有了。但平将门的王国只维持了两三个月，王朝国家由此保存了命脉。

　　不过，以这个大事件为分水岭，这个国家的租税制度与地方制度发生了很大变化。一言以蔽之，此前带有官僚性质的地方制度不复存在，取而代之的是由国守[1]与受领[2]代理的租税承包制度。也就是说，各国长官负责承包一定数额的租税的缴纳工作，再将租税交给国家。

　　这种制度之所以成为可能，是因为连接整个日本列岛的海河交通路线稳定且活跃，各种各样的人与物都可以自由移动。

　　国守虽然有时会前往赴任地，但也会在都城附近的交通要地（例如淀，或琵琶湖的大津等地）设立仓库。这种仓库被称为"纳所"，其中储藏着利用各自的河海交通运来的各国物资。朝廷或寺社提出要求，储藏在仓库中的一定数量的物资就会被缴纳给政府或寺社。

　　像这样，各地物资利用各自的海上交通路线，由与受领有关的专业运输人员（例如"梶取"或"纲丁"）搬运至都城周边。此前让百姓利用陆路运输调与庸的这种不合理的制度已不复存在，取而代之的是利用列岛的自然条件，借助原有河海交通，将诸国物资运送至都城附近的制度。此外，国守也将仓库与纳所的经营交给像专业的金融从业者或商人这类财力丰厚之人。

　　集中在纳所里的物资，都可以在都城附近的市场中被换成其他各种物品。这些物资包括米、绢、布、盐、铁、马等物。也就是说，它们具有货币功能。国守将这些物资拿到市场上交换，以筹备朝廷

1　律令制度下国司的长官。
2　平安时代中期以后实际赴任地的国司。

献给领主之物（出自《粉河寺缘起》，粉河寺藏）

需要的各种物品。

　　另一方面，此前的制度规定，中央的官署需要将工匠与艺能民当作职员编入组织。但到了这一时期，因为官署遇到了财政困难，所以大家需要自行筹措费用。各个专职业者开始成立自己的组织，形成独立的专职集团并展开活动。

　　例如，铸物师原本隶属于典铸司或内匠寮。但进入 11 世纪后，他们改隶“藏人所”这个官署，负责提供宫殿内使用的灯炉，同时也发展出了独立的铸物师组织。他们被称为“灯炉供御人”，享有在各国自由通行的特权。他们一边从事铸造工作，一边拿着铸造好的铁器等物周游全国，从事交易活动。

　　其他的手工业者也是如此。桧物师[1]、铁匠等也隶属于各自的集

1　以桧、杉为材料制作木制用具的工匠。

团，以此展开活动。专
职业者的这些活动离不
开发达的全国交通，而中
央官署又建立在这些专
职业者集团的基础之上。

　　因此自 10 世纪以降，
不论统治者的意愿如何，
国家以各自独立的、发
达的工商业与物流运输
和河海交通为基础，建
立起了新的体制。

　　日本与中国和朝鲜
半岛的交易也是如此。
在这一时期，像遣唐使
这样的国家层面的交流
已经停止。但民间社会

京都的堀川，将木材捆成木筏并往岸上拉（出自《一遍
圣绘》，东京国立博物馆藏）

之间的交流却比以往更为活跃。

　　此时的中国处于宋代，而朝鲜半岛正当高丽时代。到了 10 世纪
以后，大量来自宋与高丽的商船来到日本列岛。日本也向高丽与宋
派遣商船。借助这一交流，大量"唐物"流入日本列岛。这些交易
与国家无关，但十分活跃，各位统治者也通过这些交易获得唐物。

　　国家制度发生了上述变化，因此京都的性质也随之发生了变化。
此前的京都采用"都城制"，分为左京与右京，街道呈棋盘状，贵族
与官员居住其中。不过，由于平安京的建设工作半途而废，右京并

未完成建设就变成了田园。

到了 10 世纪以后，流经周边地区的河流对于京都来说开始变得不可或缺。借助鸭川、淀川、大堰川、桂川、宇治川，甚至山的另一边的琵琶湖，京都开始发挥城市的功能。也就是说，京都是一座建立在河流交通基础之上的"水都"。

金融从业者的网络

上文也提到，受领的仓库被交由专人管理经营，这些人大多是金融业者。我们已经清楚地了解到这些人在 12 世纪后的金融活动。

一份保延二年（1136）由明法博士[1] 联合署名的文书记载了以下内容：隶属于日吉神社的"大津神人"同时也是"借上"，是金融业者。当受领需要筹措承包的租税或献给国家的贡物时，他们会向这些管理仓库的神人借米。受领利用这些米，筹集并缴纳朝廷要求的物品。因此，虽说租税由国守承包，但实际的负责人则是管理仓库的金融业者。他们的网络支撑着国家体制。

日吉大津神人有自己的组织。"日吉上分米"是他们金融活动的资本。"日吉上分米"是献给日吉神明的初穗米，而借给国守或官员的也正是这些米。作为担保，国守会将名为"切符"的国司厅宣或国符等征税令书交给神人。官员也同样会将名为"切下文"的征税令书交给金融业者。

日吉大津神人的网络分布范围非常广阔，包括从北陆诸国到濑

---

1 古代日本律令体制下，从属于大学寮的一个官职，属于令外官。

户内海，再到北九州之间的地区。在这一时期，名为神人的金融业者、海运业者与商人都拥有这样的网络。神人组织以神佛的权威为支撑，凭借自己的力量筹措税金。换句话说，他们拿着国司或官署作为担保交给他们的征税令书前往各国，让各地的仓库交出物品。当时的征税就是以这种方式进行的。

值得注意的一点是，无论是像"切符"或"切下文"这些由国司或官署发出的征税令书，还是国司的收据（即"返抄"），它们都在金融业者的同行之间转手。可以认为，这些文书就是最初的票据。而从这份保延二年的文书可以看出，这些票据之所以能够兑现，是因为它依靠了金融业者与神人的网络。

因此在这一时期，国家的征税活动不仅离不开以发达的河海交通为前提的金融、商业网络，而且也需要依靠早期的票据在各地的流通。这一时期的经济已经发展到了这种程度。

关于支撑这一征税制度的海上交通，实际上早在这一时期就已经出现了"回船"体系。虽然人们最早是在 12 世纪的史料中看到回船的，但我认为，早在 11 世纪时，回船的路线与回船人的组织就已经建立，并覆盖了整个日本列岛。

尤其应考虑到，日本海的海上交通十分活跃。自北方而来的船只在到达敦贺后，走一小段陆路后就可进入琵琶湖，在穿过琵琶湖后到达大津，再从大津走一段陆路后就能到达京都。此外，自山阴而来的船只在到达若狭的小滨后，也可以通过琵琶湖到达大津，最终进入京都。这条路线还与从濑户内海前往北九州的、横穿日本列岛的水路大动脉相连。

在这一时期，许多来自中国的"唐船"会来到北九州，有的也会进入北陆的敦贺、小滨、能登等地。这些进入北陆的"唐船"上装载的陶瓷器或唐物也借由这条琵琶湖路线进入京都。不过，"北九州—濑户内海—京都"这条海上交通线自然是最主要的。但我们也需要注意，与中国相连的海上路线不只有一条。

"十三凑"位于津轻半岛上一个名为"十三湖"的潟湖的出口处。最近的发掘显示，从很早的时候起，这里就发展出了城市。这里出土了大量中国制造的青瓷与白瓷，以及来自列岛各地的陶瓷器。12 世纪以后的陶瓷器大量出土。因此可以认为，自平安时代末期起，中国制造的青瓷与白瓷也流入了十三凑。

进入 13 世纪后，能登半岛的珠洲烧也流入了十三凑。它们也同样流入了北海道的上之国与余市。由此可见，日本海的交通道路从很早的时候起就趋于稳定，而十三凑正是一个大型据点。

从最近发掘的平泉的"柳之御所遗迹"可知，太平洋一侧的海上交通比我们原本以为的更加稳定且活跃。这里曾是奥州藤原氏灭亡之时，秀衡[1]与泰衡的居所。这个遗迹也出土了大量中国制造的青瓷与白瓷。平泉在 12 世纪末期灭亡。在 12 世纪前，来自中国的青瓷与白瓷通过太平洋道路流入平泉。

此外，这个遗迹也出土了大量常滑与渥美的陶瓷器。这些陶瓷器烧制于知多半岛与渥美半岛。此外，该遗迹还出土了渥美烧制的大甕。它们应该是通过船只运输，经过太平洋到达北上川，再逆流而上到达平泉。既然可以运输如此大量的陶瓷器，那么可以认为，在这一时期，太平洋一侧海上交通十分稳定，甚至与"回船"出现

---

1 秀衡是奥州藤原氏第三代首领，其子泰衡为继任者。奥州藤原氏后为源赖朝所灭。

后的稳定程度不相上下。船只
可以顺利通过伊豆半岛、房总
半岛与犬吠埼。

　　不仅如此，常滑烧还绕过
纪伊半岛进入濑户内海，甚至
经过土佐冲进入九州。11、12
世纪时的确存在绕过纪伊半
岛、向西而行的航线，而且这
条航线的开辟时间或许更早。
或许当时仅靠一艘船就绕过了
纪伊半岛。借助各个港口的联

平泉出土的常滑烧大瓮

络，沿着整个日本列岛航行的船只与回船路线在 11 世纪就已确立。

　　在 12 世纪末或 13 世纪初，上述回船与唐船也定期来到对马。
由此可见，金融业者与商人的活动网络正是建立在固定且稳定的
回船交通的基础之上，而国家的税收则需要依靠金融业者与商人
的网络。

　　此外，进入 12 世纪后，中国制造的青瓷与白瓷也大量流入冲
绳。在进入日本列岛的中国瓷器中，流入冲绳的数量应该是最多的。
瓷器的流入可以追溯到唐代，但大量的瓷器流入应该要等到11、
12 世纪后。在这一时期，来自本州与九州的文化也明显地传入了冲
绳。人们也从事一些农耕活动。与此同时，各个圣地也开始建设"城
(gusuku)"，这些城成了宗教、政治与军事的中心。由此可见，冲绳
也逐渐在朝着国家形成的方向发展。

各地出现的城市

　　这一时期，在本州、四国与九州的中心地区或交通要道，城市逐渐发展起来。京都自不必说，而东北的平泉无疑也是一座城市。包括十三凑、秋田、多贺城在内的陆奥府中等地也都出现了城市。

　　关东的情况也是如此。早在源赖朝将根据地确定在镰仓之前，这里已经出现了一些城市特征。在它成为东国国家的中心，即"东国之都"后，与之相连的六浦津也发展成了港口城市。霞浦与北浦有许多码头，例如鹿岛的大船津。它们也同样具备城市的特征。

　　北陆的三国凑、敦贺、小滨，琵琶湖的大津、坂本、海津、盐津、坚田、船木等都可以算作城市。此外，在宇治川与淀川沿岸，也有宇治、山崎、淀、吹田、江口、神崎等城市。各地出现的城市数不胜数，例如面向濑户内海的仓敷、尾道、灶户，北九州的博多、宗像，有明海的神崎，南九州的坊津等。

　　因此，这一时期的统治者在制定统治制度时，自然也会将这些商业与流通的实际情况考虑在内。自 11 世纪下半叶起，天皇家与摄关家，以及东大寺、兴福寺、延历寺等大寺院，或是上下贺茂、伊势、日吉、春日、石清水八幡等大神社，都在诸国拥有各自的庄园或知行国[1]。在每年举行法会或祭典时，为了筹措费用，他们会让特定的田地、庄园或公领利用各自的组织，自行筹措、上缴年贡或公事等租税。

1　指日本古代、中世时，为皇族、公家、寺院神社等划定特定的国，并对它们授予国司任免权与从该国获得收益的制度，亦具体指这种国。

在这一变化的过程中，庄园与公领（国衙领）的区别逐渐显现。名为"庄园公领制"的土地制度在13世纪上半叶前得到确立。贵族与寺社以此为基础，建立起各自独立的经济体系。仔细研究这些贵族或寺社设立庄园或公领的方式就会发现，这些设立方式都经过了精心规划。

这里举一个摄关家的例子。在藤原赖通的时代，藤原家将宅邸建在宇治。平等院就十分有名。此外，巨椋池一带还有富家殿、冈屋殿等殿舍。宇治川与巨椋池是通往京都的河道要冲。藤原家首先占据了此处，而后又在淀川沿岸的山崎、楠叶、淀等处建立据点。他们也在濑户内海的交通要地建立据点。

此外，在院政时代，天皇家将据点设在鸭川东边的白河。从这里翻过一座山就能到达琵琶湖，因此它也是一个交通要地。这里建造了名为"白河殿"的宫殿，以及法胜寺等被合称为"六胜寺"的寺院。

进入12世纪后，鸭川与桂川的合流处还建造了鸟羽殿。这里也与宇治川和淀川相通，是一个水乡地带。不仅有大型宫殿建造于此，还有隶属于宫殿的"殿人"或"杂色"等专职业者。因此，这里也成为政治与经济的中心。天皇家对于京都周边河流交通的实际状况有很好的把握，对于海上交通也有所了解。上皇掌握着与大陆贸易的据点，例如北九州的宗像社，或是面向有明海的神崎庄。

寺院与神社的情况也是如此。例如，神护寺虽然领有若狭国的"西津庄"，但也掌握了与之相距甚远的"多鸟浦"与"汲部浦"等海湾上的港口。此外，虽然新日吉社的领地是位于内陆的"仓见庄"，但它也领有常神半岛海岬附近的"御贺尾浦"。由此可见，港

马借与车借（出自《一遍圣绘》）

口常常成为庄园的飞地。这些事例很好地反映出，这一时期的统治者会根据海上交通考虑领地的配置。

平氏曾担任"御厩别当"（也就是鸟羽殿的上皇马厩的管理者），因此也管理马厩中的牛马以及使役这些牛马的牛饲，还会管理车借，以及作为御厩舍人或居饲的马借。此外，上皇马厩的领地多为河流沿岸的牧场。京都南部的巨椋池附近就有一个名为"美豆牧"的地方。这里也是马厩的领地。它既是港口，又是牧场。淀川沿岸分布着许多这样的牧场与港口。"厩别当"会将这些领地占为己有。

平氏还掌握着濑户内海的交通要地——严岛，也拥有许多庄园。他们管辖着九州的宗像社，担任大宰大弐[1]并掌握了大宰府，还统治着博多。他们为上皇管理有明海的神崎庄，还掌握了日宋贸易。

到目前为止，每当提到庄园或公领时，我们都只会想到土地或田地的相关问题。但在当时拼死维护自己利益的统治者、贵族、寺院或神社在配置领地时，绝不只考虑田地的问题。虽然他们会认真地将庄园的田地应缴的年贡或公事考虑在内，也会考虑各种特产物品，但他们考虑的问题不只有这些。在配置庄园时，他们还会综合

1　大宰府的次官。

考量港口、码头、海湾等河海交通与山林原野的状况。

我也在第一部分中提到，神社、寺院、天皇家与摄关家也会向回船人、商人与专职业者授予神人、供御人、寄人等称号，并让其形成各自的组织。

由此可见，在这一时期，统治者不仅掌握着各自的土地，而且也掌握着各自的交通系统，还组织起各种各样的专职业者。不论是王朝国家还是东国国家，成立于平安时代末期的中世国家就是这样诞生的。

此前的历史学家认为，中世社会是只以农业为基础的封建社会。但如果照此定义，我们就无法了解到日本社会的全貌。况且，虽然在某个时期里，学者普遍认为庄园制自给自足，但这种看法实际上完全没有根据。

此外，虽然商业资本与金融资本还和神佛存在一定联系，但它们的确也十分活跃。米、绢、布被当作货币，成为交换手段、支付手段与价值尺度，并开始正式流通。12世纪的经济运作方式就是如此。王朝国家将其转化为庄园公领制与神人—供御人制，从而实现制度化。那么，我们又该如何在人类社会中定位这种制度和日本社会呢？这一问题有待将来解决。

第三章

庄园、公领的世界

庄园公领制

　　中世的土地制度——"庄园公领制"确立于 11 世纪下半叶至 13 世纪上半叶。公领由郡、乡、保、名这些单位构成，而庄园则以庄为单位。在此之前，只要一提到庄园，人们就会认为这是以田地为对象的大土地所有制，田地所有者通过役使下人与百姓对农业进行管理。

　　但实际上，不论是庄园还是公领，它们本质上都是承包租税（即年贡与公事）的单位。郡、乡、保、名等公领通过国衙，向知行国主[1]缴纳租税。而庄园则直接向天皇家、摄关家或大寺社缴纳租税。

　　此外，郡、乡、保、名、庄还会任命有权势者担任郡司、乡司、保司、名主、庄司等职务。这些人承包缴纳特定面积的田地所对应

1　"知行国主"指获得知行权的贵族或寺社。知行国主拥有推荐国司的权利与获取租税的权利。

的租税，负责将其交给知行国主或庄园的所有者。这就是所谓的庄园公领制。

郡、乡、保、名、庄的形成与分布状况并不一致，每个国的情况各不相同。而东国、西国、九州的情况尤其不同。东国与九州的单位更大，郡有时直接就是一个庄园。而畿内附近的一些庄园的田地则会分散在不同地方。但这一土地制度还是覆盖了本州、四国与整个九州。

所以说，庄园并非农业经营单位。此前的研究认为，庄园是以田地为中心的、自给自足的经济单位。米（年贡）与山野河海的物产或手工制品（公事）被当作地租缴纳给领主。这种观点并不正确。

庄园与公领的百姓所承担的年贡绝不只有米一种。各种各样的物品都可以成为年贡。几乎所有伊势（三重县）、尾张（爱知县）、美浓（岐阜县），以及东国的庄园和公领都将绢、棉或布作为年贡。除此之外，中国地方的山地[1]还会将铁作为年贡。但马的年贡是纸，陆奥的年贡是金或马，而濑户内海的岛屿则将盐作为年贡，以米作为年贡反而比较少见。包括米在内的这些物品也都可以充当货币，被拿来交换。

那么，为何人们会以为年贡就是米呢？这是因为，从原则上看，年贡是向田地征收的租税。也就是说，即使征收的物品不是米，计算年贡时也会将田地作为计算标准，例如每一反田地征收五两铁，或每一町田地征收二匹绢。不过，因为田地只会产出米，如果要将

---

1 即日本中国地方的山地。中国山地东西狭长，东起市川、圆山川（皆位于兵库县）附近，西至响滩海岸（山口县西岸），长约500千米。

铁或绢等物品作为年贡的话，那么需要先进行交易。例如，假设每一反水田需要缴纳五两铁，就需要通过某种方法，先将一反水田收获的米换成五两铁。这种交换可以呈现出各种各样的形式。总而言之，庄园公领制从一开始就以交易为前提，因此，认为庄园自给自足的观点完全站不住脚。

盐的庄园——弓削岛庄

在濑户内海的伊予国，有一个名为"弓削岛庄"的庄园。这个庄园在岛上，所以几乎没有田地。这里的百姓基本上要么制盐，要么捕鱼。缴纳的年贡以盐为主，而公事则是海产品。

这个岛的代官夏天从旱地里征收麦，而秋天从水田里征收米作为年贡。但代官又会将这些米麦作为"盐手麦"或"盐手米"再借给百姓。这些米麦实际上会继续留在百姓手中。但代官会认真收取借据，让百姓用盐来偿还，以此收取盐年贡。

可以将此理解为用盐交换米麦。虽说是交换，但实际上，弓削岛庄通过这种方式，将盐作为年贡。它是一个著名的"盐的庄园"。

与盐手米一样，以铁作为年贡的庄园会将名为"铁手米"的米借给百姓，并收取铁作为交换。此外还存在"绢手米""金手米""纸手米"等。庄园与公领收取的年贡立基于这些借贷与交易行为之上。

此前的历史学家认为，弓削岛庄位于岛上，田地稀少，所以是一个贫穷的庄园。关于这点，我们需要转变一下思路。此前的学者认为，农业不发达的地方，或是因没有水田而收获不了稻米的地方一定很贫穷。具体到弓削岛庄的情况就是，它位于不与周边接壤的

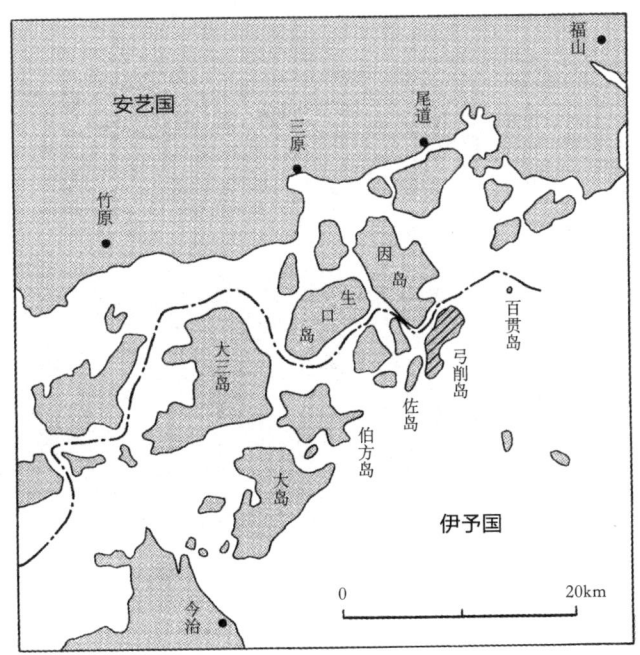

弓削岛所在地区

离岛上，田地稀少且十分贫穷，所以岛上的人不得不在盐田制盐，从事艰苦的劳动。这种看法存在了很长时间。

　　但在仔细调查了弓削岛庄百姓的实际情况后就会发现，这种看法是错误的。这里举一个例子。在镰仓时代末期，这个岛上有一位名为"清左近"的百姓。他的财产曾被代官查封。虽然他只拥有很少的田地，是位小百姓，但被查封的财产却包括十头牛、五位下人，以及绢和小袖等大量家用物品，因此他是个富有之人。

　　这样的人当然算不上贫穷。他的牛可能是用来搬运盐木的（盐木是制盐所需的燃料）。牛应该是很值钱的，而岛上的小百姓甚至可

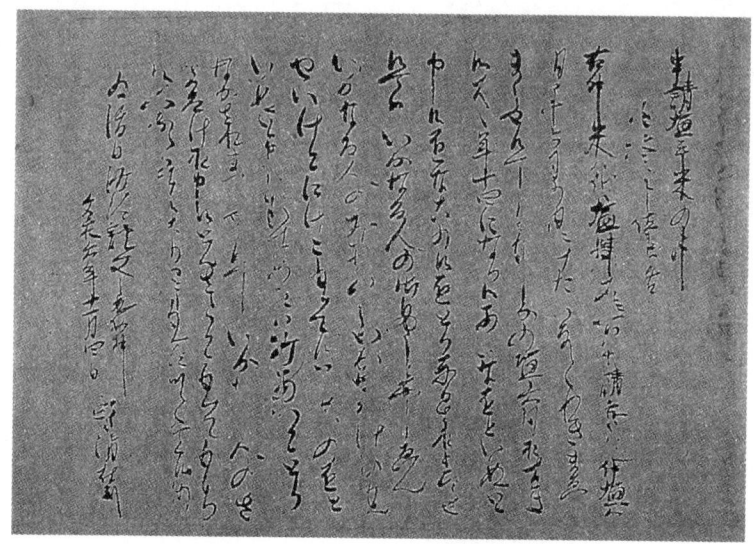

伊予国弓削岛庄百姓守清的盐手米请文（抄本）（出自《东寺百合文书》ru 函五号，京都府立综合资料馆藏）

以拥有十头这样的牛。只用这个例子就足以证明，这个岛上的百姓应该是很富裕的。

　　岛屿并非因四面环海而受到孤立。相反，岛屿借由大海通向广阔的外部世界。田地稀少的岛屿也未必贫穷，有很多岛屿也凭借其他产业或交易而变得富有。弓削岛的盐经过濑户内海到达淀川。沿淀川逆流而上，从淀到达鸟羽。在鸟羽搭载车借的车，最后被运到京都。岛上的百姓自己做船长（即"梶取"），并用自己的船运输这些盐。年贡被交给领主，也就是东寺。而百姓还在淀进行交易，贩卖自己的盐。

　　此外，15 世纪左右，弓削岛庄生产的大量食盐也被运往兵库的港口。即使到了中世后期，弓削岛也依旧是著名的产盐之地。进入江户时代后，弓削岛的港口继续繁荣，甚至还有游女活动。弓削岛庄的百姓并非生活在小型离岛上的贫苦百姓。而认为弓削岛庄是一个自给自足的庄园则同样毫无根据。

铁、纸、漆的庄园——新见庄

让我们再来看看另一个例子。备中国（今冈山县）有一个名为"新见庄"的庄园。新见庄地处内陆山区，位于高梁川（该河流在仓敷附近注入濑户内海）上游，与出云和伯耆相邻。如今伯备线[1]的新见站位于这个庄园的中心。

新见庄的许多田地都沿山谷分布。由于镰仓时代的土地账簿保存完好，我们可以清楚地了解到百姓所承包的田地，或是百姓名田的状况。新见庄也因此而出名。与弓削岛一样，新见庄在镰仓末期也是京都东寺的领地。东寺保存了大量相关文书。因此，关于新见庄的研究从很早的时候就开始了。但以往的这些研究还是将它看成一座位于内陆山区且交通不便的庄园。

新见庄的确位于高梁川上游的山区。而且在整个庄园中，山地所占比例远高于农田，甚至直到最近还在实行刀耕火种。因此，许多学者自然会认为这是一个偏僻的山区庄园。

但正如我在上文提到的，百姓并不等同于农民。当我抱着这种想法重新阅读庄园的相关文书后，我对这个庄园的看法发生了根本

1　伯备线是一条由日本冈山县仓敷市仓敷站开始，途经新见站，至鸟取县米子市伯耆大山站的西日本旅客铁路线。

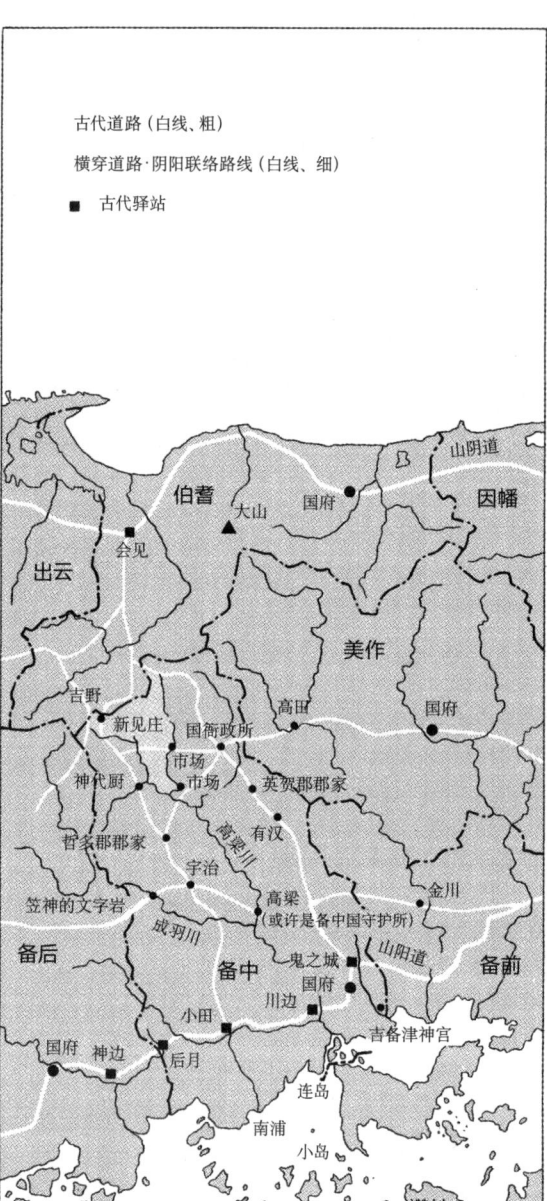

古代道路（白线、粗）

横穿道路·阴阳联络路线（白线、细）

■ 古代驿站

新见庄所在地区

变化。我将在下文对此进行简要阐述。

首先，吉野（高濑村）是这个庄园中最靠近中国山地的深山部分。直至 13 世纪下半叶，这里的百姓都将铁作为年贡。如前所述，这里用"每一反田地缴纳五两铁"的标准来缴纳铁。如果到访吉野就会发现，时至今日，这里还留有大量"金屎"，也就是铁渣。在战争时期，甚至有人建立公司，试图从这些铁渣中提炼铁。由此可以想见铁渣的数量之多。

这里还有炼铁工人供奉的"金屋子神社"。由此可见，这里曾经存在一个炼铁工人集团。当然，这些人应该也会拥有些许田地，不过他们主要依靠炼铁来维持生计。如果在这里进行考古挖掘，或许能够发现高炉。

由于有炼铁工人，这个庄园也出现了铁匠集团，他们是得到正式承认的工匠。百姓中也有铸物师。这些铸物师中，有的是同时具备供御人或神人身份的工匠，有的只有百姓身份。这个时代的铁匠虽然铸刀，但同时也是制作钉子与镉子的建筑工人，并与"番匠"（也就是木工）有一定关系。由此可见，这个村子里存在铁匠集团与番匠等工匠，他们拥有"给田畠"[1]（也就是薪资）。

此外，自中世以来，纸也成了新见庄的特产之一，直到现在也是如此。整个庄园都生产纸。人们以百姓名田为标准缴纳纸，以此作为公事。百姓从事造纸工作，而庄园里也出现了制造"檀纸"这种高级纸的工匠。我们需要注意，这一现象的背景是，造纸技术已在百姓中普及。

1　在中世日本，庄园领主分给庄官、地头、匠人群体等的田地，以作为职务薪俸。

辘轳师（出自《七十一番歌合》）

另外，新见庄里还有很多漆树，百姓也种植漆树。每一个漆树需要缴纳1勺2才5厘的漆作为公事，并将实物运往京都。因此，百姓也从树上取漆。庄园中也存在与漆器生产相关的木器工人——"辘轳师"（也就是"木地屋"集团），他们与在木胎上涂漆的"涂师"一同制作漆器。"辘轳师"也是得到正式承认的工匠，拥有给田畠。

由此可见，新见庄不仅炼铁，还制造铁器、纸、漆、木器以及漆器。不只是工匠集团在从事这些工作，整个庄园的百姓都是如此。此外，人们还捕获、采集或加工各种各样的山中特产，例如野鸡、木柴、木炭、鹿皮、菌类等。生活在这里的百姓经营着多种事业。若照此前的看法，仅仅将这里理解为"农村"，我们就无法把握这里的实际状况。

我们需要认真思考如何定义拥有多种不同性质的村庄。如果借用涩泽敬三的说法，或许可以认为，新见庄是"农村"，同时也带有强烈的"山村"色彩，而且有许多人从事手工业，因此还是一个"工村"。虽然"工村"这个词尚未得到学界的普遍使用，但日本的确存在很多"工村"，例如铁匠村或炼铁村。因此，使用这个词很合适。

这个庄园的田地所产出的米、麦、大豆，与另外的铁、纸、漆等都作为年贡与公事被运往京都。但除此之外，从很早的时候起，这些物品也被当作商品，在市场中贩卖。到了 13 世纪下半叶以后，它们还能被换成钱。

市场多设立在河心沙洲之上，而新见庄在高梁川的河心沙洲上至少有两个市场，一个是领主的，一个是地头的。从这里卖出的物资会被装在船上，顺高梁川而下到达仓敷，再通过濑户内海被运往京都等地。

实际上，新见庄也有专门从事这种船运工作的集团（也就是船人）。船人拥有的给田畠甚至多于"公文"或"田所"等庄官，因此他们的人数也相当多。

而且，这些船上的水手的粮食来源于全庄园百姓缴纳的"水手米"。海边庄园的百姓承担水手米的情况并不罕见。但像新见庄这样由内陆山区庄园的百姓承担水手米的情况却很少见。由此我们可以看出，高梁川上的船运十分活跃，新见庄市场中的商品买卖也十分兴旺。另外，商人也会从各个地方将各式各样的商品带到这个位于河心沙洲的市场进行交易。

有一个需要强调的地方是，不论是弓削岛庄还是新见庄，它们都不是特例。它们都是东寺的领地，在此之前都得到了细致研究。同时，这些庄园也是了解 13 世纪至 15、16 世纪日本社会的很好的例子。因此反过来说，不论我们研究哪个庄园都会发现，这一时期的百姓都从事着多样的职业，而庄园里的工匠也利用着这种环境。不能将庄园理解为只由耕田的农民构成的、自给自足的世界。

此外，认为深山或离岛都是偏僻之处也是现代人先入为主的想

法。在近代以前，离岛反而可以凭借大海与周围建立起联系。许多
离岛也位于交通要地。对于经常借助河流或山道移动的人来说，深
山反而是人员频繁往来之处。另外，认为因吃不到米而只能吃粟或
稗的地方很贫苦，也只是人们的一厢情愿。实际上，这样的地方很
多都很富裕。

钱的流入

自 12 世纪起，来自中国的钱开始流入日本列岛。进入 13 世纪
后，流入的数量大为增加。很少有具体的例子能够说明流入的数量。
但有记录显示，13 世纪上半叶，西园寺家派往宋朝的唐船带回了 10
万贯钱。1 贯等于 1000 文，因此 10 万贯等于 1 亿枚铜钱。这是一
个庞大的数额。这些铜钱在运输时都被放在船底，用于保持船体的
平衡与稳定。

在稍后的 14 世纪上半叶，具体来说就是元亨三年 (1323)，一
艘唐船在朝鲜半岛西南海岸的新安海域沉没。最近，这艘船被整艘
打捞上岸。这艘名为"新安沉船"的船只，底部装载了 28 吨铜钱，
这个数量远远多于 10 万贯。

11 世纪下半叶以降，来自中国的船只装载着如此大量的铜钱，
源源不断地来到日本列岛各地。日本列岛也向中国派遣唐船。宋人
甚至会在北九州的博多与今津、南九州的坊津、日本海的敦贺等地
居住，并建立了像唐人街这样的居留地。

在中国唐船运入日本的物品中，数量最多的是铜钱与瓷器。从
新安沉船中就打捞出了数万个完整的青瓷与白瓷。这是很罕见的。

从新安沉船中打捞上来的青瓷与白瓷

此外，我们还了解到，这艘船之所以前往中国进行贸易，是为了筹措京都东福寺的建造费用。

　　总而言之，从中国流入日本列岛的大量铜钱开始作为货币在社会中流通，并渗透进社会中。这一现象在东日本始于 13 世纪上半叶，而在西日本则始于 13 世纪下半叶。

　　一个很有趣的地方是，直到 12、13 世纪左右为止都将绢与布用作货币的东国（东日本），比西日本更早开始使用铜钱。十文钱也被称为"一匹"，而"匹"则是绢与布的单位。由此可见，铜钱直接取代了绢与布。

　　与此相对，畿内与西国（西日本）则是从很早的时候起就将米作为货币，让米发挥交换手段与价值尺度的功能。平安末期还出现了"替米"，也就是米的票据。换句话说，人们可以在没有实物的情况下，用米的票据完成支付。由此可见，米的确可以充分发挥货币的功能。因此，铜钱开始在西日本流通的时间较晚，米的货币功能

浪冈城遗迹中发现的大量铜钱

一时间难以被取代。在 13 世纪上半叶，幕府就同意让铜钱取代绢和布，在东日本流通。而西日本的铜钱则要等到 13 世纪下半叶起，才开始作为交换手段与支付手段正式流通。

如此一来，到了 13 世纪下半叶至 14 世纪，镰仓幕府开始用钱（即"贯高"）来表示地头与御家人所有土地的年贡与公事（即"所出"），例如 100 贯文的领地，或 500 贯文的"土贡"[1] 领地。镰仓幕府向御家人征收的租税（即"关东公事"）也是用钱征收的。

在这一时期，储藏铜钱的行为成为财富的象征，并大为流行。因此，考古发掘经常会挖到大量镰仓末期－南北朝时期，或 14 世纪以后的铜钱。这些铜钱被称为"埋纳钱"或"备蓄钱"。与此相关的问题还存在许多争议，目前尚无定论。

此前的研究认为，把钱埋入地下是为了储蓄财富。但实际上，地下属于另一个世界，因此如果将物品埋入土中，那么这些物品在离开人手之后，就成了神佛世界的所有之物。地下之物都是无主之物，不属于任何人。因此，不能简单认为将钱放入瓮中并埋入地下是为了储蓄财富。

---

1 镰仓、室町时代从土地取得的贡物，主要指田租。

虽然只是推测，但或许可以认为，将铜钱埋入地下并献给神佛是为了获得这片土地的使用权。还有一种可能是，人们想要让这些铜钱变为无主之物，在它们成为"上分物"或"神物"后，让其成为金融的资本。总而言之，在这一时期，钱币成了财富的象征之一，也被用作金融资本。

由此可见，到了 13 世纪下半叶，钱币完全渗透进了日本列岛的社会之中。货币经济发展到了一个新阶段。不仅如此，信用经济也走上正轨，汇票开始得到广泛使用。

例如，10 贯文钱就是 1 万枚铜钱，这是很重的。就算是 1 缗，也就是 100 文钱（一般来说是 96 枚铜钱）也相当重。而 10 串钱相当于 1 贯，因此如果有 10 贯的话，就会有 100 串钱，这是非常重的。此外，运输现金也十分危险。因此，自然而然就出现了既安全又方便的票据。票据的出现离不开商人与金融业者的大范围交易活动及其网络。

请负代官 [1] 的业务

让我们从这个角度重新审视新见庄。这个庄园在镰仓中期被一分为二，分属于地头与领主。在建武元年（1334），也就是实行建武新政之时，地头一方的代官名为尊尔。东寺保留着他对前一年的年贡与杂物上交状况的报告与决算文书。接下来，我将以此为凭据，介绍代官一年中的工作。

---

1 中世后期，庄园公领制下与领主订立契约，并负责征收和运输庄园年贡、公事的代官。

　　元弘三年（1333）是后醍醐天皇建立建武政府的年份，因此那一年发生了许多例外之事。因为东寺希望提前收取下一年的年贡（即"来纳"），所以尊尔在该年的 3 月、5 月与 7 月，分别从商人那里借来 10 贯文，以汇票的形式送往京都。汇票在当时被称为"替钱"或"割符"。值得注意的是，10 贯文面额的汇票在当时很常见。汇票的手续费被称为"夫赁"。此外，从新见庄将汇票送往京都的运费，基本上是按照每 1 贯收取 50 文钱的标准来收取的。

　　在南北朝初期，从播磨国（兵库县）的矢野庄将汇票呈送给京都，每 1 贯需要支付 30 文运费。运费是按距离决定的。运费有固定的标准。由此可见，呈送汇票的方式已经十分稳定。备中深山里的新见庄与京都之间也存在十分稳定的商人信用网络。镰仓与京都之间也是如此。全国都使用汇票。10 贯文面额的汇票像有价证券一样在各地流通[1]。

　　新见庄需要在 10 月左右前从水田中收获米，从旱地中收获大豆、粟、荞麦等杂粮，并将它们上缴。代官将这些物资收进仓库，并和百姓一起举办酒席。正月初二也会以豆腐和鱼等食物为菜肴，举办这样的酒席。这些酒席的经费部分来自米与大豆这样的实物。因此，代官会根据行情，将它们放在市场上出售。

　　在 3 日、13 日、23 日这些以"3"结尾的日子里，米或杂粮会被放在市场中依照实时市价出售。市价会在某个范围内的市场中确定下来（虽然这个范围有多大，我们不得而知），而代官会认真判断市价，尽可能在价格较高的时候卖出。如果他在价格较低时卖出，或

1　櫻井英治：《关于割符的考察》（『割符に関する考察』），《史学杂志》104 编 7 号。

者虽然卖出了高价却谎报卖出价，那么代官就是疏忽职守，会在日后受到监察并遭到罢免。

漆与纸数量较少，它们都被直接运往京都。但铁的情况却有所不同。在这一时期，吉野与高濑村的百姓都自行将铁拿到市场上贩卖，并向代官缴纳钱币作为替代。也就是说，这相当于是对田地征收钱币（也就是"钱纳"）。

值得注意的一点是，早在14世纪初，属于地头一方的新见庄市场就已经在制度上被认为是一座城市。对房屋所做的调查显示，在高梁川河心沙洲的市场上，受到正式承认的房屋有14家和17家，总计31家。这些房屋或许分别沿着道路立于两侧。而且还存在没有被调查到的租赁房屋。因此实际的房屋数量应该更多。

另外，这个市场中有两位被称为"保头"的人。"保"是庄园与公领的单位名称。不过，它原本是京都的行政单位，后又被引入了镰仓。此外，丰后的府中与山城的山崎也有"保"这个单位。就是说，保也是城市的行政单位。新见庄的市场也在14世纪初设置了"保"，而负责统管保的就是"保头"。庄园的统治者将其中一位保头任命为"市庭沙汰人"[1]。由此可见，迟至14世纪初，新见庄的市场在制度上就被认为是一座城市。

城市的土地被称为"地"，而"地子"就是针对"地"收取的租税。京都与镰仓都是如此。而新见庄市场中的31家房屋及其"后地"也需要缴纳地子。这也证明了新见庄的市场的确被视为城市。

1　即市场管理人。"沙汰人"在中世时具体指负责收取庄园年贡的下级庄官。

而这里，就是如今新见市的前身。

在收到市场的地子钱，以及由卖出米与杂粮所得的替代钱币后，代官尊尔先后买入了 2 张 10 贯文面额的汇票（价值 20 贯文）与 5 张 10 贯文面额的汇票（价值 50 贯文），并分别在 9 月与 12 月将它们送到京都。9 月的手续费是每贯 60 文，而 12 月的则是每贯 50 文。

这些收支情况的决算工作一般在年末进行。但由于元弘三年是战乱之年，决算被推迟到第二年。

当时尊尔制作的决算报告被保留到了现在。首先，收入部分包括出售米与杂粮的所得、代替铁年贡缴纳的钱、市场的税收、代替桑缴纳的钱、每一反田地多征收的 50 文钱（相当于 5 升米）等，这些内容都被尊尔按项目分别记录了下来。值得注意的是，出售米与杂粮所得的收入仅占全体收入的 41%，甚至少于代替铁年贡缴纳的钱。由此可见，我们不能认为这个庄园是个"农村"。

接下来是支出。支出部分包括预缴的 3 月、5 月、7 月各 10 贯文钱，在 10 月的决算月前每个月 6% 的利息（6 文子），以及呈送汇票的手续费（即"夫钱"）。尊尔将支出的总额记录下来，并将细目写在另一张纸上。

除此之外，9 月、12 月分别送往京都的 20 贯与 50 贯汇票及其手续费也被记录在案。此外还有祭祀庄园内诹访神社的费用、举办射弓祭典的费用、举办正月庆典的费用，以及将年贡收入仓库后与百姓共同举办酒席的费用。这些都被视为必要的公费支出。

此外还有接待费用。由建武新政府任命的国司使节在元弘三年 12 月来到新见庄，进行土地调查。此时花费的费用也算在支出中。

尊尔或许举办了"三日厨"[1]。他准备了米和大豆（大豆是马的饲料）等食品，还从市场上买来清酒（过滤过的酒）、白酒（未过滤的酒）、干乌贼、白萝卜、大鱼、兔子与野鸡，将它们做成菜肴，并开设酒宴。

这些接待费用以及为国司花费的其他费用都被视为必要的公费支出，即使到了现代也是如此。尊尔也将细目记录在另一张纸上。扣掉这些支出后的余额被换成票据，由此算出了支出的总额。支出的总额理应与收入相等，但尊尔的计算有些错误。

为了能让决算书收支相等，需要先制作精确的基础账簿。14 世纪左右的代官熟练地掌握了这个技能。

虽然我们不知道尊尔是位怎样的僧侣，但在这一时期，许多禅宗、律宗与净土宗的僧侣，甚至山卧[2]都熟练地掌握了这些经营技能。

山卧代官

庄园的请负代官需要有很强的经营能力，例如他们需要十分了解市场行情，还要学会制作账簿。此外，他们还需要有相当的财力，并且擅长应酬与交际。

这一时期的代官只需要接待国司的使节。东寺还保留着新见庄

1　指在古代至中世日本，在上级被派往地方时，当地官员连续三天举办宴会进行招待的行为。
2　也称"山伏"，是山中的修行僧。

代官于 15 世纪初期的应永八年（1401）制作的珍贵文书，其中记录了当地一年中的每日支出。这份文书的制作者是一位名为"尾崎"的代官，他受承包庄园事务的一位名为"宣深"的山卧指派，来到新见庄。支出种类繁多，其中包括从市场上买入日用品与食品的费用、向各处派遣使者的交通费用、布施给到访庄园的游历者（例如"绘解"或"千秋万岁"[1]）的费用，以及接待附近的国人、守护的家臣或有权有势者时举办酒宴的费用。

例如，代官会从市场上买来狸，做成狸肉汤，并将豆腐或小鱼当成下酒菜，大口喝酒。《隐狸》这首狂言[2]也曾提到市场上卖狸的现象，这在当时很常见。上文也曾提到，这个市场发展成了一座城市，因此或许可以认为，这些酒席设在饭馆、酒馆或路边摊上。在这一年中，这些社交活动花费了相当多的金钱。

由于这些社交费用增加，庄园统治者（也就是东寺）的收入便随之减少。因此东寺希望尽可能减少这方面的支出。但代官却强调这些支出都是必要的，并与东寺不断周旋。这一时期的代官不仅拥有相当多的资产，还需要具备这样的交涉能力。

到了 14 世纪左右，较有资产的百姓中也出现了拥有这些能力的人。例如，丹波国的宫田庄虽然也位于深山之中，但其商品货币的流通十分活跃，此外还有富裕的百姓，他们能在短时间内筹集到 100 石米或 200 贯文钱。因此，隔壁大山庄的百姓就选择自己操持所有这些复杂的业务，自己承包经营庄园的年贡与公事。新见庄中

1　中世时期，新年时唱门师在民家门前祝贺家运昌盛、边说祝词边跳舞的艺能。

2　一种日本戏剧，多为即兴表演。

也有许多这样的百姓。这些人成了代官的助手。

值得注意的一点是，位于备中深山的新见庄市场在14世纪上半叶就会出售干乌贼或大鱼等海产品。不仅如此，到了15世纪初，就连鲷鱼、小鱼、裙带菜，甚至海带也能在这个市场买到。

海带产自北方。来自北海道或东北北部的海带，借助日本海的船运到达山阴，在翻过山后到达新见。这些海带有时也从濑户内海沿高梁川逆流而上，进入新见的深山中。干青鱼子也在15世纪中叶进入了畿内。由此可见，在这一时期，围绕列岛的回船船运已经稳定，而上文提到的代官对庄园的经营也建立在这一基础之上。

还有一点很重要，在这一时期，市场中的许多房屋（即"在家"）的所有者，都是作僧侣打扮之人。例如，有人就使用"行阿弥陀佛"或"法阿弥陀佛"这样的法号自称。从身份上看，这些人都是百姓，并非僧侣。他们并非像纪左卫门入道这样的出家人，但可以认为，他们应该是净土宗或时宗的在家僧侣[1]。但就算他们的身份是百姓或名主，他们也可能会成为专业的僧人，拥有"法桥"或"法眼"这样的僧位。而在市场里或城市居民中，又或是在担任代官的商人与金融业者中，也有很多僧侣，或者作僧侣打扮之人。在思考这一时期的商业与金融业的问题时，我们需要注意这个现象。

此外，在14世纪初的越中放生津，有一位名叫"本阿"的人，他是20艘"关东御免津轻船"中一艘的船主，经营着回船事业。他与时宗之间存在一定关系。此外，在若狭小滨的金融业者与仓库经营者中，也有许多以"道阿"或"本阿"这些法号为名之人。还

---

1 在俗皈依佛教之人，没有正式受戒。

有像石见房觉秀这样原本是山卧，后来被授予"法眼"之位成为僧侣，同时也从事金融业之人。

由此可见，在日本社会中，自古代起，在从事商业与金融业的人中就有许多僧侣。而到了这一时期，则更能明显看到，许多属于镰仓佛教的净土宗、时宗、禅宗、律宗，甚至还有属于山卧系统的僧侣也在从事着金融业、商业或回船事业。

第四章

恶党、海贼与商人、金融业者

恶党与海贼

14、15 世纪新见庄的状况绝非例外。在日本列岛从北至南的整个地区，情况都是如此。

先以北方为例。本书第二部分第二章中曾提到过津轻半岛的十三凑，这里是安藤氏的根据地。最近的发掘调查表明，这个城市在 14 世纪迎来了全盛期。其繁荣程度甚至可以与西边的博多相媲美。这个城市有着街道景观，并出土了大量来自中国的铜钱、青瓷与白瓷。该地也发现了高丽青瓷。自 14 世纪至 15 世纪，十三凑成了一座北方的国际性都市。

再来看看南方的情况。自 12 世纪起，中国的船只也来到萨摩的坊津。面向有明海的神崎一带也出土了大量中国制造的青瓷与白瓷。新见也出土了青瓷与白瓷。可见，前文提到的新见庄中人们的生活，也与东亚密不可分。

不过，是哪种组织的力量确保了汇票在 13 世纪下半叶以后能够正常流通呢? 当然, 空头汇票, 或无法成功兑现汇票的情况时有发生。在这种情况下, 或是在围绕汇票发生纠纷的时候, 又是谁会采用怎样的方法来提供担保, 或解决问题呢?

这个时代的公权力几乎无法为这些票据的流通提供保证。不论是京都的王朝政府, 还是镰仓幕府, 他们的注意力都在与庄园或御家人领地相关的土地诉讼问题上。他们为解决这些问题制定了完备的方案。领地与土地纷争的确是这个时代的一大社会问题。尤其考虑到御家人是镰仓幕府的政权基础, 因此对于与御家人的生活基础——领地问题相关的诉讼 (即"所务沙汰"), 幕府自然也会认真处理, 并积极订立制度。

但与钱币借贷或商业、流通相关的诉讼却被称为"杂务沙汰"。在镰仓幕府的诉讼制度中, 这些事务归制度建设尚不完全的部门管理, 也几乎没有相关史料保存下来。单从"杂务沙汰"这个名字就可以看出, 这一方面的诉讼并未受到重视。

这也很好地体现出国家自古代以来就实行的"农本主义"。前文也曾提到, 直到 11 世纪为止被排除在国家制度之外的神人与寄人, 组织起了独立的金融与流通网络。他们自己进行裁判, 并且依靠自己的实力或武力执行判决。

这样的做法自然对公权力不利, 因此王朝国家也加强了对神人与寄人活动的管理。而另一方面, 自 12 世纪至 13 世纪初, 神人-供御人制度开始成为正式的制度, 而神人与寄人的活动也需要符合国家的规定。

自 13 世纪下半叶至 14 世纪, 货币经济得到进一步发展。金融与商业组织和回船网络的规模也逐渐扩大, 相互之间的联系更为密

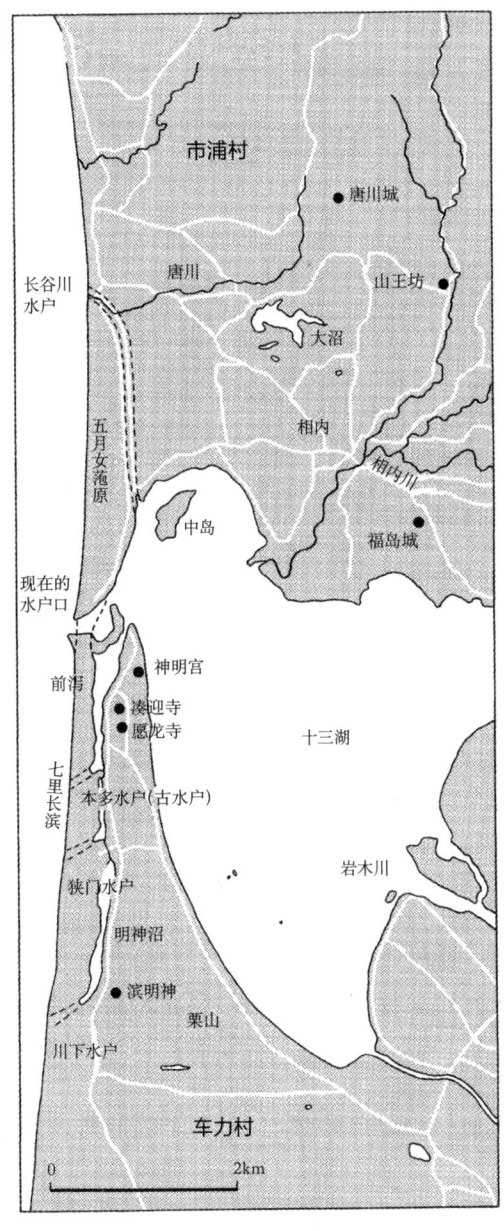

津轻十三湖与福岛城

切。供御人、神人与寄人组织的活动范围也更加广泛，联系的紧密程度也有所加强。他们在公权力的框架之外进行着独立的活动。

这一时期，管理交通与流通道路的组织开始进行新的活动。统治者将这些人的活动称为"恶党"或"海贼"。

例如，《一遍圣绘》描绘了时宗的开创者——一遍上人的游历故事。其中包括一遍在尾张的甚目寺修行的著名场景。当时，时宗的僧侣耗尽了粮食，看起来略显疲惫。这时，萱津宿的两位"德人"（即有钱人）同时做了一个梦，梦见毘沙门天命令他们向一遍布施。于是他们进行了施舍。

我在本书的第一部分也曾提到，图中所画的一位脚穿高齿木屐、手持团扇、绑起头发、打扮怪异的"异形"之人，或许就是这两位德人。这幅画后面的题款写道，尾张与美浓的恶党皆立起布告，上面写着，妨碍一遍上人传教活动的人都将受到严厉惩罚。在此后的三年中，一遍一行人在这个地区传教时没有遇到过任何山贼或海贼的妨碍，平安地完成了传教。

尾张与美浓当时的地形与现在的大不相同。大海深入陆地。因此，恶党中也包括利用大海与河流的海贼。这些海贼和恶党与公权力无关。他们独自立起布告，为一遍的通行安全提供保障。

这些恶党与海贼既包括在交通道路上拥有武装势力的"海上领主"或"山中领主"，也包括参与商业与金融活动的比叡山的僧侣或山伏等人。如此一来，自13世纪下半叶至14世纪，恶党与海贼为交通道路的安全、票据的流通，以及商人与金融业者的网络提供了保证。

这些人原本被称为"游手浮食之辈"，参与赌博等活动。在这一时期，恶党与海贼的组织覆盖了广大地区。如果发生了什么纠纷，他们就会收取贿赂或礼金并承包诉讼，凭借自己的力量解决问题。他们接受并解决公权力不受理的诉讼。所以，卷入纠纷的当事人也积极出资，请恶党解决他们的问题。事前接收贿赂的行为被称为"山越"，而事后接收礼金的行为则被称为"契约"。

这些组织中也有女性。在这一时期，金融业者与商人中有大量女性，游女也参与其中。14世纪初，曾有一个大型恶党集团粗暴地闯入兵库关，而在隐藏、庇护这些恶党的人中，就能看到女性的身影。她很可能是位商人、金融业者或游女。

何为"恶"？

国家权力自然不会坐视这些活动。对于以地头和御家人的领地为统治基础的镰仓幕府来说尤其如此。随着这些活动的加剧，地头与御家人就会被卷入其中，而其领地的秩序也会被搅乱。镰仓幕府无法对这种事态袖手旁观。

因此，自13世纪下半叶至14世纪，镰仓幕府不断地反复颁发"恶党－海贼禁压令"，甚至到了偏执的地步。与国内的这些动向同时出现的，还有蒙古人的入侵，幕府因而还不得不与外敌作战。情况十分糟糕。因此，幕府将"海上领主""山中领主"与"通路领主"这些独立的组织视为恶党与海贼，以武力进行镇压，试图将他们纳入统治范围之中。

幕府内部试图标榜理想型政治（即"德政"）的人们，对于恶党和海贼的压制尤为严酷。这些人以地头和御家人的领地为基础，坚持"农本主义"的政治路线，背靠将军家臣——御家人的势力。

对于坚持以农为本的农本主义政治路线的人来说，那些着了金钱与货币的魔道、一味追求利润与利息的商人与金融业者，以及活动于山林河海这些交通道路上、热衷于狩猎或捕捞这些杀生行为，并沉迷赌博的人，正是"恶"的化身。

在这个时代，"恶"指的是扰乱安稳的日常生活，并与超越人类力量的事物有关之事。而获取利润或利息这一行为本身，以及商业与金融业这些活动也被视为"恶"。此外，根据骰子的点数做决定的赌博、"好色"（也就是性）、"污秽"这些超越人力的、不受人类控制的力量也被视为"恶"。

人们相信，拥有特异能力的人因受到超越人力之力量的控制，而发挥出了特异能力，由此便出现了例如"恶七兵卫""恶源太""恶左府"这些，将"恶"字加在称呼中的用法。由于这一时期的人们对于"恶"抱有上述理解，金融业者、商人、海上领主或山中领主这些组织才会被称为"恶党"。

如此一来，自 13 世纪下半叶至 14 世纪，镰仓幕府严厉地镇压了恶党。幕府希望借此尽可能压制游离在公权力之外的商人，以及流通与金融业者的网络。但与此同时，幕府内部还存在另一条政治路线，他们希望将这些金融业者与商人、流通的组织积极纳入统治之中。

在这一时期，镰仓幕府中枢中势力最大的是北条氏的嫡流（即"得宗"），他们的家臣（即"御内人"）希望与商人和金融业者联合，试图积极掌握河海山林的交通道路。

坚持"农本主义"的领主将自己的领地分给家臣，与家臣缔结

"主从关系"，以此进行统治。但御内人却让金融业者成为代官，委托他们经营自己的领地。正如上文提到的新见庄的代官一样，他们让僧侣、山僧或山伏成为代官，除了把事先谈妥的部分收益作为收入之外，还让钱币进行必要的流通，试图过上富裕的消费生活。此外，北条氏还将海上的交通要道（也就是各地重要的码头、港口）作为自己的领地，对出入这些地方的船只授予特权，收取回船交易的提成。

上文提到的"关东御免津轻船"就是一例。这些大船获得了关东（北条氏）的特权，前往津轻进行交易。在 14 世纪初，这种船共有 20 艘。越中的放生津与若狭的多鸟浦等地也有过这些船。北条氏通过积极承认的方式，掌握了这些流通与回船交易组织。而这一路线与上述的农本主义路线完全对立。

实际上，镰仓时代后期至南北朝前期的政治状况，在很大程度上受到这两种尖锐对立的政治路线的影响。其中最著名的事件就是弘安八年（1285）的"霜月骚动"。这是坚持农本主义政治路线、代表御家人势力的安达泰盛，在与代表北条氏御内人势力的平赖纲发生战斗后失败，并被灭族的事件。以这一事件为分水岭，此后的幕府不仅一味镇压恶党与海贼的网络，还开始试图将其纳入统治体制之中。

再如，自 14 世纪起，北条氏也几乎独占了对中国的贸易以及唐船的派遣活动。此前向中国派遣唐船并进行贸易的是西园寺家等贵族，或是有势力的御家人。但到了 13 世纪末，"唐船"的派遣权则由北条氏独占。几乎所有的重要港口都成为北条氏的领地。

如此一来，北条氏将日本列岛中几乎所有商人和金融业者网络都纳入了自己的统治之下。北条氏也试图管理同列岛外进行贸易的网络，并以此推进政治。但这样的政治路线终究还是遭到了海上势力的强烈反抗。

进入 14 世纪后不久，熊野海贼就在西国与西海发起了大叛乱。熊野神人在从纪伊半岛到濑户内海再到九州的范围内拥有强大势力。虽然详细情况不得而知，但他们对北条氏的上述专制统治发起了全面反抗。北条氏动用了 15 国的兵力，花费了两三年时间才终于将其镇压。可见这场叛乱的严重程度。北条氏动用了 15 国的兵力，士兵数量之多，与承久之乱时，或是与幕府灭亡之际其与楠木正成交战时动用的兵力不相上下。这场叛乱需要借助如此大规模的武力才得以镇压，亦可见其规模之大。

与此同时，北方也出现了"虾夷"叛乱。北海道的海上势力与北条氏发生了大规模冲突。这一时期的阿伊努人也积极从事贸易活动。而安藤氏则在津轻的十三凑这座北方都市设立了根据地，并掌握着从日本海到北海道之间的商业与贸易网络。以安藤氏的内部对立为背景，再加上阿伊努人的参与，当时发生了针对北条氏的大叛乱。叛乱反复发生。而北条氏直到灭亡，都没能将其完全镇压下来。

后醍醐天皇便是在这样的情况下登场的。他在打倒镰仓幕府时，也利用了反对北条氏的恶党与海贼的武力。后醍醐天皇将得宗与御内人所推行的政治发挥到了极致。

早在新政府建立之前，后醍醐天皇就向京都的酒坊收取税金。他不仅将京都的商人，也就是日吉社、春日社、石清水八幡等的神人全都改为供御人，让他们直属于天皇，而且还试图将京都的土地都变为自己的直辖地。此外，后醍醐天皇还将地头领地的收入（即

"所出")换算成钱，收取其中的二十分之一作为税金，并将税金交给京都的金融业者（即"土仓"），让他们管理政府的财政。

后醍醐天皇甚至还试图铸造钱币，特别是也计划发行纸币。虽然这些想法并未成真，但考虑到汇票在当时频繁流通的事实，可以认为，发行纸币绝非完全不可能。因此，后醍醐天皇所推行的并非农本主义的政治，而是建立在商业与金融业者的基础之上的政治。这种政治无论如何也会走上专制主义的道路。

13世纪至14世纪的政治中存在两条路线。第一条是以农业为中心，实行农本主义，并以土地为基础收取租税，在此基础上推进政治。这种路线坚持以地头和御家人的领地为基础制度，将施政重点放在从庄园与公领的田地中收取年贡或地子上。与此相对，第二条路线则是，积极组织新发展起来的商人、金融业者与回船商人。将统治的基础建立在流通之上。向西方与北方等列岛之外的地区发展贸易。在此基础上推行政治。

这两条政治路线（以及与之相关的社会动向）尖锐对立，并最终导致了大动乱。大体上看，第二条路线在这一过程中逐渐占据了上风。而14世纪末的足利义满政权，则几乎实现了后醍醐天皇试图达到却没能达到的目标。自那以后，农本主义退居幕后，而肯定商业和金融的风潮则盛行一时。

一遍的教义——带有城市性质的宗教

这两种相互对立的倾向不仅出现在政治舞台上，也出现在宗教领域，并成为一个重要的问题。上文提到的"恶"的问题，也不可避免地成为对立的焦点。

亲鸾主张"恶人正机说"，即认为"善人尚能往生，况恶人乎"。他从很早的时候起就积极地肯定恶。而生活年代略晚于亲鸾的一遍也主张，无论"信不信""净不净"——也就是无论是否是污秽之人，无论是善人还是恶人，只要他们接受了写着"南无阿弥陀佛"的牌子，所有人都能得救。这是彻底的一元论。

换句话说，这些人认为，人们可以通过信仰绝对者阿弥陀，让所有的善恶都得到肯定。这些人对恶给予了正面评价。因此，一遍的支持者中不仅有"恶党"，也有被称为"德人"的富裕之人，还有商人与金融业者。女性在这一时期逐渐被认为是污秽的存在，而许多女性也追随一遍的教义，成了信徒。有的女性甚至还成为尼姑，加入教团，参与到游历传教中来。此外，我在第一部分中也曾提到，非人也支持一遍。

很重要的一点是，一遍的教义在港口或码头这些带有城市性质的场所中广泛传播。从《一遍圣绘》中可以明显看到，一遍进行的是游历传教。也就是说，他一边游历四方，一边传教，而这需要以稳定的交通网络作为前提。只有在港口、码头、旅店等交通网络出现之后，通过游历传教的方法才得以可能。

一遍还订立了"六十万人决定往生"的目标。也就是说，他要向60万人发放牌子（这一行为叫作"赋算"）。考虑到当时的人口状况，60万人应该是个不小的数字。能够实现这一目标的前提是，一遍需要前往非特定人群能够大量聚集的场所——也就是需要前往带有城市性质的场所。正因为存在这一前提，一遍才可能以此为目标。

关寺、中岛的舞屋（出自《一遍圣绘》）

　　"舞蹈念佛"也是一种艺能。在进行舞蹈念佛时，表演者会搭建看台与舞台，让许多人观看。这也需要在人群大量聚集且带有城市性质的场所中才能进行。另外，《时宗过去帐》这份史料中记录了时宗信徒的往生地点，而许多往生都发生在港口、码头等海边城市，或像市场这样带有城市性质的场所。

　　完成于13世纪末的《一遍圣绘》几乎没有描绘农耕的场景，此前的人们觉得它有些奇怪。但这幅绘卷却描绘了当时的城市状况，以及带有城市性质的场所。因此不如说，它很好地体现了盛行于那个时代的一种社会潮流。一遍的教义带有城市性质。在商人、金融业者、女性以及非人这些被持对立意见的人视为"恶"与"污秽"的人群中间，一遍的教义得到了广泛传播。

但同时也存在另一种势力，不赞同这种做法。大寺社的僧侣、贵族、武家，尤其是坚持"农本主义"的人，都认为一遍的传教及其教团的行为是天狗的行径，并直接对其进行了批判。名为《天狗草纸》的绘卷以及名为《野守镜》的歌论书[1]都体现了这种观点，其中对于让"污秽"的女性加入教团一起游历传教，以及带上非人的做法都进行了强烈批判。

一遍的教义还被视为淫乱放荡。因为"恶党"对其表示支持，"污秽"之人被纳入教团之中，女性也一同游历，所以一遍的教义受到了严厉的批判，一遍的传教行为被认为受到了天狗的操纵。而这些批判无疑与"农本主义"政治路线脱不开关系。

作为贸易商人与实业家的劝进上人

一遍投身于"非人""恶党"与商人等群体之中，以此开展传教活动。而在这个时代，与一遍采取同样传教方法的，还有亲鸾与日莲等新宗派的创立者。但另一方面，也存在像律宗与禅宗的僧侣那样走另一条路线的僧侣。他们一方面也救济非人，但另一方面还积极应对社会的新动向。他们在经营庄园方面展现出了优秀的能力。到了 13 世纪下半叶以后，他们也与热衷于商业和流通事业的北条氏合作，开始成为"具有冒险精神的贸易资本家"，活跃在历史舞台上。

律宗与禅宗的这些僧侣作为"劝进上人"，在获得北条氏或天皇的许可之后，在重要的港口与码头设立关口，以"津聊"等名义向

---

1 关于和歌的理论与评论。

经过的船只收取通行税。这也是建立在交通发展并且出现了带有城市性质的场所的前提之上。原本的劝进僧需要挨家挨户奔走化缘，一个一个地接受施舍。但此时只需在人与船大量来往的场所（也就是港口或客栈）设立关口，向通过关口的人与船征收通行税，就能筹集到捐款。

这些僧侣还会在征得北条氏与天皇的许可之后，经由守护征收"栋别钱"，也就是向每栋房屋征收 10 文钱，通过这种方式募集捐款。这是一种强制的捐款行为。14 世纪左右的捐款就是通过设立关口，或是通过征收栋别钱的方式进行的。

通过这些方式收集而来的资金会被直接用在修造寺社的工程中。不过进入 14 世纪以后，另一种倾向也日趋明显：这些资金也被用于建造"唐船"这种大型船只，并与中国进行贸易，从而使资产增值。上一章中提到的新安沉船或许也是日本建造的。由于该船使用了中国南方的木材马尾松，有学者认为该船是中国建造的，但考虑到大量产自日本列岛的桧木等木材在 13 世纪以后曾通过海路运往中国，产自江南一带的木材也完全有可能被运到日本列岛。实际上，筑紫就曾经建造了"唐船"。

为了建造坚固的大型船只，势必要组织、动员起各种工匠。例如，建造"唐船"需要组织起木工与铁匠等人，也要雇用水手，还需要请来精通航海与交易的船长（即"纲司""纲主"）。船长（纲司）中也有日本人，但更多的是宋人。

人们不仅从新安沉船中打捞上铜钱、青瓷与白瓷，还发现了大量木简。其中还写有像"弥二郎"这样，看起来像是日本人名的名字。由此可见，船上的许多水手都是在日本列岛雇用的。除了纲司之

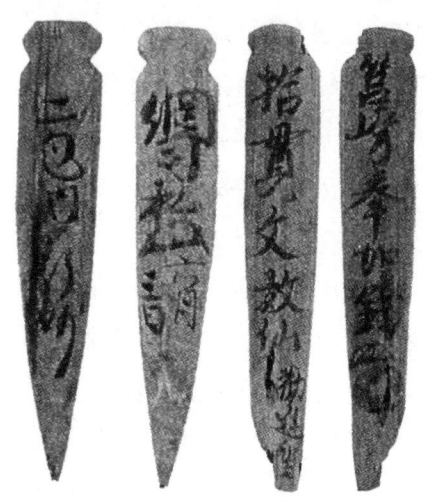

新安沉船的木简（左为"纲司私"铭木简，右为"教仙"铭木简）

外，还有名为"教仙"的劝进圣也乘坐了该船。这艘船如果是从日本列岛出发的，那么应该会载有珍珠、太刀、沙金、水银等大量商品。

北条氏在派遣劝进上人时，会将自己一族的商品运往中国贩卖，而后大量购入中国制造的青瓷、白瓷与钱币等物。劝进上人将这些物品带回日本列岛，并在各地贩卖陶瓷器，赚取大量利益，而钱币则被直接用作资本。前文已经提到，乘坐新安沉船的劝进上人是为了营建京都的东福寺而搭乘该船的，因此这艘船又被称为"东福寺造营料唐船"。

除此之外，为了获得建造建长寺、胜长寿院、称名寺与镰仓大佛等设施的资金，北条氏还派出了其他唐船。不过，由于新安沉船是为建造京都的寺院而派出的，我们不清楚其派遣者是否为北条氏。我个人认为，派遣者或许是后醍醐天皇。这艘船最终以沉没告终，并未实现其原本的目的。

假如它平安回到日本，它带回的资金就会被投入到建造东福寺这一大规模的土木工程中。为了推进土木工程，劝进上人也需要动员非人与河原者，还需要雇用木工、铁匠、刷墙工人、桧皮师、铜匠等工匠，以及铸物师或石工等人，让他们根据设计方案行事，由此建成大寺院。那么，我们该如何定义从事这些活动的劝进上人呢？我们似乎很难找到合适的词汇。借用现在的话说，或许可以将他们称为"多少具有冒险精神的贸易商人"与"经营土木建筑事业的实业家"。

很重要的一点是，律宗与禅宗僧侣中有许多这样的劝进上人。而北条氏与后醍醐天皇则是保护与资助禅律僧侣之人，他们的施政方向也是如此。

14世纪的动乱（也就是所谓的南北朝动乱）与日本社会本身发生的大转换相伴始终。在这一时期，商品、货币与信用经济发展到了一个新高度，而政治与宗教的状况也发生了翻天覆地的变化。南北朝动乱就是在这一背景下发生的。

因此我认为，可以将这一时期视为一个文明的转换期。此外，由于日本、琉球与阿伊努也开始形成各自的身份认同，也可以将这一时期视为民族的转换期。总之，以14世纪为分水岭，日本列岛社会发生了巨大转换，而政治与宗教领域的巨大变化也随之产生。

村与町的形成

在这场动乱结束之后，在15世纪足利义满的贸易推动政策的引导下，日本列岛社会与朝鲜半岛和中国之间密切的贸易关系趋于稳定。在这一时期，日本列岛也参与了亚洲整体的贸易网络。15世纪初期，一艘来自苏门答腊巨港的"南蛮船"在若狭的小滨靠岸。这并非偶发事件，而是每年如此。

这艘船上搭载着由巨港派出的正式使节，他不仅向"日本国王"

足利义满献上国书，还献上了大象作为贡品，后者对于日本来说是破天荒之事。义满将军多少还是看了一眼这头大象，但因无法饲养，最终还是送了回去。

虽然如此，但从大象在15世纪伊始就能从巨港被运到日本列岛的事实可以看出，日本列岛在这一时期已经被纳入了广阔的亚洲贸易圈中。这个贸易圈包括了中国与朝鲜半岛，甚至还延伸到了东南亚。建立于这一时期的琉球王国就以这些交易活动为基础。琉球船也沿着这个广大的贸易网络，向东西南北进发。

日本北部与东北亚之间的关系也十分紧密。上文提到的津轻十三凑，一方面通过日本海与西方进行着贸易，而另一方面，它也逐渐发展起同东北亚之间的贸易。由此可见，15世纪的日本列岛社会与整个东亚之间都存在密切的关系。我们必须在这一前提下理解日本社会。

让我们再来看看日本列岛内部的状况。这一时期，大大小小无数的城市出现在本州、四国、九州的沿海地区，或是出现在河川的交通要地。信用经济与货币经济深深扎根于社会之中。而庄园与公领也普遍以上文提到的形式交给代官经营。其中，熊野的山卧，以及被称为"庄主"的禅宗僧侣一边从事着金融活动，一边专门代理庄园的事务。

在这一背景下，15世纪迎来了政治的相对稳定期。带有自治性质的村与町也形成于这一时期。虽然庄园公领制的形式尚存，但社会中实际实行的是村町制。虽然现在的状况又与当时大不相同，但当时形成的村町制构成了直到高度成长期为止一直存在的村落与都市的基础。村落与都市都是自治经营。例如，堺就是一座有名的自治都市。而村落也开始普遍实行"村请"，也就是由村自己负责缴纳

年贡。这可以很好地反映
出，村与町已经具备了熟
练处理上文提到的代官
所处理的各种业务的能
力了。

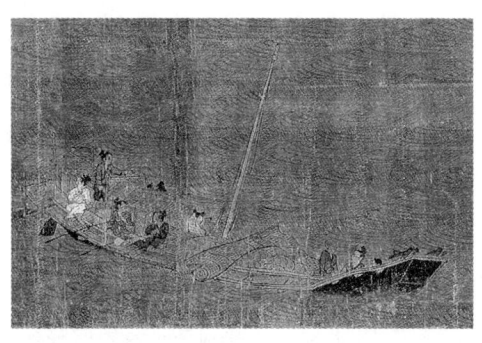

镰仓时代搭载旅客与货物的船只（出自《一遍圣绘》）

自 15 世纪至 16 世纪，
日本列岛进入了战国时
代。在这一时期，被称为
"战国大名"的各地小国以上述的村町制为基础，相互之间展开了
激烈的竞争。此前常常被忽略的一点是，海上领主、商人与回船人
的势力范围与网络，在这一时期进一步组织化，变得更为活跃。其
程度甚至超出了我们的想象。

例如，琵琶湖的湖上交通自古以来就十分活跃。而这一时期的
湖上交通则掌握在坚田[1]的湖上领主与回船人的手中。回船人在琵琶
湖的所有港口与湖岔都拥有根据地。不过，每当他们在琵琶湖上航
行时，他们也需要让坚田的人作为押运员，一同搭船。他们当然也
需要向押运员支付礼金。这些礼金就相当于支付给坚田的通行税（即
"关所料"）。湖上的航行安全由此得到了保证。实际上，一本由真
宗僧侣明誓所写的名为《本福寺迹书》的书也曾提到，只有扬起坚
田押运员旗帜的船只，才能在湖上安全航行。

如果不跟坚田打招呼就擅自在湖上航行，船上的货物就会被坚
田的人扣押。他们完全就是海贼，且行事残忍。对于没有支付通行

---

1 位于琵琶湖西南岸，自古以来就是湖上交通的要地。

税与礼金的船只，他们不仅会借助武力扣押货物，甚至有传言说，他们会将船上的乘客，包括孩子一同杀光。但如果与坚田打好了招呼，就能受到保护，可以安全地完成海上航行。

海上的习惯法

15 世纪上半叶到访日本的朝鲜使节宋希璟写有《老松堂日本行录》（岩波文库）这本旅行记录。这份史料十分有趣，可以让我们窥见当时西日本的社会与风俗。其中就有关于海贼的详细记录。

宋希璟一行人在安艺国的蒲刈岛投宿时的遭遇，与上述坚田的情况如出一辙：如果从东边来的船上搭乘了一名东边的海贼，那么西边的海贼就不会侵扰该船。相反，如果从西边来的船上搭乘了一名西边的海贼，那么东边的海贼也不会袭击该船。也就是说，以蒲刈岛为分界点，东西的海贼有各自的势力范围。宋希璟向东边的海贼支付了 7 贯文钱后登船，遂得以安全地向西航行。

在这一时期，这种航海方式十分普遍。海上领主与湖上领主划出自己的势力范围。只要船只支付了过路费和保护费，就可以安全地通过这一地区。这些海上领主在当时被称为"海贼众"，这是一个褒义称呼。山里的情况也是如此。不过，形容山中领主的褒义称呼并非"山贼众"，而是"山立"。这一时期使用的"海贼众"一词并不带有贬义，只是一个用来形容水车与海上领主的词。到了 15、16世纪后，这个词得到了普遍使用。

为了维护自己的势力范围，海上领主（海贼众）需要在能够俯瞰港口的海角，或是船只必经之处的岛屿等地修建被称为"海城"

的城楼。这些海城既是警卫所，又是监视站，它监视着过往的船只。

例如，在纪伊半岛南端的太地与潮岬附近的海角尖端，有着被称为"城山"的山。在江户时代，这里被用来监视鲸鱼。每当鲸鱼游过海面时，这里就会接连燃起狼烟。捕鲸队的头领一旦得知这一消息，就会用小旗召集捕鲸船，包围并捕获这条鲸鱼。

这一做法完全沿袭了海贼的传统。监视站就是曾经的"海城"。海上领主在这里监视过往船只。若该船已打过招呼并支付了通行费，就不会受到攻击。但如果没有打招呼，监视站的人就会燃起狼烟。领主就会指挥小船包围和袭击该船，并扣押船上的货物。

濑户内海与日本海上存在许多这种海城。甚至在北海道，也有许多像上之国町的胜山馆那样可以眺望港口的城或馆。在此之前，人们一提到"城"，就只会想到位于内陆的山城。但如果忽略这些"海城"，我们就无法真正理解日本列岛的城。我们也需要从这种新的角度来理解山城。

我在1993年冬天首次前往冲绳。冲绳的城（"gusuku"）也都可以远眺大海。我觉得它们与本州的海城出奇地相似。冲绳的城有时也与他们的圣地（即"御岳"）重合。这与本州、四国、九州的情况类似。后者的海角也常常成为祭祀神明的圣地，而往来船只需要缴纳的通行费就起源于献给神明的"上分"与"初尾"。

由此可见，活跃于海上舞台的商人与领主的网络在15、16世纪变得更加紧密，而回船人之间的习惯法也被普遍接受。海上的习惯法自古以来就存在，它规定了漂流物是神佛之物，应当为寺社所用。此外，它也记载了当船只发生冲突或遇到危险时，人们应该如何应对等内容。这些内容都能在文书与记录中得到确认。而这些海上习慣法最迟在 16 世纪出现了集大成者，即《回船大法》（又称《回船式目》）。它由 31 条基本条款组成，到了江户时代又追加了十几条。列岛沿岸的各个港口都很重视它们，并将它们抄写下来。

《回船大法》的制作者是谁，它又是如何被制作出来的，关于这些问题的答案，我们所知有限。但从形式上看，它却是一份伪文书。它将自己伪装成是镰仓时代北条义时担任执权的贞应二年（1223）公布的法规，或是由当时的后堀河天皇颁发的纶旨。但它的实际制作年代却是 16 世纪，它是回船人之间的习惯法成文化后的产物。它由萨摩的坊津、土佐的浦户与摄津的兵库的人们整理而成。土佐似乎在整理这份法规时发挥了重要作用。但对于它具体是如何被制作出来的，以及它究竟有多大效力，我们都不得而知。

商人也强调"商道的古法"。此外还存在"商人的裁决"这样的说法。虽然我们不了解其中的具体情况，但可以肯定的是，商人中间的确也存在将习惯法系统化的动向。《秤的由来》或《连释之大事》这些记录事物来历的书即体现了这种动向。今后也有必要继续推进这方面的研究[1]。

进入 16 世纪后，各地出现了区域性政权与小国家，它们被称为"战国大名"，并制定了各自的国法。而商人、金融业者与回船人的网络则独立于这些大名的权力之外。前者依照自己的习惯法维持秩序，并与日本列岛以外的地区保持联系，继续开展各种活动。这就是 15、16 世纪的情况。

---

1 参见国立历史民俗博物馆编：《中世商人の世界（中世商人的世界）》，《列岛の文化史（列岛的文化史）》9，日本エディタースクール出版部。

第五章

重新思考日本社会

"农人"一词

在这一过程中，15世纪的日本社会反而出现了与"农本主义"背道而驰的、轻视农业的观念。我在上文强调，"百姓"这个词并不意指农民。从很早的时候起就另外存在"农民"这个词了。而认真阅读文献后还会发现，竟然从很早的时候起就已经出现了"农人"这个词。

"农人"一词最早出现在《日本后纪》弘仁二年（811）条中。天长元年（824）的官符[1]里也出现了"农人"一词。《庭训往来》（三月去信）中也有"若有土地需要开垦，就招来农人让其开垦"一句。此外，江户时代后期毛利氏制作的地志《防长风土注进案》中还分类统计了"百姓"中"农人""商人"与"锻冶"的房屋数量。从这个事例也可看出，百姓不等于农民。由此可见，"农人"才是用来表示

---

1 简言之，即官府自上而下下达的公文。

农民的词语，它也从古代一直沿用到近世。

《三十二番职人歌合》是一份大约制作于 15 世纪下半叶的"职人歌合"，其中描绘了 32 种"各行各业之人"与"职人"。"农人"也出现在其中。在所谓的职人歌合中，这是唯一绘有农人的例子。

值得注意的是，这幅歌合中描绘了当时逐渐受到歧视的专职业者，例如，其中将千秋万岁与绘解配成一对，还描绘了叩钲化缘僧、耍猴人、捕鸟人等。实际上，这份歌合的序文也写道："我等三十余人，是卑贱之身，无足轻重。"

当然，这份歌合的作者是贵族，他采取了让当时受到歧视的这些专职业者进行歌合的形式，制作了这份歌合。值得注意的是，其中的农人与"庭扫"配成了一对。所以我们可以认为，这份歌合将"农人"视为一种逐渐受到歧视的专职业者。与它配成一对的庭扫又称"御庭者"，他们是从事土木与造园工程的河原者。

著名的善阿弥是直属于将军的"公方御庭者"。此外还有直属于天皇的"禁里御庭者"。御庭者（即"山水河原者"）常常与身份尊贵之人有关。但他们在这一时期却受到了歧视。"庭扫"之所以在这份歌合中与"农人"配成一对，是因为二者都与土地有关。自古以来就存在一种观点，认为让大地发生变化的行为是一种"污秽"。而到了这一时期，摆弄泥土的行为也成了"污秽"，因此与此相关的职业也成为"污秽的"职业。这份歌合采纳了这种观点，从歧视的角度描绘了农人。

这种看法的确很有可能出现在 15 世纪下半叶。上文提到的《本福寺迹书》大约与这份歌合作于同一时代。《本福寺迹书》的作者是琵琶湖坚田的真宗寺院本福寺的住持明誓。这本书从各个角度记载了这一时期坚田的状况，包括曾经到访坚田的莲如的活动。它是一份可以反映那个时代真实状况的重要史料。明誓在其中强调："没有什么工作比耕田更辛苦。"

相反，铁匠、制桶工匠、打磨刀具或镜子的工匠，以及木工都是"分限者"，也就是有钱人。他们和贩卖谷物与食品的商人"即使在艰苦的歉收之年，也不会饿死"。可见，《本福寺迹书》的作者明誓对商人与工人的评价高于给农人的评价。

此外，我们能在莲如的《御文》中发现使用"士农工商"这个词的早期例子。不过莲如将其写成"侍能工商"。但莲如并不认为武士身份高贵，而工商业者身份低贱。莲如对农与商给出了很高的评价：农是"以耕作为本业"的投身农耕之人，而商则是"日夜心系商事，或乘风破浪、

农人（出自《三十二番歌合》）

不顾危险"的生意人。他反而认为，工是"耽于艺能、诓骗世人，以狂言绮语为本度过一生"之人。这一描述似乎也将"能"包括在内。这与日后对"士农工商"的理解有很大不同。

但值得注意的是，在这一时期，真宗的信徒中的确存在轻视农业的人（或者至少是不尊重农业，但对商业给予很高评价的人）。由此可见，15、16 世纪的日本社会出现了"重商主义"的思想浪潮，而真宗则走在这一浪潮的前列。

坚田的本福寺

在此以前，学者将"一向一揆"[1]理解为由国人与农民发动的起义，有时甚至还称之为"农民战争"。一向一揆甚至消灭了加贺国守护富樫氏。而后，加贺就成了"由百姓主持的国家"。虽然事实的确如此，但不能就因此认为，加贺成了"农民王国"，因为这一看法受到了"百姓等于农民"这一观念的误导，是不正确的。已故的井上锐夫认为，真宗的权力建立在被称为"渡"的水运业者与捕鱼者的基础之上。他们中甚至还有因经营"回船问屋"而积累了巨额财富之人。我赞同这个观点。

重商主义与农本主义的对决

实际上，到了 15 世纪以后，真宗多以城市作为据点。近江的坚田就是其中之一。莲如也曾在此地设立根据地。坚田是当时琵琶湖沿岸最大的城市。此外，莲如还将自己的道场设在越前的吉崎。他说在那以前，吉崎是一个有狐狸与狸出没的地方。但事实或许并非如此。吉崎靠近一个名为"北潟"的潟湖，是一个良港。因此莲如

---

1 室町、战国时代，净土真宗本愿寺派的一向宗僧侣及其门徒发动的反抗守护大名与战国大名的起义。"一揆"意指武装起义。

才会将根据地设在此处。

　　本愿寺还在山科设立了据点，这也是一个带有城市性质的场所。
而石山，即日后的大阪，无疑也是座城市。伊势的长岛也是被河与
海包围的城市。安艺的广岛也是如此。另外，北陆的大型真宗寺院
也多分布在海边。

　　除此之外，在能登的柳田村所处的山中，也有一座名为"福正
寺"的大型真宗寺院。柳田也是"合鹿涂"这一漆器的产地，所以
也是带有城市性质的场所。此外，位于和泉贝冢以及大和今井的真
宗寺院，还允许商人与工匠聚居在寺庙的内部或周围，并建造"寺
内町"。如此一来，寺庙本身就成了城市的中心。

　　值得注意的是，进入15世纪以后，日本社会经历了一次巨大转
变。在这一过程中，此前对于神佛的敬畏，以及对于污秽的恐惧逐
渐减少，而针对非人、河原者、游女、博打等人的歧视则渗透进了
社会之中。我已经在第一部分对此进行了阐述。时宗曾在一段时间
内对这些人有过强烈的影响。时宗坚持一元论，希望拯救所有人，
不论善恶。但在此时的巨大转变中，时宗失去了力量。而像真宗这
样，认为善与恶之间存在尖锐对立，并在此基础上对恶表示积极肯
定的思想却获得了力量。

　　实际上，在15、16世纪时，曾经属于时宗的据点被一向宗所取
代。与时宗一样，真宗也是具有浓厚城市色彩的教派。日莲宗也是
如此。法华一揆与一向一揆之间的对立与竞争之所以异常激烈，正
是因为二者试图在同一块地方拓展势力。晚些时候进入日本列岛的
基督教也采取了同样的传教方式。基督教传教士将真宗与日莲宗视
为最大的竞争对手。这也是理所应当的。商人与手工业者聚居的城

市在这一时期取得了显著的发展。而试图在这些地方拓展势力的各种宗教，自然就出现了激烈的竞争。这些宗教也得到了"重商主义"势力的支持。

与"倭寇"一样，这些商人和回船人也同列岛外的势力有联系。他们甚至还逐渐建立起远至东南亚与南美洲的大规模网络。但与此同时，也出现了像织田信长这样，试图兼并各地的战国大名与区域性小国，重新统一"日本国"的人物。这一动向与高度评价商业活动的"重商主义"宗教发生了正面冲突，一向一揆与信长之间因此出现了冲突。从本质上看，基督教与秀吉、家康之间的对立也源于这种冲突。如果想要重新统一"日本国"的话，无论如何都需要重新建立起以土地为基础的课税方式。自古以来的"农本主义"传统在这里重获新生。

秀吉以"御前帐"的名义，让全国大名向天皇提交"检地帐"[1]，并试图固定以石高制为基础的税收方式。家康的做法也是如此。这种以农业与土地为中心，并试图建立"日本国"的做法，与借助大海打造商业流通网，甚至试图将贸易网延伸到日本列岛外的做法发生了正面冲突。

大规模的流血冲突以前者的胜利告终。也就是说，信长－秀吉－家康的路线取得了最终胜利。而重商主义者的海上网络在各处被切断。以海作为国界的"日本国"这个统一国家再次诞生。

这就是近世国家。在这个国家中，对商业给予高度评价的重商主义思想不会明显流露于社会中。农本主义的原则才是主流。在这

---

1 将土地调查结果按村汇总的土地账簿。

一过程中，"百姓等于农民"的观念也逐渐渗透进社会中。

此前我们对历史的认识就是建立在这一观念上的。因此，我们需要摒弃这种观念，同时关注除了农业之外的其他职业，并重新思考日本历史，这样，我们才能看到日本社会的其他面向。

全新的历史认识

在此之前，人们认为日本社会具有很强的农业色彩，近代以前的日本完全是一个农业社会。但这个理解是错误的，它立基于"百姓等于农民"这一错误观念之上。我也在本书中从各种角度证明了，日本列岛社会中的非农业色彩比我们此前所想象的还要更为强烈。

尤其是到了镰仓时代后期，也就是13世纪下半叶以降，钱币在社会中大量流通，类似于信用经济的经济形态开始出现，资本也以各种各样的形态流动着（包括金融资本、商业贸易资本，以及投资给土木工程的大资本）。稍微说得夸张一点，这或许可以算得上是资本主义。

我们或许也能在朝鲜半岛与中国看到类似的状况。儒家的农本主义思想以中国为中心，强烈地影响了整个东亚。在这种思想的影响下，此前的我们对于社会的认识都不够完整。

例如，在朝鲜半岛的南部岛屿或其他沿海地区，海民的要素十分强烈。在13世纪的蒙古人试图征服朝鲜半岛上的高丽王朝时，名为"三别抄"的军团奋力抵抗蒙古人，直到最后一刻。这个军团以江华岛、珍岛、济州岛等岛屿作为活动的根据地，应该是善于水战的水军。

但从朝鲜半岛整体历史发展的角度看，就会发现，与海有关的海民和渔民是受歧视群体。他们的社会身份也是贱民。儒家在朝鲜半岛上的渗透程度高于日本列岛。或许正是因为农本主义的意识形态根深蒂固，才出现了这种结果。揭开这层表皮我们就会发现，朝鲜半岛社会中的非农业要素其实也十分强烈。

中国的情况也是如此。到了宋代以后，江南地区的商业与贸易尤为繁荣。但这一领域还有很多问题值得研究。例如，被称为"疍民"的海民也在某种程度上受到了歧视，但关于他们的研究似乎不多。不只是这些少数群体，中国应该还有更多各式各样的人，曾以积极的方式对待海洋。

我认为，如果我们站在海洋的角度，将视野扩大到包含中国、朝鲜半岛、日本列岛，甚至东南亚的广大地区，重新思考亚洲的历史，那么我们对于亚洲历史的理解很可能会发生很大变化。

进入 16、17 世纪后，日本、朝鲜，以及中国的明清帝国都采取了被形容为"锁国"的海禁政策。这几个国家都轻视并低估了国内社会中的工商业要素。这一倾向持续到了近代。日本直到最近还有这样的误解，而受到儒家思想与农本主义影响的地区应该也产生了同样的误解。

我在询问了韩国学界的状况后得知，韩国学界对于非农业要素或海民的研究似乎也非常少。中国的情况也是如此。正如此前的日本学界一样，大家都先入为主地认为，非农业要素在社会中占比很小。

由此可见，直到现在为止，整个东亚社会都还在低估自己社会内部的非农业要素与工商业要素。在对这些要素进行积极评价之后，我们又会收获怎样的社会认识与国家认识呢？这将成为一个重要的研究课题。

　　就日本而言，摒弃"百姓等于农民"这一先入为主的观念，重新阅读史料的工作才刚刚起步，我们还需要花很长时间，才能清晰地勾勒出全新的社会图景。不过，我想在下文再提出几个到目前为止都还存在误解的问题。

饥荒何以发生？

　　其中一个就是饥荒问题。自 13 世纪左右起，饥荒才真正开始成为一个问题。当然，古代就有歉收问题。但饥荒对社会产生重大影响、政府不得不直面饥荒的状况，开始于著名的宽喜饥荒（1230年）与正嘉饥荒（1258 年）之后。

　　自那以后，15 世纪中叶的室町时代发生了宽正大饥荒。而江户时代的宽永、延宝饥荒也很有名。之后的享保、天明、天保三大饥荒更是众所周知。

　　气候变化自然是歉收的一个重要原因。但歉收为何会发展成饥荒，却还没有很好的解释。因此，我们有必要先认真地了解一下饥荒的实际状况。

　　试举一例。《妙法寺记》这份记录详细记载了 15 世纪下半叶至 16 世纪甲斐国富士吉田的情况。吉田位于甲斐国中的郡内地方。而这份有趣的记录详细记载了都留郡的吉田在那个时期的状况。

　　从这份记录可以看出，当地经常发生小规模饥荒。其中写道：当物价升高时，就会发生饥荒；当物价降低时，世人皆富贵。这里的物价指的是米、大麦、小麦、粟、稗子、大豆这些谷物的价格。

也就是说，粮食的价格上涨后，就会发生饥荒。此外，还有"钱荒"这个有趣的词语。16 世纪出现了钱币短缺的状况。这是因为当时的人们会进行"选钱"[1]，所以劣质钱币无法流通，从而出现了钱币短缺。有时也会发生售价罕见便宜却没钱买入的情况。

总之，因为史料记载郡内是一个经常出现饥荒的地区，所以此前的许多学者都认为它很贫穷。实际上，郡内地方至今也只有很少的水田。若根据"没有水田的地方就是贫苦地区"这个常识，那么整个山梨县都会因水田稀少而被视为贫苦之地。此前的人们认为，山梨县国中地方的平原地区算是县内水田较多的富裕地带，而郡内地方则因处于山中，所以是个水田较少的贫困之地。

因此，在看到《妙法寺记》中出现了"饥荒"或"情况不景气"等语句后，人们就会认为吉田是因为没有田地、十分贫困，才会发生饥荒的。实际上，正如上文提到的，饥荒发生是因为谷价上涨。由此可见，这个地区的粮食是从别的地方买来的。

正因如此，在谷物价格下跌后，人们就会变得富裕。郡内地方是一个用货币（钱）购入粮食的地区。那么，当地人又是如何赚取这些钱的呢？原来，来到富士参拜的修道者会将大量参拜者带到吉田。这些人在吉田的宿坊中留宿，并支付钱币。也就是说，15、16世纪的吉田带有城市的性质。

饥荒首先发生在这样的非农业地区（也就是带有城市性质的地区）。在江户时代末期，这里发生了著名的"郡内骚动"。这也是由于当时发生了歉收，粮食短缺。优秀的近世史研究者山口启二在《锁

---

1 中世后期，在交易时只收取良质钱币，忌讳、拒收劣质钱币的行为。

国与开国》（『鎖国と開国』，岩波書店）中对此有所提及。

山口启二是一位涉猎甚广、思维灵活的历史学家。《锁国与开国》一书也让我受益匪浅。但此书在提到郡内骚动与三河的加茂一揆等事件时，却将这些起义的主体写作"购买大米的农民"。

我觉得这个词语很奇怪。生产粮食的农民又要自己再买入大米，那么只能理解为是极度贫困的农民了。但实际上，这些人根本就不是"农民"。郡内地方自中世以来就是一个带有城市性质的地区，吉田的人们依靠的也是买来的粮食。因此，买入大米的其实是城市居民。

三河的山中也是如此。山民与海民一样，需要购买粮食，而他们绝不是农民。如果不这么想的话，我们就无法理解这些饥荒与骚动。

我在最近阅读时国家的文书时，发现了一份延宝九年（1681）的文书。这份文书与能登半岛时国家附近海边的曾曾木地区有关，是一份来自四家头振（也就是"水吞"）的申请书。其中写道：这里发生了饥荒，恳请拨给救济大米。该年的确是荒年。如果在十年前看到这份文书的话，我一定会认为这是贫苦农民因遭遇了饥荒而请求救济大米的申请书。

但如前所述，水吞不等于贫农。因此我调查了这四家头振的具体情况。其中一家拥有两艘船，从事盐的买卖，是位富裕的头振。没有任何证据表明这四家头振很贫穷。因此倒不如说，他们从事着非农业性的工作，是拥有大量货币的富裕之人。

曾曾木原本就是以制盐和回船为业的带有城市性质的地区。每当遇到荒年之时，米价就会上涨，人们就无法买到粮食。这时人们就需要接收救济米，或是拿着救济银到别的地方买米。他们绝不是因为贫穷而遭遇饥荒。此前的我们对饥荒的理解有误。

因此，之所以认为饥荒始于宽喜年间，是因为在 13 世纪上半叶，包括镰仓与京都在内，各地都出现了明显带有城市性质的场所。饥荒首先发生在这些地方。对于像我这样经历过战争与战后年代的人来说，经验告诉我们，生产粮食的地区的确不太会陷入大饥荒。反倒是与田地切断联系，需要购买粮食的城市居民才会首先无以为继。这也符合常理。

如此一来，江户时代的三大饥荒（即享保、天明、天保的大饥荒），以及让东北饿殍遍野的饥荒，并非单纯由于东北贫穷。我们还需要重新思考，是否可以将这些饥荒定义为"是农村地区出现的毁灭性的大饥荒"。东北或许出人意料地具备城市的特点，因此才会由于歉收而遭到毁灭性的打击。

由此可见，我们也需要从新的角度重新看待饥荒问题。在此之前，我们都将饥荒当作江户时代贫穷与悲惨的象征。但事实并非如此。正因为城市不断扩大，城市中的人口也高度集中，歉收与荒年才会给这些地区带来毁灭性打击。如此一来，我们或许可以认为，饥荒的严重程度反而可以体现城市化的程度。

我们有必要从这个角度重新思考江户时代的历史。我们需要仔细地重新阅读史料，并重新思考此前认为是理所当然的观点。

何为封建社会？

最近我获得了一个机会，调查保存于奥能登旧家——上梶家中的自制习字本。我们偶然发现了元禄十三年（1700）的习字本，发现其中有一句写道："最近三四年连续出现饿死者，人民困苦，恳请筹措食物。"其实当年并未发生饥荒。这只是百姓申请书的例文集。可以认为，百姓在遇到困难时一般会这样写申请书。因此，如果我们在百姓的申请书中看到他们写着自己快要饿死了，也不能立刻相信这就是事实。处理中世文书的时候也经常会碰到类似的问题。在阅读文书时，我们需要警惕百姓的这种技巧[1]。

如此一来，我们也有必要重新讨论封建社会的定义问题了。在此之前，我们普遍认为，江户时代是一个封建社会。封建社会还可以上溯到镰仓时代。封建领主对农民的支配构成了社会的基本生产关系。学者普遍将这一时期的社会定义为封建社会。不过，在社会构造与国家制度等方面，战国时代前的中世与织丰时代以后的近世有着根本的不同。同样，虽然中世与近世都以农业为中心，国家也由统治农民的领主构成，但二者之间还是有很大的不同。

因此，安良城盛昭主张，中世是父权制的家内奴隶制社会，而封建社会要等到近世以后才成型。根据安良城盛昭的观点，中世社会比封建社会落后，是一个奴隶制社会。但这里的家内奴隶从事的也是农业生产，所以他的观点与前一个观点没有太大区别。总之，学者普遍认为，中世与近世都是封建社会，封建领主统治着附属的农民。教科书也是这么写的。

这一制度的前提是，领主通过非经济的强制手段将农民束缚在土地上，剥夺了农民的迁徙自由，并通过这种方式收取地租。但我

1　橘川俊忠：《作为史料的练习本》（『史料としての手習本』），《历史与民俗》12，平凡社。

也在上文中强调过，"百姓"不仅包括农民，还包括海民、山民与工商业从业者。许多"百姓"不需要土地。占很大比重的百姓根本没有可以被用来束缚自己的土地。很多人也只靠四处移动来维持生计。如此一来，所谓的"非经济的强制手段"以及"束缚在土地上"这样的说法很可能就失去了意义。

只需利用将农民束缚在土地上的武力与暴力的威吓，就能统治从事多种事业、灵活且足智多谋的百姓。这种看法未免太过单纯。这是显而易见的。

在此之前，人们一般认为典型的中世领主是这样的：领主的宅邸位于中心，其周围是被称为"正作"或"佃"的领主的直辖地。这些田地由直属于领主的下人与所从[1]耕作。再往外就是普通百姓耕作的田地。领主的实力建立在其直辖地的基础之上。他以此统治百姓，收取地租。

进入近世以后，这些原本待在农村的领主都被集中到城市（也就是"城下町"）之中。当时实行兵农分离。领主集中居住在城市里，并建立了统治。近世的大名统治就是以这种方式实现的。上述看法都已成为常识。

这种看法并非完全错误，但考虑到我在上文的论证，它的确需要很大的修正。在修正过程中，我产生了很大的疑虑：是否能将中世社会单纯视为以农村为基础的封建社会？是否能将近世社会视为以农业为中心的封建社会？

首先，如上所述，早在镰仓时代，海上交通就已十分活跃。到

---

1 "下人"与"所从"都是日本中世的隶属身份。

了镰仓后期，商品流通更加发达，甚至连信用交易都可以自由地进行。而想要对这种活跃的社会进行统治，并收取税金，统治者绝非只待在宅邸里就可以坐享其成。

中世领主对于商业与流通的统治的确不太顺利。他们秉承"农本主义"的思想，向土地征收基本税金。因此，在统治商业与流通时，他们往往不得要领。但对于如此发达的商业与流通，他们也并非毫无关心。如果顺着这条思路重新阅读史料，就会有很多新发现。

关于这点，我已经在上文进行了详细叙述，这里仅补充几个事例。

此前的观点认为，庄园是带有私有性质的大土地所有制，或者说是一种大农场经营制。地方上的豪族实际拥有庄园，经营着农业。不过，为了维护土地的私有权，豪族会将庄园捐赠给地位较高的京都贵族，所以庄园在名义上是贵族的私有地。豪族以此维护自己的土地所有权。如此一来，地方上的豪族就会争先恐后地将自己的土地捐献给地位较高的京都贵族。各地的庄园就自然而然地集中了起来。

但仔细思考后就会发现，中央的贵族竟然可以不费吹灰之力就得到分布在全国各地的庄园，这种观点似乎不合常理。为了获得庄园，统治者自然也应该有所谋划、有所行动。前已述及，顺着这种思路重新调查庄园的分布情况，我们会发现，庄园的聚集方式可以很好地反映出其统治者（包括京都和奈良的寺院与神社、天皇家、摄关家以及其他贵族）的思想与战略。

西园寺家的领地

让我们通过这些神社、寺院与贵族庄园的分布状况，来看一看统治者的战略计划。例如，贺茂社（又称"鸭社"）的庄园（即"御厨"[1]）的确都位于海边。它们分布在濑户内海与北陆的海湾、港口与码头上。伊势神宫的许多御厨分布在东海道的太平洋沿岸。而石清水八幡宫也在濑户内海至山阴一带拥有庄园与别宫。

天皇家、摄关家与平家也是如此（参见 264—268 页）。我最近调查了西园寺家领地的分布状况，发现了一件非常有趣的事。西园寺家在中世是世袭"关东申次"这一职务的贵族之家。这一职务是京都王权（也就是朝廷）对东国王权（也就是镰仓幕府）的"外交"窗口。西园寺家财力雄厚，手握大权。

我调查了西园寺家领地的分布状况。西园寺家在宇治的槙岛（真木岛）以及淀川入口的吹田拥有宅邸。这些宅邸自然也设有处理家政的机关，还有船夫等各种各样的专职业者。宅邸分别选在宇治川与淀川的入口，这点值得注意。

宇治川与巨椋池相连。从巨椋池边到淀川一带分布着许多牧场，而这些牧场的领主也是西园寺家。在河流的弯曲处围上栅栏就形成了牧场。牧场中饲养着牛羊。京都附近的"近都牧"中就饲养着各国献上的牛马。这些牧场由上皇的马厩以及朝廷的左马寮和右马寮管理。西园寺家与平家一样，担任着上皇的御厩别当，并世袭该职。与此同时，他们还将左马寮作为自己的知行官司（与知行国类似，是可以推荐、任命其长官的官署），对其进行管理。西园寺家管理着淀川与巨椋池边的美豆牧、河内的福地牧、会贺牧等牧场。

马借与车借也隶属于马厩，因此西园寺家也管理着这些交通运

1　日本古代、中世为准备献给神的物品而设置的领地，也指制作供神食品的地方。

输业者。牧场一般位于河边，也与港口相连，牧场遂成了水上交通与陆上交通的交叉点。如此一来，牛马与船只可以被配置在一起，牧场与海河的交通也紧密地联系在一起。

西园寺家自己的领地分布在宇治川、巨椋池与淀川沿岸。除此之外，名为"鸟羽殿"的上皇大宫殿位于鸭川与桂川汇流处、靠近淀川的地方。西园寺家也管理着这座宫殿及其附属领地。例如，"淀鱼市"是鸟羽殿的领地，西园寺因此掌握了淀川最重要的交通要地。鸟羽殿附近所有的庄园也都归西园寺家管理。

让我们再看看从淀川出大阪湾，到达濑户内海的海路。西园寺家在位于濑户内海入口的摄津、播磨一带拥有领地。他们还领有备前国的通生庄与安艺国的沼田庄等地，前者拥有"下津井"这一重要港口。而沼田庄也以沼田市场闻名。直到最近，沼田庄附近的海上还有被称为"家船"的海上生活者。这里是这些能地[1]的渔民与海民的大型根据地，也归西园寺家掌管。

此外，自镰仓前期起，伊予国成了实际上的世袭知行国。除去建武新政的一段时间，包括整个室町时代在内，伊予国都是西园寺家的知行国。西园寺家尤其掌握了伊予国中，曾被藤原纯友作为根据地的日振岛所在的宇和郡。从这里可以眺望丰后水道[2]。因此，掌握了这里就相当于掌握了从濑户内海进入北九州的入口。

西园寺家甚至掌握了宇和郡正对面的丰后（大分县）的阿南庄。也就是说，他们可以从两个方向眺望丰后水道。此外，著名的宗像

1　指位于现广岛县三原市的渔村，自古以来就以"家船"闻名。
2　位于现爱媛县与大分县之间的海峡。

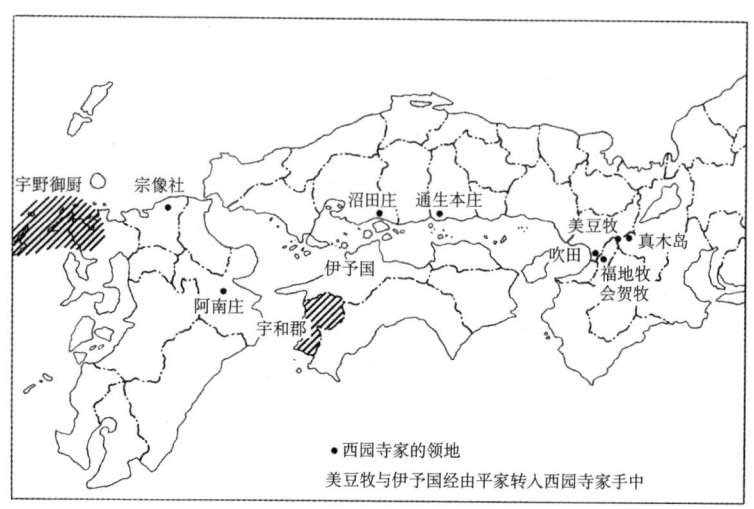

西园寺家对水上交通的支配

大社位于筑前的冲之岛上，它与中国关系密切，两代大宫司都曾娶
宋人女子为妻。宗像大社的领主也是西园寺家。此外，西园寺家还
领有宇野御厨，这里曾是肥前的海上领主——著名的松浦党的根据
地。这一御厨中包括松浦郡许多岛屿上的海湾、港口与码头。其中
的牧场不仅饲养马匹，还饲养著名的"御厨牛"。这些牛每年都会被
送往京都。这或许也是因为西园寺家管理着马厩。

　　由此可见，西园寺家自己的领地覆盖了从宇治川起，经淀川、
濑户内海、北九州，再到肥前的松浦郡与五岛列岛为止的广大地区。
他们掌握着河海交通。

　　上文也曾提到，西园寺公经曾独自向中国的宋朝派出唐船进行
贸易。这些船在镰仓中期将 10 万贯铜钱带进了日本列岛。虽然西园
寺家财力雄厚，但他们之所以能够进行这些贸易活动，正是因为他

们统治着日本列岛内的海上交通。通过这个事例，我们也可以了解到，这一时期的贵族实际上对于交通要地的管理有着周密的规划。

西园寺家在后来发展成了战国大名，在伊予国的宇和郡修建了松叶城等城池。听说只要在这些城池遗迹的表面做一些简单的搜集工作，就能发现大量中国制造的青瓷与白瓷。因此，如果认真发掘，我们应该会有很多收获。

领主对海上交通的关心

上述情况不仅限于西园寺家。只要担任左马头与院御厩别当，就能掌握淀川沿岸的牧场与肥前的宇野御厨。只要成为伊予守，就能掌握濑户内海通向北九州的出入口。若兼任左马头与伊予守的话，甚至能掌握海上交通。平家最先获得了这样的地位。木曾义仲与源义经也是如此。为了对抗此时统治着东国的源赖朝并控制西国，最有效的方法就是同时担任左马头与伊予守这两个官职，控制西国的交通。

木曾义仲曾被任命为越后守，但因为他不愿意，便改为伊予守。这是他主动选择的结果。因此，获得与统治庄园与国衙领取决于统治者的意图与战略，绝不是偶然形成的。

一旦哪个庄园的领地或职位有所空缺，许多人就会争先恐后地争夺它。实际上也的确存在这样的例子。这也是理所当然的。条件优越的庄园一旦出现领家职位或地头职位的空缺，贵族与武士就会采取各种各样的行动，努力争取该职位。

如此一来，此前被称为"封建领主"的御家人与地头等在地领主也无法在宅邸或官署中坐以待毙。领主的统治方式绝非"以领主的宅邸为中心，管理呈同心圆结构的领地"这一种。

例如，小早川氏将根据地设在相模国。他们在当地拥有房屋，以这些宅邸为中心进行统治。但他们也领有安艺国的沼田庄与都宇－竹原庄等地。小早川氏后来放弃了相模的宅邸，搬到了安艺。而且，他们在移居安艺国后，成了海上领主。当然，在小早川氏还待在相模的时候，他们就已经对海产生了兴趣。我们不能忽略领主的这一面向。

此外，三浦氏是权势不小的御家人，他们原本以三浦半岛这一海上交通要冲为根据地。他们从一开始就有意识地将领地设在海上交通要冲。他们先是成为河内、和泉、土佐等与大海有着密切关系之地的守护，同时也成为宗像社和肥前国神崎庄的地头（后者面朝有明海，也是一个交通要冲）。可以说，三浦氏在设置领地时考虑到了太平洋沿岸的交通，以及与中国之间的交通状况。上文也曾提到，北条氏也对海上交通抱有更大的关心。而北条氏与三浦氏之间也曾围绕这些海上交通的统治问题发生过激烈的冲突。

镰仓时代的地头与御家人对于山与海的交通路线都有着很大的兴趣。进入室町时代以后，海上的交通与贸易更加活跃，商品也正式在各地流通。因此，这个时代的守护大名无疑会对这个方面有所关注。

江户时代的情况也是如此。大名在取得领地时也会考虑河海交通。不过到目前为止，几乎没有人从这个角度研究过室町时代的守护大名和江户时代的大名。在江户时代，仙台的伊达氏在霞浦的潮来拥有飞地。这无疑是为了掌握水上交通要道。

此外，在江户初期，拥有 1 万石石高的大名"土方氏"在能登半岛拥有领地。土方氏并非谱代大名，却与家康十分亲近。不过，相比于在加贺、能登、越中拥有 100 万石领地的前田氏，土方氏仅有 1 万石石高，显得十分弱小。实际上，此前的研究认为，土方氏是受到了恩赐，才得以拥有位于能登半岛的前田家领地内的土地。也就是说，土方氏原本在越中拥有 1 万石领地。但这些领地却处于前田家当主进行参勤交代时的必经之路上。因此，前田家才将能登半岛的领地赐予土方氏，让他们移居能登半岛。

我起初也是这么想的。但我又抱着试一试的心理，拜托一起进行时国家调查的及川清秀，将土方氏位于能登半岛上的所有领地都标记到地图上。于是我发现，土方氏的领地精准地分布在海边的重要据点上。可见，虽然只拥有 1 万石石高，但土方氏绝非弱小的大名。

海村与城市中有很多头振与水吞，所以石高的确较少。但若从海上交通的角度看就会发现，土方氏系统地掌握着非常重要的港口。这种领地的分布状态自然也受到中世以来历史的影响，但或许也可以认为，土方家的 1 万石领地，也是江户幕府为了在前田家的 100 万石领地中安插己方势力的结果。

赐予土方氏领地据说是家康的意向。对于江户幕府来说，拥有 100 万石领地的前田家是一个巨大的威胁。因此，如果将土方氏的领地视作幕府一方的势力，我们也就更能理解这种分布状况了。

能登的时国家起初是前田家与土方家"双方的御百姓"，也是入会百姓。其领地中有 100 石属于前田家一方，有 200 石属于土方家一方。但土方氏却倚仗幕府的权威，企图将时国家所有的下人、牛马与船只都占为己有。因此在庆长、宽永年间，时任当主藤左卫门决定分家，将时国家分为归属土方氏的上时国家与归属前田家的下时国家。两家分立的状况持续至今。它源于土方氏与前田氏的角力。

像上文提到的伊达氏那样，江户时代大名领地中的飞地，也很有可能是交通要地。我们如果从这个角度重新考察江户幕府对大名的部署状况，应该会对大名有新的认识。

大名并非身居城中、统治领地的"主公"。他实际上是一个经营体制的首脑，管理着领国。对领国的统治离不开许多拥有税收、财政、人事等方面经营能力的家臣。从这个角度看，江户时代还有许多有趣的问题有待解决。

重商主义的潮流

让我们再来看看另一个需要思考的问题。前已述及，自 13 世纪下半叶起，统治者不仅向土地征收租税，还有意识地对工商业者课税。后醍醐天皇尤为如此。他试图打造一个完全依赖工商业者的王权。例如，他对酒坊课税，并将收取的税金交给土仓管理。他还掌握了设废关口、征收交通税与入港税（即"关所料"）的权力。此外，后醍醐天皇还将各个领主的收入换算成钱，收取其中的二十分之一作为税金。

室町幕府也沿袭了此前的做法。幕府征收五十分之一的税金，并向酒坊与土仓课税。这种依靠商人与金融业者，并对其进行积极课税的方式始于镰仓时代后期的得宗专制期，在经历了后醍醐天皇的建武新政后，在室町幕府时代发展成一个稳定的制度。我们可以称其为"重商主义"政治，即通过重视商业来维系统治。

　　有趣的是，这样的政权或王权容易自然而然地被认为是一种"专制"统治。以镰仓幕府为例。镰仓幕府中原本存在一个由有势力的御家人组成的合议组织——"评定众"。政治运作取决于这个合议组织的讨论与决策。这就是执权政治的原则。但北条氏几乎无视"评定"，仅依照自己的意愿，依靠由亲信组成的"寄合"来推行政治。这是一种被称为"得宗专制"的专制政治。

　　后醍醐天皇的情况也是如此。他破坏了自古代以来就一直实行的、由有势力贵族组成的合议组织（即太政官的公卿会议），任命依照自己意志行事的贵族与官员为官。他动员这些人，试图贯彻自己的专制统治。而后，在室町幕府的将军中，足利义满与足利义教这两位将军也无视由有力守护组成的重臣合议，希望依照自己的意志贯彻将军专制。上述政权都十分依赖工商业、流通与外国贸易。我认为这绝非偶然。

　　让我们再把视野放宽一些。16、17世纪至19世纪的欧洲出现了所谓的"绝对主义王权"。绝对主义王权同样无视封建领主的合议组织，在依赖工商业的同时，也推进着专制主义的统治。日本学术界此前的研究对于欧洲的绝对王权进行了各种各样的讨论。但这些讨论基本都是围绕与明治国家相关的问题进行的。我们有必要将时代提早到13世纪下半叶左右，再从这一角度重新探讨日本社会。

　　如此一来，日本的近世社会究竟是怎样的社会？从中世后期到江户时代为止的时代又是怎样的时代？我们该如何对它们下定义？对于这些问题，我们还没有答案。我也不能做出任何回答。因为从原则上看，江户时代的社会坚持彻底的"农本主义"，租税也以土地作为征收对象，所以我们很难看清它的实际状况。虽然在此之前，也有研究指出江户时代具有"资本主义"的一面，认为它是"经济社会"，但提出这一观点的研究者还是以"百姓即农民"的观点作为前提。一旦认为人口中的大多数是农民，该观点的说服力就会有所减弱。

第二次世界大战战败后不久，服部之总就提出，桃山时代是初期绝对主义。我认为这十分恰当。但他还是认为，"绝对主义在江户时代流产"。他的学说也基本没有受到重视。但我认为，它还有很大的进步空间，今后也能够更加深化。

如此一来，我们也能用全新的观点来看待"明治维新"及其后的"近代化"。推动"明治维新"的萨摩藩、长州藩、土佐藩与肥前藩并非地处边境的落后大名。倒不如说，他们都借助大海展开贸易。萨摩藩同南方与北方进行了走私贸易，其他各藩或许也是如此。正因如此，才会出现像坂本龙马这样的人。所以，我们绝不能低估江户时代末期日本社会中所积蓄的工商业与金融业的力量，以及资本主义社会的成长程度。

我们现在使用的商业词汇，很多都来源于中世以来的历史词语。例如"相场"[1]这个词就是从中世起一直使用的词语。"场"即"庭"，"相场"最初指的就是在市场[2]中当面决定价格的行为。

此外，"切手"[3]与"切符"[4]都是自平安时代以来就有的词语。"切"这个词很重要。当时的征税令书被称为"切符"或"切下文"等。金

1　意为市价、行情。
2　日语中，"市场"一词又会被写作"市庭"。
3　意为票据。也有邮票之意。
4　意为购买或兑换特定物品时所使用的纸片。

融业者借给国守与官长的米也需要有"切符"才能取回。因此，"切符"与"切手"自平安时代起就有了"票据"之意。此外，"手形"[1]与"仕切"[2]也都是很古老的词语。

与"株"相关的词语也是如此。例如，"株式"[3]中的"株"最晚出现于江户时代，而"式"原是"职"字，是一个中世之后的词语。此外还有"寄付"[4]"大引"[5]等很多有趣的词语。如果将这些商业词语收集起来，并从历史学与民俗学的角度研究它们的意思，一定会有有趣的发现。

由此可见，如今我们使用的商业词汇很多自古以来就存在于日本社会之中。因此，当日本与欧美经济发生接触时，日本人不需要特地翻译商业词汇，只需使用现有词语就够了。

除了商业领域之外，工业领域或许也是如此。此前的研究低估了日本社会中这些方面的力量，反而认为欧洲特别发达。与此同时，还存在"脱亚入欧"的倾向，也就是只关注欧洲，丝毫不愿关注脚下的日本社会与亚洲社会所拥有的丰富面向。或许可以说，明治时代以来的国家政策与学术研究，反倒有一种想要摧毁自身丰富性的倾向。

经济学者与历史学者都将翻译过来的词汇作为学术用语，反倒不怎么使用上述那些词语。而翻译过来的学术用语中，又有很多词

1　意为票据。
2　意为结账、结算。
3　意为股份。
4　意为开盘，或开盘价。
5　意为收盘，或收盘价。

带有很强的农业、农村色彩。整个亚洲的情况或许都是如此。这个问题也正影响着现在的我们。

距离"二战"结束已经过去了五十年，现在也是时候反思一下土地改革了。这一改革完全以"百姓等于农民"为前提，几乎没有考虑到列岛各地的差异。改革的后遗症持续至今。虽然与米相关的问题并不简单，但更重要的是，如果只站在农本主义的角度思考问题，我们就无法抓住问题的本质，也无法对外做出切实的应对。将米视为粮食自给问题的做法，实际上并未抓住问题的本质。那些对经济和政治产生重要影响的人物，以及站在反对自由化立场上的人们，究竟在多大程度上理解了大米对于日本列岛社会的历史意义？历史学家对此负有重大责任。我们不能根据可疑且毫无根据的常识就妄加议论。

为了在国际社会中生存，并尽到应尽的义务，我们需要对日本社会有正确的理解，对于我们自己有正确的认识。如果不这么做，我们就会摧毁本应发扬的东西，浪费精力，甚至走向无法挽回的深渊。

从这个意义上说，没有哪个时代比现在更需要学习历史，也没有哪个时代的历史学承担起了比现在的历史学更大的责任。但与此同时，现代也是一个有趣的时代，新发现层出不穷，历史认识也日新月异。我衷心希望年轻一辈胸怀大志，直面问题，砥砺前行。

后 记

　　今年三月，我辞去了从事了十五年的神奈川大学短期大学部的工作，转为该大学的特任教授。距离转为"隐居"的身份，已经过去快一年了。

　　与出版《重新解读日本历史》时相比，辞去短期大学工作时的我更加习惯了与年轻人的交流。但与此同时，我也深切地感到，已经成为老年人的我与学生之间，在生活的许多基本体验上都有很大差异。例如，学生们完全没有木炭的相关知识，也不知道"石"是什么单位。相反，我对电脑却一无所知。

　　可以说，这很好地体现了现在正在发生的社会变化有多么剧烈。因此，我在上课时常常不确定，学生究竟能在多大程度上吸收我所说的内容。不过，从考试的结果看，学生对于一些问题的确还是有所理解。

　　本书就是在这些朴素经验的基础之上写就的。与前一本书一样，本书也是在1993年10月至1994年5月，与筑摩书房的几位工作人员进行了四次会谈后，以谈话内容为基础整理而成的。

　　但在本书完成后，我发现书中各处所写的内容之间存在一定的重复。虽然我对此感到抱歉，但此前的"常识"（包括为世人广泛接受的日本史认识与人们对日本社会的印象）确有很大的问题。这些显而易见的问题根深蒂固。为了让人们不再抱有错误的观念，纠正这些问题至关重要。考虑到这点，我宁愿受到流于啰唆的责难，也决心就这么出版。

　　如果在读过此书后，有年轻人能在重新理解日本社会的问题上，愿意不盲目跟从"常识"，用自己的头脑重新思考日本社会，哪怕这样的年轻人只是多了一位，我也会感到十分荣幸。

　　与前一本书一样，我想在这里对编辑部的土器屋泰子表达衷心的感谢。本书得以出版，有赖于土器屋泰子的辛勤工作及其对本书写作工作的支持。此外，她也在编辑方面给予我很多帮助。与此同时，筑摩书房的各位工作人员也匀出工作时间，倾听我的发言，鼓励我。我也在此对他们衷心地表示感谢。

1995 年 12 月 3 日
网野善彦